Soziologische Studien
Band 20

Technik – Konstruktionen

Neue Technologien als soziologisches Theorieproblem

Karin Dollhausen

Centaurus Verlag & Media UG 1997

Die Deutsche Bibliothek – CIP-Einheitsaufnahme

Dollhausen, Karin:
Technik – Konstruktionen : Neue Technologien
als soziologisches Theorieproblem / Karin Dollhausen. –
Pfaffenweiler : Centaurus-Verl.-Ges., 1997
 (Soziologische Studien ; Bd. 20)
  Zugl.: Aachen, Technische Hochschule, Diss., 1995
  ISBN 978-3-8255-0111-2   ISBN 978-3-86226-479-7 (eBook)
DOI 10.1007/978-3-86226-479-7

ISSN 0937-664X

Alle Rechte, insbesondere das Recht der Vervielfältigung und Verbreitung sowie der Übersetzung, vorbehalten. Kein Teil des Werkes darf in irgendeiner Form (durch Fotokopie, Mikrofilm oder ein anderes Verfahren) ohne schriftliche Genehmigung des Verlages reproduziert oder unter Verwendung elektronischer Systeme verarbeitet, vervielfältigt oder verbreitet werden.

© *CENTAURUS-Verlagsgesellschaft mit beschränkter Haftung, Pfaffenweiler 1997*

Satz: Vorlage der Autorin

Inhaltsverzeichnis

Einleitung 7

I. Das Neue der "neuen Technik" 17

1. Das Aufbrechen technischer Wirklichkeit 17
2. Verhalten statt Funktionieren 20
3. Immaterialität 22
4. Medialität 24
5. Neue Intransparenzen in der Organisation 26

II. Technik in der Industriesoziologie 33

1. Syndrom "Rationalisierung" 34
2. Produktionstechnik 37
3. Inhärente Rationalität 43
4. Technikfolgen 52
5. Fixierte Organisationswirklichkeit 58

III. Technik in der Techniksoziologie 65

1. Plurale Strukturlogiken 65
2. Technik als soziales Konstrukt 68
3. Die Verschiedenheit der Technik 70
4. Entzifferung der Artefakte 73
5. Technik und soziale Kommunikation 75

IV. Konstruktivistische Denkmodelle 80

1. Ein Vorläufer: Karl Marx 81
2. Wissenssoziologie: Peter L. Berger und Thomas Luckmann 83
3. Die "Radikalen": Humberto Maturana, Francisco Varela und andere 86
4. Systemtheorie: Niklas Luhmann 90

V. Ein neues Technikverständnis	96
1. Unbegreifliche Technik	96
2. Die kommunikative Formung von Technik	99
3. Die Formung der Kommunikation durch Technik	100
4. Zirkuläre Technikentwicklung	101
VI. Kommunikationskontext "Arbeitsorganisation"	104
1. Von der Struktur zur Kultur	104
2. Organisationskultur als Analysekonzept	110
3. Technik als Medium der Kulturproduktion in Arbeitsorganisationen	115
VII. Zusammenfassender Ausblick	118
VIII. Zwei Exkurse	120
1. Kommunikation und kommunikatives Handeln	120
2. Erkenntnis als Konstruktion	124
IX. Literaturverzeichnis	128

Einleitung

Wir beobachten derzeit, wie der Einsatz von Computern in allen gesellschaftlichen Bereichen Veränderungen provoziert, die uns auf noch unabsehbare Zeit beschäftigen werden. Entsprechend zeichnen sich mit dem anhaltenden Zuwachs an Computern und dem Aufkommen von immer neuen Computeranwendungen auch und gerade in modernen Produktions- und Dienstleistungsunternehmen die enorme Beschleunigung und Verdichtung von Kommunikationsprozessen ab. Die Wirklichkeit der organisatorischen Kommunikation erscheint rasanter, komplexer und damit auch problematischer als je zuvor.

In dem Maße, wie Computer zu zentralen Bestandteilen der kommunikativ vermittelten organisatorischen Wirklichkeit werden, stoßen die im Management lange Zeit gepflegten Vorstellungen der Planbarkeit, Machbarkeit, der umfassenden Steuer- und Kontrollierbarkeit des organisatorischen Kommunikationszusammenhangs an deutliche Grenzen. Zunehmend muß registriert werden, daß es dort, wo Computer alltäglich eingesetzt und benutzt werden, nicht nur zu erwarteten Effekten, so etwa zur Vereinfachung und Effektivierung von organisatorischen Kommunikationsprozessen kommt. Daneben zeitigt der Einsatz moderner Computertechnik zumeist auch eine Reihe 'nichtintendierter' Effekte. Als besonders problematisch erscheinen mit dem Computereinsatz auftauchende Intransparenzen im organisatorischen Kommunikationsprozeß. Nicht mehr en detail nachvollziehbare Informationsübertragungs- und -verarbeitungsweisen, tendenziell unkontrollierbare Aufgabengebiete und Aktionsfelder sowie auch und vor allem alltäglich auftretende technische Pannen, Defekte und Zusammenbrüche mit zum Teil weitreichenden Folgen verunglimpfen das Bild der Arbeitsorganisation als einer steuerbaren und umfassend kontrollierbaren Funktionseinheit. Wie nie zuvor erscheint die organisatorische Kommunikation durchsetzt mit Unsicherheiten, Ungewißheiten und Unvorhersagbarkeiten, auf die man mit einer Vielzahl von Technik- und Personaleinsatzformen reagiert. Im Zuge des Computereinsatzes, so könnte man sagen, verlieren moderne Arbeitsorganisationen ihre ehemalige Identität als wohlstrukturierte Stätten der Arbeit und der materiellen Produktion. Statt dessen etablieren sie sich als komplexe Kommunikationsnetzwerke, die für den Einzelnen in ihrer Gesamtheit nicht mehr überschaubar sind.

Angesichts dieser Verunsicherungen der organisatorischen Wirklichkeit durch die Computertechnik gewinnen Fragen nach der Bedeutung, die die Technik in modernen Dienstleistungs- und Produktionsunternehmen gewinnt, an Gewicht. Wie wird die moderne Technik in Arbeitsorganisationen behandelt, wie und mit welchen Konsequenzen wird sie in den organisatorischen Kommunikationszusammenhang eingebunden? Eine soziologische Bearbeitung dieser Fragen setzt eine Betrachtungsweise von Technik und Organisation voraus, die der aufbrechenden Vielgestaltigkeit und Komplexität sowohl der Technik wie auch des organisatorischen Kommunikationszusammenhangs Rechnung trägt. Überblickt man die soziologische Auseinandersetzung mit Technik in Arbeitsorganisationen, so fällt jedoch schnell auf, daß eine solche Perspektive bislang nicht ausgearbeitet wurde. Die soziologische Auseinandersetzung mit dem Thema Technik in Arbeitsorganisationen erfolgt bis heute vorrangig in der *Industriesoziologie*, die den Computereinsatz unter den problematisch gewordenen Gesichtspunkten von Rationalisierung und Technisierung betrachtet. Zwar eröffnen sich daneben in der *Techniksoziologie* und in der *soziologischen Organisationsforschung* neue Analyseperspektiven zu den jeweiligen Gegenständen 'Technik' und 'Organisation', doch steht eine Verknüpfung der hier auftauchenden theoretischen und analytischen Perspektiven bislang noch aus.

Die vorliegende Arbeit greift dies als Herausforderung und als Gelegenheit auf, ein verändertes Technik- und Organisationsverständnis aufzuzeigen, das hilft, die in modernen Arbeitsorganisationen auftauchenden Probleme des kommunikativen Umgangs mit einer komplex und undurchschaubar erscheinenden Technik theoretisch zu begründen und analytisch aufzubereiten. Hierzu setzt sie sich zunächst kritisch mit den Interpretationsvorschlägen der Industriesoziologie auseinander und wendet sich dann insbesondere an die neueren Ansätze der *Techniksoziologie* und der *soziologischen Organisationsforschung*. In beiden Disziplinen plädiert man für einen grundlegend veränderten Interpretationsrahmen, innerhalb dessen Technik und Organisation als sozial konstruierte, kulturell ausformulierte Wirklichkeiten begriffen werden können.

Die *Industriesoziologie* betrachtet die Technik seit jeher unter dem Gesichtspunkt von Rationalisierung als einem fortschreitenden Prozeß der Durchsetzung einer formalen (Zweck-)Rationalität. Die Technik erscheint zunächst und vor allem als Rationalisierungsinstrument, mit dem speziell organisatorische Strukturen und Prozesse, so auch die Kommunikation im Sinne des menschlichen Arbeitens und sozialen Handelns effektiviert werden sollen. Technik bzw. 'Technisierung' hat in diesem Verständnis immer auch die Reduktion, Automatisierung, Steuerung und Kontrolle von Kommunikationsprozessen im Visier. Diese Sicht büßt angesichts der tiefgreifenden Verunsicherung organisatorischer Realität durch die neue Technik zunehmend ihre Plausibilität ein. Zwar lassen sich speziell mit dem Computereinsatz durchaus die erwarteten Effekte der Automatisierung und flexiblen Integration von Kommunikationsprozessen sowie die Vernichtung von Arbeitsmöglichkeiten und die erhöhte Kontrollierbarkeit von Arbeitsprozessen beobachten. Doch zeichnen sich mit dem Computereinsatz auch neue Erscheinungen in Arbeitsorganisationen ab, die dem Rationalisierungsgedanken deutlich widersprechen. Implizit oder explizit muß zugestanden werden, daß dort, wo Computer eingesetzt werden, etwa 'unkontrollierbare Zonen' im Arbeitsprozeß entstehen, daß der Computereinsatz einen steigenden Bedarf an 'Autonomiespielräumen für die Arbeitenden' nach sich zieht und daß sich 'alte', auf umfassende Kontrollierbarkeit ausgelegte Technik- und Personaleinsatzstrategien beim Computereinsatz als unbrauchbar erweisen. Die Industriesoziologie registriert die mit dem Computer in die Betriebe hineingetragenen Unsicherheiten und Ambivalenzen, sie sieht, daß die neue Technik Umorientierungen und Umbrüche provoziert, doch vermag sie diese unhintergehbar gewordenen Veränderungen zumeist nur als 'Abweichungen' vom Rationalisierungsprozeß zu lesen. Zumindest in weiten Teilen beharrt die Industriesoziologie nach wie vor auf ihren eingefahrenen Interpretationsschemata, was dazu führt, daß die beobachteten Veränderungen nurmehr als 'Rand-' bzw. 'Übergangserscheinungen', als 'transitorische Zustände' oder als 'nicht intendierte Lücken im Rationalisierungsprozeß' heruntergespielt werden müssen. Damit aber läuft die Industriesoziologie Gefahr, wichtige Chancen für die Entwicklung einer veränderten Sicht auf Technik in Arbeitsorganisationen zu übergehen. Nicht zuletzt muß sich die Industriesoziologie fragen lassen, ob und inwiefern sie mit ihrem Vorschlag, die Computertechnik als ein prinzipiell beherrschbares und in seinen Effekten vorhersagbares Rationalisierungsinstrument zu begreifen, ihre tradierte Rolle als kritische Beobachterin des technischen und sozialen Wandels in Arbeitsorganisationen noch einnehmen kann.

Im Gegensatz zum problematisch gewordenen rationalistischen und funktionalistischen Technikauffassung in der Industriesoziologie, hat es sich die *Techniksoziologie* zur Aufgabe gemacht, einen erweiterten Begriff von Technik zu entwickeln. Sie schlägt eine Sichtweise vor, in der die gesellschaftliche Prägung von Technik betont werden kann, ohne damit zugleich einen spezifischen Typus von (kapitalistischer) Gesellschaft und (technisch-ökonomischer) Rationalität anzusprechen. Statt dessen betont die Techniksoziologie das kulturelle Gemachtsein von Technik, womit eine Vielzahl von Perspektiven und Kontexten, die in die technischen Artefakte einfließen, in den Blick gerät. Die zugrundeliegende Annahme ist nicht mehr die einseitige Beeinflussung des Sozialen durch Technik, sondern die wechselseitige Beeinflussung von Technik und Sozialem: Die Technik trägt unauslöschbare soziokulturelle Spuren, da ihre Hervorbringung und der Umgang mit ihr durchdrungen sind von menschlichen Beiträgen. Die menschlichen Beiträge zur Technik, Absichten, Bedeutungszuschreibungen, Bewertungen etc., sind dabei ihrerseits eingebunden in kulturelle, gesellschaftliche Sinngeflechte, die auch von der Technik beeinflußt werden. Der Technik wird nicht mehr nur aufgrund ihres Mittel- und Instrumentencharakters soziale Bedeutung zugeschrieben, sondern vor allem aufgrund ihres Eingebundenseins in soziale Prozesse: Die Technik wird als Träger *und* Ausdruck spezifischer sozialer Sinnbezüge, als Mittel *und* Mittler einer Kultur begreifbar, die technischen Artefakten eine zentrale Bedeutung für die eigene Entwicklung zuweist. Indem sie die soziale und das Soziale strukturierende Bedeutung der Technik ins Scheinwerferlicht stellt, vernachlässigt die Techniksoziologie jedoch unweigerlich die enormen Irritationspotentiale der Computertechnik, die sich speziell in Arbeitsorganisationen niederschlagen. Der Umstand, daß Technik eine nicht intendierte 'soziale Unordnung' entstehen lassen kann, von auftauchenden Bestimmungsunsicherheiten, Verunsicherungen, bis hin zur gesellschaftlichen Bedrohung (Stichwort: Risikogesellschaft), kann kaum berücksichtigt werden. Die zugrundeliegende Konzeption von Technik als *Mittler* schließt die Vorstellung aus, daß das Artefakt 'Technik' kulturell eingelebte Sicht- und Interpretationsweisen unerwartet stören und womöglich unbrauchbar werden lassen kann. Hier drängt sich die Frage nach einem Technikbegriff auf, der nicht nur die bedeutungs*strukturierende* und handlungs*orientierende* Kraft der Technik, sondern gleichermaßen auch das Gegenteil, d.h. die bedeutungs*unterminierende* und *des*orientiernde Rolle der Technik betont. In Anbetracht von Unsicherheiten, Ungewißheiten und allfälligen technischen Störungen muß man sich m.a.W. auch vorstellen können, daß sich die Technik *unerwartet* in *unbestimmter* und *unverständlicher* Weise in den sozialen Prozessen ihrer Erzeugung und Benutzung bemerkbar machen kann.

Dieser Notwendigkeit zur Weiterentwicklung der techniksoziologischen Sicht kommen neuere, konstruktivistische und systemtheoretische Überlegungen mit ihrem Vorschlag entgegen, Wirklichkeit nicht mehr als eine konsistente und kohärente 'Tatsache' zu begreifen, sondern als eine, in fortlaufenden Deutungs- bzw. Sinngebungsprozessen erzeugte, kontingente Realität. In dieser Perspektive ist die - soziale wie technische - Wirklichkeit unhintergehbar an einen Beobachter gebunden, der mit seinen Begriffen und Unterscheidungen die Wirklichkeit, auf die er kommunikativ Bezug nimmt, *erzeugt*. Während die meisten konstruktivistischen Ansätze ausschließlich *Subjekte* als Beobachter vorführen, schlägt die neuere Systemtheorie vor, neben Subjekten auch die *Kommunikation* im Sinne eines autonom operierenden Sinnsystems als eigenständige Instanz speziell der *sozialen* Wirklichkeitskonstruktion zu berücksichtigen. Implizit sind gerade mit der systemtheoretischen Vorstellung der kommunikativ-sozialen Beobachtungsabhängigkeit von Wirklichkeit zugleich zwei grundlegende Probleme der Wirklichkeitserzeugung angesprochen: Zum einen wird deutlich, daß die Realität, mit der es Beobachter zu tun haben, nie *die* Wirklichkeit schlechthin ist, sondern stets eine ausgewählte, qua Einführung von Begriffen und Unterscheidungen 'in Form' gebrachte Wirklichkeit. Von hier aus wird es vorstellbar, daß die jeweiligen Konstruktionen der Wirklichkeit keine abgeschlossenen Resultate darstellen, sondern stets durch andere mögliche und/oder nicht gewählte, mithin unbegriffene Wirklichkeiten irritiert und verunsichert werden können. Zum anderen wird in konstruktivistisch-systemtheoretischer Sicht deutlich, daß es in komplexen sozialen Zusammenhängen nicht einfach zu *einer*, von allen Beteiligten in zumindest ähnlicher Weise konstruierten und ausformulierten Wirklichkeit kommt. Vielmehr ist davon auszugehen, daß gleichzeitig eine unüberschaubare Vielfalt von subjektiven wie sozialen Wirklichkeiten emergiert, die sich womöglich wechselseitig 'stören' und behindern können. Eine 'einheitliche', identische und konsentierte Realität und damit auch ein von allen Beteiligten gemeinsam geteiltes Verständnis von Technik erscheint in dieser Sicht als eine, allenfalls auf symbolischer Ebene mögliche Konstruktion von Wirklichkeit. Als grundlegend wird vielmehr die 'innere Zerissenheit' sozialer Wirklichkeit, die permanenten wechselseitigen Störungen und Interventionen von Wirklichkeitskonstruktionen, mithin das fortlaufende Erzeugen und Verändern sozialer wie technischer Wirklichkeit angesehen.

Diese grundlagentheoretischen Überlegungen lassen sich für eine erweiterte techniksoziologische Sicht dahingehend nutzen, daß Technik nicht mehr als ein sozial ausgehandeltes, zu einer objekthaften Einheit verdichtetes Artefakt vorgeführt wird, sondern als ein beobachtungsabhängiges Konstrukt. Damit muß sowohl von einer Pluralität von Technik-Konstruktionen in komplexen sozialen Zusammenhängen, wie auch von der Möglichkeit wechselseitiger Irritationen der jeweiligen Technik-Konstruktionen ausgegangen werden. Von hier aus kann die soziologische Theorie keinen Begriff von Technik mehr liefern, der vorgibt, als *was* Technik in unterschiedlichen empirischen Kommunikationszusammenhängen erscheint und behandelt wird. Sie muß vielmehr einen theoretischen und analytischen Technikbegriff entwickeln, der die Aufmerksamkeit stärker als bisher auf die Art und Weise verlagert, *wie* Technik in Kommunikationszusammenhängen erzeugt und verändert wird.

Hieran anschließend wird in der vorliegenden Arbeit ein Technikbegriff vorgeschlagen, der den Gegenstand in einer Art 'Doppelrolle' erfaßt. Technik wird als ein *kommunikativ hervorgebrachtes Konstrukt* vorgeführt, das in den Kontexten seiner Hervorbringung sowohl als eine kommunikativ erzeugte *Form* und als ein unbestimmtes *Medium* kommunikativer Formgebung fungiert. In dieser theoretischen Figur wird einmal deutlich, daß jede Beschreibung von Technik als eine *kontingente Zuschreibung* begriffen werden kann, mit deren Hilfe ein Beobachter versucht, sich eine letztlich *unfaßbare, unbegreifliche Technik* begreiflich zu machen. Zum anderen tritt die *Instabilität* der jeweils gewählten Beschreibungen bzw. Konstruktionen der Technik zutage, die wiederum zu deren Reformulierung provoziert.

Mit dieser zugrundeliegenden Konzeption von Technik kann danach gefragt werden, wie in Arbeitsorganisationen Technik beobachtet, in kommunikativen Prozessen erzeugt und geformt wird, aber auch: wie sich die Technik in den Prozessen iherer Hervorbringung als ein irritierendes, unbestimmtes Medium bemerkbar macht. Dies erfordert eine analytische Sicht auf Arbeitsorganisationen, in der das verwickelte Verhältnis von Technik und Kommunikation theoretisch begründet und analytisch entfaltet werden kann. Hinweise auf eine solche Perspektive finden sich in der neueren soziologischen Organisationsforschung.

Seit Anfang der 80er Jahre distanziert sich die *soziologische Organisationsforschung* deutlicher denn je von Denk- und Interpretationsschemata, in denen Arbeitorganisationen als wirtschaftlich rationale, weil bürokratisch verwaltete und technokratisch geregelte Gebilde behandelt werden. Mit Blick auf die gesellschaftlichen Pluralisierungs-, Differenzierungs- und Individualisierungsprozesse rücken - sowohl auf seiten des Managements moderner Unternehmen wie auch in den Kreisen der Organisationsforscher - zunehmend die Verflechtungen der Arbeitsorganisation mit ihrer Umwelt in den Blick. Man gesteht zu, daß in Arbeitsorganisationen eine Vielfalt von hochdifferenten, zum Teil geradezu widersprüchlichen Sichtweisen und Vorstellungen kursieren. Zudem erzeugt die Einführung von komplexen Computersystemen sogartig einen neuartigen *Bedarf* an extrafunktionalen, emotionalen, hoch individualisierten Qualifikationsmomenten. Damit rücken die lange Zeit 'abgedunkelten' Seiten der Organisationswirklichkeit, 'Irrationalitäten', Wünsche, Ängste, Ideosynkrasien, Visionen, nicht zuletzt auch oppositionelle Protesthaltungen als in der organisatorischen Wirklichkeit eingeschlossene Phänomene in den Blick.

In der soziologischen Organisationsforschung gewinnt hier der Kulturbegriff an Bedeutung. Kultur wird hierbei als ein analytischer Begriff eingeführt, der deutlich macht, daß Arbeitsorganisationen stets sozial konstruierte Zusammenhänge sind, die in fortlaufender Deutungs- und Interpretationsarbeit sich und ihre Umwelt(en) erzeugen. In dieser Sichtweise werden anstelle 'gegebener', hierarchisch oder konzentrisch angeordneter Kommunikationsverhältnisse die organisationsweiten kommunikativen Vernetzungen und Verwicklungen von Kommunikationsbeziehungen als Kennzeichen, wie auch als Hervorbringungsprozesse moderner Arbeitsorganisationen ausgemacht. Der hier eingeführte Kulturbegriff hat somit weniger die Herausbildung 'stabiler' organisatorischer Ordnungen im Visier, sondern vielmehr die vielfältigen, gleichzeitigen, sich überlappenden, überschneidenden wie auch getrennt voneinander verlaufenden *Kommunikationsprozesse*, mit deren Hilfe organisatorische Wirklichkeit erzeugt und kulturell ausgeformt wird. Darin wird zugleich das Problem mitgeführt, daß in Arbeitsorganisationen mit einer Vielzahl von individuellen Vorstellungen und Ansprüchen zu rechnen ist, daß die Beteiligten nie zu einer 'wirklich' gemeinsam geteilten Sinnwelt finden und daß soziale Wirklichkeit eben nur durch ihre fortlaufende *kommunikative Beschreibung* bzw. durch ihre *symbolische Erzeugung* möglich ist.

Die soziologische Organisationsforschung stellt eine theoretische Perspektive bereit, die für die Konzeption von Technik als sozial konstruierte Form und als Medium sozialer Formgebung anschlußfähig ist. Vor dem Hintergrund einer, sich in einer Vielzahl von Kommunikationsprozessen verwirklichenden Arbeitsorganisation können zum einen die kommunikativen Prozesse der kulturellen Formung bzw. Produktion des Computers in Arbeitsorganisationen differenzierter als bisher in den Blick genommen werden. Zum anderen wird es möglich, auch den Irritationen nachzugehen, die die Technik in die Prozesse der Hervorbringung organisatorischer Wirklichkeit hineintreibt.

Damit erscheinen die mit der Computertechnik in Arbeitsorganisationen auftauchenden Unsicherheiten und problematischen Intransparenzen sowie die vielfältigen Technik- und Personaleinsatzstrategien in einem neuen Licht: Sie sind weder nur auf eine 'an sich' komplizierte Technik zurückzuführen, noch erscheinen sie nur als 'Nebeneffekte' eines unveränderbar gegebenen Rationalisierungsprozesses. Vielmehr zeichnet sich ab, daß Arbeitsorganisationen heute zunehmend auf die irritierenden Effekte der jeweils *selbsterzeugten*, kulturell ausformulierten Vorstellungen und Bilder von Technik und organisatorischer Wirklichkeit treffen, die es 'in den Griff' zu bekommen gilt.

Die hier in ihren groben Zügen vorgestellte Argumentation soll im Folgenden in sechs Schritten entfaltet werden:

Zunächst soll es darum gehen, die Computertechnik als einen besonderen Gegenstand der Diskussion um neue Technologien vorzustellen. Anhand ausgewählter Beiträge wird gezeigt, wie Computer die Aufmerksamkeit ihrer Betrachter auf Aspekte, wie Multifunktionalität, Flexibilität und Variabilität verlagern. Die der Computertechnik zugeschriebenen Potentiale verweisen bereits darauf, daß für eine 'angemessene' Beschreibung der neuen Technik das klassische Bild einer vollendeten, spezifischen Zwecken dienenden, beherrschbaren Technik unbrauchbar wird. Zudem erscheint die Computertechnik im engen Zusammenhang mit kommunikations- und kulturtheoretischen bis hin zu philosophischen Fragestellungen. Hervorgehoben werden zumeist die verwickelte Vernetzung des Technischen mit gesellschaftlichen und kulturellen Veränderungen. Damit erscheint die Computertechnik nicht nur aus einer 'technologischen' Sicht als 'neu'. Sie stößt zugleich Prozesse des Umdenkens an, indem sie quasi 'unter der Hand' alte Wirklichkeitseinteilungen aufbrechen sowie neue Wirklichkeitsperspektiven und Haltungen in Erscheinung treten läßt (I).

Hiervon ausgehend gilt es, eine kritische Betrachtung der soziologischen Technikforschung vorzunehmen. Zu erkunden ist, welches Wissen die Soziologie über den Gegenstand 'Technik' produziert, aber auch: welche Grenzen der soziologischen Betrachtung damit angezeigt sind. Besondere Berücksichtigung finden dabei die Industriesoziologie und die Techniksoziologie als prominente soziologische Orte der Auseinandersetzung mit Technik.

Die Industriesoziologie hat stets eine kritische Gegenposition zu den gängigen ingenieur- und wirtschaftswissenschaftlichen Beschreibungen des Technikeinsatzes bezogen. Sie hat aufzeigen können, daß Technik keineswegs ein neutrales Werkzeug und Arbeitsmittel darstellt, sondern das Resultat eines gesellschaftlichen Rationalisierungsprozesses, der sich vor allem in Industriebetrieben in verschärfter Form niederschlägt. In industriesoziologischer Perspektive gewinnt die Technik als ein vorrangig den Interessen des Kapitals dienendes Instrument an Bedeutung, das sich prinzipiell gegen die Entfaltung des 'lebendigen' menschlichen Arbeitsvermögens richtet. Zwar hat sich die Industriesoziologie im Laufe der Zeit von einer krassen, auch pauschalisierenden Technikkritik gelöst, doch behält sie das zugrundeliegende Interpretationsschema bis heute, mithin auch in bezug auf den Computereinsatz in Betrieben bei.

Das Problem der industriesoziologischen Thematisierung kann vor allem darin gesehen werden, daß sie aufgrund einer - theoretisch vorgefertigten - Realitätssicht die mit dem Einsatz von Computern auftauchenden Veränderungen, Bedeutungsverschiebungen und Bestimmungsunsicherheiten in Betrieben nur unzureichend in den Blick zu nehmen vermag. Zunehmend gerät die industriesoziologische Kritik des Technikeinsatzes unter Verdacht, eben nicht die 'Realität', ja nicht einmal die 'Realität der Rationalisierung' zu beschreiben, sondern das Bild, das sie sich aufgrund ihrer theoretischen Prämissen von Technik und betrieblicher Wirklichkeit macht. Der Blick auf die theoretischen Prämissen der Industriesoziologie zeigt die Begrenzungen dieser beinahe schon als 'klassisch' zu bezeichnenden soziologischen Sicht auf Technik auf (II).

Ein erweiterter Technikbegriff zeichnet sich hingegen in der neueren Techniksoziologie ab, indem die Technik auf theoretisch-analytischer Ebene stärker als in der Industriesoziologie mit dem Sozialen verwoben wird. Technik erscheint als ein in alltäglichen Deutungs- und Interpretationsprozessen geformter, als sozial konstruierter Gegenstand. Damit setzt die Thematisierung nicht mehr einseitig bei den Effekten und sozialen Folgewirkungen von Technik an, sondern zieht ebenso die vielfältigen sozialen Prozesse der Hervorbringung von Technik in Betracht. Aufgrund ihrer Interpretationsabhängigkeit kann Technik immer auch als Mittel und Mittler von alltäglichen, individuellen, irrationalen, nicht-funktionalen, bis hin zu 'anarchischen' Nutzungsformen und Bedeutungen wirksam werden. Als ein in interaktiven Prozessen hervorgebrachtes Artefakt kann Technik die Interaktionen ihrer Beobachter und Benutzer orientieren, auf bestimmte Umgangsformen, Relevanzsetzungen, Bedeutungshorizonte etc. hin sensibilisieren. Auch mögen sich Techniknutzer durch die Konstrukte in ihren Verhaltensmöglichkeiten einschränken und bestimmen lassen. Dennoch ist nicht als ein einseitiges Bestimmungsverhältnis zwischen Technik und Sozialem zudefinieren. Als was die Technik angesehen und behandelt wird, ist in techniksoziologischer Sicht immer auch auf soziale Interpretations- und Aushandlungsprozesse, nicht aber auf die der technisch-organisatorischen 'Maschinerie' immer schon 'inhärenten', 'essenziellen' Bedeutungen.

Die neuere Techniksoziologie eröffnet Möglichkeiten für eine differenziertere Betrachtung des Verhältnisses von Technik und Sozialem bzw. von Technik und

Kommunikation. Doch wird die Vorstellung einer grundlegenden Unterschiedenheit von Technik und Kommunikation beibehalten. Unvorstellbar bleibt, daß Technik etwas anderes sein könnte, als ein sozial erzeugtes, gedeutetes und durch Subjekte beobachtetes, behandeltes und benutztes 'Objekt'. Entsprechend gewinnt auch die Computertechnik keinen weiteren Sinn, als den des Artefakts mit Kommunikation vermittelnden (nicht: Kommunikation produzierenden) Qualitäten. M.a.W. das 'Objekt' Technik kann gewinnt in der Theorie keinen Status, der ihre enormen Irritationspotentiale hinreichend plausibilisieren könnte. Damit ist die Notwendigkeit für eine Weiterführung der techniksoziologischen Sicht angezeigt (III).

Zur Entwicklung eines Technikbegriffs, der die eigentümliche Verzahnung von Computertechnik und Kommunikation stärker als bisher zu berücksichtigen vermag, wenden wir uns zunächst grundlagentheoretischen Überlegungen zu, die sich unter dem Stichwort 'Konstruktivismus' vorstellen. Der kursorische Überblick über 'konstruktivistische' Denkmodelle unterschiedlicher Provenienz kann zeigen, daß die in der Techniksoziologie aktivierte Vorstellung des *Gemachtseins* von Wirklichkeit im Gegensatz zur Annahme ihres Gegebenseins bei weitem noch nicht 'ausgereizt' ist. Die neueren, durch neurobiologische Forschungen zur menschlichen Wahrnehmung empirisch gestützten Arbeiten verdeutlichen die Geschlossenheit und Zirkularität kognitiver Wirklichkeitskonstruktion. In dieser erkenntnistheoretischen Perspektive kann Wirklichkeit, mithin auch die Wirklichkeit der Technik, nicht mehr als ein - wie auch immer geartetes - Objekt vorgeführt werden, das jenseits seiner Wahrnehmung und Beobachtung durch Subjekte einen eigenständigen Realitätswert besitzt. Mit dieser 'Radikalisierung' der konstruktivistischen Sicht gewinnt die der Computertechnik zugeschriebene Vielgestaltigkeit und Mehrdeutigkeit eine erkenntnistheoretische Fundierung. Doch wirft der Bezug auf die geschlossene, autonome Realitätserkenntnis des Subjekts zugleich die soziologisch brisante Frage auf, wie es dann überhaupt noch möglich sein kann, Technik *sozial* zu konstruieren. Wie ist eine kommmunikative Verständigung über Technik überhaupt möglich?

Eine soziologische Variante des Konstruktivismus bietet die Systemtheorie Luhmanns mit ihrem Vorschlag an, die Realitätskonstruktionen des Subjekts von den kommunikativ erwirkten, sozialen Realitätskonstruktionen deutlich zu unterscheiden. Unter dieser - keineswegs unproblematischen - Voraussetzung wird es möglich, speziell die soziale Konstruktion von Wirklichkeit nicht mehr vom Subjekt her, sondern von der Kommunikation her zu begreifen. Die Kommunikation benötigt in dieser Sicht zwar Subjekte zu ihrer Konstitution, doch ist diese Voraussetzung erfüllt, emergiert ein Kommunikationssystem, über das die Anwesenden nicht mehr frei verfügen können. Die Kommunikation gewinnt so als ein eigenständiger und eigenwirksamer Prozeß der Wirklichkeitserzeugung an Bedeutung, der Sinngehalte und Bedeutungen 'eigensinnig', d.h. auch in einer, für Subjekte mitunter überraschenden, wenn nicht sogar 'absurden' Art und Weise miteinander verknüpft. Das

Zentralproblem der Kommunikation ist in diesem Verständnis nicht mehr die Herstellung von 'gutem' Einvernehmen oder der hoch voraussetzungsvolle Konsens. Als dynamische und im Kern äußerst instabile Instanz sozialer Wirklichkeitskonstruktion steht die Kommunikation unter dem permanenten Zwang sich zu reproduzieren und dabei die selbsterwirkte Realität zu erhalten (IV).

Von daher wird in der vorliegenden Arbeit vorgeschlagen, die Technik als einen *operativen Bestandteil* der Kommunikation zu fassen. Technik gewinnt in dieser Sicht als ein soziales Konstrukt und Medium in einem komplexen Kommunikationsnetzwerk an Kontur, das die Selbst- und Weltdeutungen, die es zu seinem Fortgang benötigt, selbst erzeugt. Dabei vermag die Technik, nicht obwohl, sondern gerade *weil* sie in die Prozesse sozialer Wirklichkeitsproduktion einzugreifen vermag, den jeweils etablierten 'Normallauf' der Kommunikation immer auch zu irritieren. Vermittelt über die allfälligen Störungen wie Überraschungen, die vielen kleinen und großen 'Staus' und 'Löcher' im Kommunikationsprozeß sowie die unfaßbare Geschwindigkeit des Kommunikationsflusses, die mit dem Erscheinen der Computertechnik einhergehen, wird deutlich: Die Technik ist ein *Medium* im Kommunikationsprozeß, das sich dem Lauf der Kommunikation sowohl anpassen und entlastend wirksam werden kann, das in der Kommunikation aber auch für Störungen und Überraschungen sorgen und so kommunikative Prozesse gewissermaßen 'in Unordnung' bringen kann. Wie diese technisch induzierten Irritationen wiederum kommunikativ aufgegriffen und bearbeitet werden, läßt sich in dieser Sicht nur empirisch klären (V).

Anknüpfend an diese Überlegungen wird die Arbeitsorganisation als ein besonderer Kontext der kommunikativen Erzeugung von Technik und der Irritation kommunikativer Prozesse durch Technik vorgestellt. Hierzu wird im Rekurs auf die neuere soziologische Organisationsforschung die Arbeitsorganisation als ein kommunikativ erzeugtes, kulturelles Sinn- und Bedeutungsgewebe gefaßt, das im Laufe der Zeit Bahnen der Thematisierung von Technik entwickelt hat, in denen technische Verfahren und Artefakte ihre je organisationsspezifische Bedeutung und Gewichtung erfahren. Zugleich kann deutlich gemacht werden, daß Arbeitsorganisationen keine abgeschlossenen, unveränderbaren Gebilde sind, sondern dynamische Sozialzusammenhänge, die sich und ihre Umwelt, wozu auch die Technik gehört, immer wieder neu, wie gehabt oder auch anders, konstruieren. Arbeitsorganisationen können insofern als besondere 'Umschlagplätze' für Technikvorstellungen und -bilder charakterisiert werden. Speziell die moderne Computertechnik scheint hierbei als ein besonderer 'Erreger' von Kommunikationsprozessen in Arbeitsorganisationen wirksam zu werden, der eine Vielzahl von möglichen Technik-Konstruktionen in Arbeitsorganisationen in Aussicht stellt und somit auch zur Verunsicherung der kulturell tradierten Kriterien für die 'Brauchbarkeit' der jeweils kommunikativ erzeugten technischen Wirklichkeiten in Arbeitsorganisationen beiträgt (VI).

I. Das Neue der neuen Technik

Obgleich die neue Technik[1] in zeitlicher Hinsicht kaum mehr als 'neu' bezeichnet werden kann - seit dem Innovationsschub speziell durch den Computer (PC) sind mittlerweile mehr als 10 Jahre vergangen - wird sie im anhaltenden Technikdiskurs[2] auch weiterhin als 'neu' vorgestellt. Die neue Technik fordert auch Jahre nach ihrer Einführung die Aufmerksamkeit ihrer Beobachter und Benutzer ab, die sie in immer wieder andere, überraschende Bahnen der Thematisierung und Problematisierung bringen und damit den der Technik zugeschriebenen Status des Neuen nachhaltig bestätigen. Woran liegt das? Im Folgenden werden einige zentrale Anhaltspunkte für dieses anhaltende 'Neu-Sein' der neuen Technik aufgeführt.

1. Das Aufbrechen technischer Wirklichkeit

Beschreibungen der neuen Technik heben zumeist ihr unaufhaltsames Vordringen in alle Bereiche des menschlichen Daseins hervor, was zugleich als Ausdruck der Verbindlichkeit der Thematisierung und Problematisierung der neuen Technik gewertet wird. Wir befinden uns heute in einer Situation, in der die Entwicklung und Benutzung von Technik nicht nur selbstverständlich, sondern zu unverzichtbaren Momenten des alltäglichen Lebens geworden sind und mehr noch: „Der primäre Erfahrungsraum, in dem wir ganz selbstverständlich und unbedenklich auf technische Produkte und Prozesse zurückgreifen oder an ihrer Entstehung beteiligt sind, ist seinerseits grundlegend mit der unablässigen Entwicklung neuer Technologien verkoppelt. [...] Über ihre ontische Summierung hinaus sind die technischen Gebilde mit den humanen Erstellungs- und Verwendungskontexten aufs engste verzahnt" (Langenegger 1990, 2 f.). Das Problem der neuen Technik, dies schält sich heute unübersehbar heraus, besteht kaum in der raschen Expansion der Technik. Vielmehr schafft das Vordringen der Techniken eine Lage, in der es unmöglich geworden ist,

---

1 Unter diesem Begriff sind die höchst unterschiedlichen EDV-basierten Techniken zusammengefaßt.
2 Der Diskursbegriff wird hier im Sinne Michel Foucaults (1977) verwendet. Diskurs bezeichnet ganz allgemein ein System von Aussagen im Unterschied zu anderen Aussagensystemen. Der Diskurs kann als ein Netzwerk regelhaft miteinander verknüpfter Aussagen begriffen werden, die wiederum Verknüpfungen von Elementen eines Sprachsystems sind. Der Diskurs wird in diesem Sinne nicht durch Subjekte, sondern durch Aussagen konstituiert, wobei die Einheit des Diskurses durch Grenzziehung zwischen dem, was gesagt werden darf und dem was nicht gesagt werden darf gewährleistet wird. Als 'Technikdiskurs' bezeichnen wir speziell das gegenwärtig zu beobachtende System wissenschaftlicher Aussagen über Technik.

die Technik in dieser Weise zu reflektieren. Die Welt in der wir heute leben, ist in einem viel grundsätzlicheren Sinn von der Technik geprägt, als es das Schlagwort von der fortschreitenden 'Kolonisierung' der sozialen Lebenswelt durch technische Geräte und Maschinen kenntlich zu machen versucht. Erkennbar wird insbesondere die wechselseitige Durchdringung und Konstitution von Sozialem und Technik, ausgelöst und ermöglicht durch die technischen Potentiale zur Generierung neuartiger Informations- und Kommunikationsverhältnisse (vgl. Faßler/Halbach 1994). Entsprechend treten mit der neuen Technik Sichtweisen und Redeformen zutage, die die einschlägige Formel der Verknüpfung von technischer und sozialer Entwicklung, sprich: 'Fortschritt', attackieren.

Vor allem angesichts der unabsehbaren Risiken, die die neue Technik mit sich bringt, beginnt das anthropologisch gefärbte Bild der Technik als einem beherrschbaren, handhabbaren und einsehbaren Werkzeug, das dem Menschen Erleichterung, Sicherheit und Wohlstand verheißt, zu kippen: „Die Menschen erkennen schärfer als zuvor in der immerwährenden Verwissenschaftlichung und Technisierung neben der Verheißung auch die Drohung, neben den Errungenschaften die Bedrängnisse" (Schabedoth/Weckenmann 1988, 8). Die neue Technik vermag ihren Beobachtern und Benutzern einen Schrecken einzujagen, der noch die Befürchtungen der zunehmenden 'Technisierung', der fortschreitenden Verdrängung menschlicher Tätigkeiten und Fähigkeiten in den Schatten stellt: In der Form von komplexen Großtechniken, wie etwa Kernkraftwerken, großchemischen Produktionsanlagen, Flugüberwachungssystemen u.ä.m. mutiert die neue Technik zu einem existenzgefährdenden 'Katastrophenpotential'. Die Technik, so stellt man heraus, besitzt die „Fähigkeit, mit einem Schlag das Leben Hunderter von Menschen auszulöschen oder das von Tausenden, gar Millionen zu verkürzen oder diese zu Krüppeln zu machen" (Perrow 1987, 15). Mit der Thematisierung der *katastrophalen Effekte* der neuen Technik schwingt zugleich ein grundlegendes Problem mit, das in bezug auf die Technik bislang nicht gedacht wurde: *Unfaßbarkeit*. Die neue Technik erscheint mit Blick auf ihre möglichen Effekte als tendenziell unbeherrschbar und unkontrollierbar und überreizt in diesem Sinne eingespielte Interpretations- und Beschreibungsgewohnheiten von Technik. An die Stelle der lange Zeit gepflegten Hoffnungen auf die technische Bewältigung sozialer Probleme rückt zunehmend die Einsicht in die spezifische Intransparenz der neuen Technik, die es *sozial*, d.h. in den alltäglichen Arbeits- und Lebensvollzügen zu bearbeiten gilt.

Das 'Unfaßbare' der Technik wird aber nicht nur mit Blick auf technische Risiken bis hin zu technisch forcierten, globalen Gefährdungslagen beobachtbar. Brisanterweise macht sich auch im alltäglichen, zumeist als 'ungefährlich' erfahrenen Funktionieren die Unbegreiflichkeit der neuen Technik bemerkbar. Man denke etwa nur an die Effekte von Kabel- und Satellitenfernsehen auf die Wirklichkeitswahrnehmung. Was uns (vor dem Fernsehbildschirm) bereits selbstverständlich, ja womöglich 'banal' erscheint, erweist sich auf den zweiten Blick häufig als kaum durchschaubare, hochkomplizierte Angelegenheit: So „ist es wohl für die meisten Menschen (noch) nicht nachvollziehbar oder vorstellbar, wie es möglich ist, Livesendungen via Satellit in Sekundenschnelle zwischen Kontinenten zu übermitteln, oder wie und wodurch Bilder, Texte oder Musikstücke mittels eines mathematischen Algorithmus' zu erzeugen sind. Derartige Errungenschaften apellieren durch ihre Wirkungsweisen in erster Linie an die intellektuellen Fähigkeiten [...]" und lassen sie - dies sollte hinzugefügt werden - angesichts der beobachtbaren technisch hervorgerufenen Ereignisse nicht selten als unzureichend erscheinen (Zec 1988, 12 f.).

Sowohl die der neuen Technik zugeschriebenen Risiko- und Katastrophenpotentiale wie auch die unwahrscheinliche Beschleunigung und 'Enträumlichung' von Kommunikationsprozessen durch neue Übertragungstechniken sind nur die augenscheinlichsten Anzeichen dafür, wie die neue Technik in die soziale Wirklichkeit 'einbricht' und hier 'alte' Selbstverständlichkeiten sowie gewohnte Wahrnehmungs- und Kommunikationsweisen aufbricht. Die neue Technik öffnet den Blick für die *Un*vermeidbarkeit und *Nicht*nachvollziehbarkeit von *un*erwarteten Effekten mit möglicherweise *un*vorstellbaren Ausmaßen. In diesem Sinne erscheint die neue Technik gewissermaßen als '*Un*-Technik', d.h. als eine Technik, die sich ihrer Beschreibung als ein nach dem Kausalprinzip nachvollziehbar funktionierendes Werkzeug mit einem angebbaren Wirkungsbereich, einem berechenbaren Ergebnis und einem bestimmten Zweck, entzieht. Die neue Technik präsentiert sich statt dessen als ein komplexes System, das sich aus einer unüberschaubaren Vielfalt von miteinander interagierenden Kompenenten zusammensetzt. Damit werden die Grenzen dessen, was man lange Zeit über Technik zu wissen glaubte, deutlich überschritten. Entsprechend findet das im hergebrachten Fortschrittsdenken geförderte und zur Selbstverständlichkeit geronnene 'Vertrauen in Technik' weder *in* der Technik selbst, noch in einem 'gesicherten', erklärenden Wissen *über* die Technik genügend Halt. Die neue Technik wird so zum Indikator für eine ins Grundsätzliche getriebene Krise kulturell eingelebter sozialer Wirklichkeitseinteilungen und -ordnungen (vgl. Wagner 1994). Wir erleben heute eine Art „*Kulturverschmutzung*, da früher wohlstrukturierte Wirklichkeitseinteilungen von nur unzureichend beherrschten neuen Codes überlagert werden." Mit der neuen Technik sind „neue Voraussetzungen entstanden, für die es bislang keine kulturell bezeichneten oder gar vereinheitlichten Verständigungen gibt" (Faßler/Halbach 1994, 9). An welchen Stellen die neue Technik die Grenzen bisheriger Wirklichkeitssichten besonders deutlich erkennbar werden läßt, zeigen die folgenden Abschnitte.

2. Verhalten statt Funktionieren

Im laufenden Technikdiskurs wird die neue Technik zumeist im Kontrast zu 'alten', mechanischen Techniken vorgeführt. Im Mittelpunkt der Betrachtung stehen die veränderten bzw. erweiterten 'technischen Potentiale', sprich: Funktionsmöglichkeiten. So etwa betont man häufig die hinzugewonnen Möglichkeiten der Informationerzeugung, -speicherung und -verarbeitung und die zunehmende Unabhängigkeit der Informationsübertragung von den traditionellen energetischen und materiellen Ressourcen des Informationsaustausches, Raum, Zeit und Personen (vgl. statt vieler anderer: Fricke 1988). Die der neuen Technik zugeschriebenen Potentiale konnten zwar auch schon in bezug auf die Einführung von Telekommunikationstechniken, wie etwa des Telefons ausgemacht werden, doch scheint erst die neue Technik eine unvermeidbare und zugleich hochproblematische Veränderung sozialer Wirklichkeit zu signalisieren. Die besonderen 'Strukturmerkmale' der neuen Technik, wie die Miniaturisierung der technischen Geräte bei gleichzeitiger Leistungssteigerung sowie die enormen Möglichkeiten der Vernetzung orts- und zeitunabhängiger Kommunikationsprozesse nähren die Vision einer zukünftigen 'Informationsgesellschaft', die durch die Abstraktheit, Unvollständigkeit, Komplexität, Variabilität, Elastizität und Adaptivität der Technik einerseits und einen steigenden Bedarf an sozialen Anpassungs-, und Vernetzungsleistungen andererseits gekennzeichnet ist (vgl. Fricke 1988, 68 ff.). Die Technik vereinfacht und beschleunigt nicht nur Kommunikationsprozesse, sie ist nicht nur Effektivitätsgarant sozialer Prozesse, sondern sie fordert den sozialen Kontexten, in denen sie eingebunden ist, zugleich die Bereitschaft und das Vermögen ab, sich auf ihre besonderen Eigenschaften einzustellen. In den Blick gerät so ein wechselseitiges Steigerungsverhältnis von Technik und Kommunikation[3], das die Vorstellung einlinear gerichteter 'Wirkungen' von Technik brüchig werden läßt.

Damit ist keineswegs nur die Erweiterung von einseitigen zu 'Wechselwirkungen' von Technik und sozialen Prozessen in Aussicht gestellt. Dies macht schon die Semantik, in der die neue Technik zumeist beschrieben wird, ersichtlich. Vermittelt durch die verwendeten Begrifflichkeiten zeichnet sich ab, wie die neue Technik selbst noch das Bild von immer gleich und präzise funktionierenden Geräte und Apparaturen verunsichert. Nicht der klare Funktionsaufbau, die Beständigkeit und Vollständigkeit technischer Systeme sind die vorrangigen Bezugspunkte der Technikbeschreibungen, sondern vielmehr die vielfältigen, filigranen und höchst variablen Binnenstrukturen der neuen Technik, die auf seiten ihrer Betrachter den Eindruck einer ungewöhnlichen Beweglichkeit erzeugen[4]. Angesprochen werden

---

3 Braun (1993) spricht in ähnlicher Weise, doch vorrangig auf die Technikentwicklung bezogen, von "Technik-Spiralen".
4 Notierenswert ist hier, daß die Verknüpfung von Technik und Bewegung keineswegs neu ist. Während in der Vergangenheit das Bewegungsprinzip der Technik jedoch an gleichbleibende

vor allem die *technische* Veränderbarkeit, die Dehnbarkeit, Gestaltbarkeit und Anpassungsfähigkeit der Technik an die Kontexte ihrer Verwendung und vor allem auch: ihrer Herstellung[5] (vgl. Winograd/Flores 1989). Darin schwingt - zumindest in Ansätzen - auch die Vorstellung von *technischem Lernen* bzw. *von technischer Selbstorganisation* mit. Dort, wo die Flexibilität und Anpassungsfähigkeit der Technik gerade auch im Herstellungskontext in den Blick genommen wird, scheint durch, daß der neuen Technik tendenziell 'Funktions-' bzw. Operationspotentiale zugestanden werden, die sich nicht mehr eindeutig auf human bzw. sozial formulierte Zweck- und Zielsetzungen beziehen, sondern auf Vorgaben, die die Technik selbst liefert[6]. Müssen wir damit der neuen Technik auch jenseits von menschlichen Nutzungsinteressen und -möglichkeiten eigene, quasi 'selbstbestimmte' Entwicklungsbahnen zugestehen? Untergräbt die Technik womöglich sogar die Versuche, sie - nicht einmal im emphatischen Sinne - 'human' oder 'sozial' zu gestalten, ihr eine, dem Sozialen 'angemessene' Form zu geben? Haben wir es etwa mit einer neuartigen Form von Technikdeterminismus zu tun? In einem gewissen Sinne ja, aber nicht nur... Mit der Einsicht in die Beweglichkeit der neuen Technik deutet sich ein noch 'unscharfes', nicht mehr kausal beschreibbares Verhältnis von Technik und Sozialem an.

Folgt man den Beschreibungen der neuen Technik, so erscheint sie 'zwischen den Zeilen' eher als eine sich eigenständig verhaltende Technik, denn als eine redundant funktionierende Maschine. Das *Verhalten* der neuen Technik, ihr Vermögen, sich nicht nur erwartbar, sondern auch überraschend neu zu formen, verweist auf eine tiefgreifend veränderte Wahrnehmung des Verhältnisses von Mensch und Technik, die vor allem das klassische Bild des Menschen als dem der Technik überlegenen Konstrukteur betrifft. Die beobachteten 'Verhaltenspotentiale' der neuen Technik unterminieren sowohl die Möglichkeiten der unproblematischen 'Anpassung' der Technik an menschliche Belange und Bedürfnisse, wie auch umgekehrt, die Möglichkeiten und Zwänge der Anpassung des Menschen an die von ihm geschaffene Technik. Anpassung setzt identische Zustände und erwartbare Veränderung voraus. Genau diese Vorstellungen aber torpediert der Verweis auf das Verhalten der neuen

---

Naturgesetzlichkeiten und mechanische Konstruktionsprinzipien gebunden und als ein identifizierbarer Ablauf von miteinander kausal verknüpften Bewegungselementen vorgestellt wurde (vgl. Krohn 1989, 34), erscheint die Beweglichkeit der Technik heute in einem sehr viel weiteren Sinn als eine permanente (Selbst-)Veränderung. Einen, heute beinahe schon stereotypen symbolischen Ausdruck findet diese Vorstellung etwa in der Form von Demonstrationsprogrammen, die am Computerbildschirm sich permanent neu formierenden Muster und Farbkonstellationen anzeigen.

5 Gerade diese Anpassungsfähigkeit der Technik an ihre Herstellungskontexte birgt neuartige Probleme. Insbesondere, wenn eine Technik nicht in dem Kontext gestaltet wird, in dem sie alltäglich benutzt werden soll kommt es zu einer Art 'Definitionsüberhang' des Entstehungskontextes der Technik, was sich im (späteren) Anwendungskontext dann mitunter als hochproblematisch erweisen kann (vgl. Winograd/Flores 1989).
6 Man braucht nur einen Abstecher in die Bereiche der 'Künstlichen Intelligenz' und Robotik mit ihren frappierenden Entwicklungen zu machen, um Beispiele für eine solche 'Selbstorganisation' der Technik zu finden, die sich - zugegebenermaßen - noch weitgehend im Experimentierstadium befindet (vgl. Kennedy 1995).

Technik: Verhalten impliziert die Möglichkeit dauernder Veränderung, permanenter Modifikation, stetiger Variabilität etc., womit Aussagen über 'eigentliche' oder 'ursprüngliche' Zustände zumindest problematisch werden. Soweit der Technik ein im weitesten Sinne auch selbstbezügliches Verhalten im Unterschied zu einem menschlich 'vor-gedachten' Funktionieren zugestanden werden kann, wird sie als fester, eindeutiger Bezugspunkt für gewollte wie ungewollte, selbstbestimmte wie fremdbestimmte Anpassungsprozesse von Mensch und Technik 'unscharf'. Die sich verhaltende Technik liefert m.a.W. keine eindeutigen Orientierungen mehr, die den jeweils gewählten Umgang mit ihr begründen könnten. Was in den Vordergrund tritt, sind prinzipiell *unvorhersagbare technische Operationen* auf der einen und letztlich nur *sozial*, nicht aber technisch begründete Umgangsformen mit der Technik. Insofern gibt es in der Beziehung von Technik und Mensch bzw. Technik und Sozialem keine eindeutigen, 'absoluten' Zustände und Wirkungen. Jede Zustandbeschreibung des Verhältnisses von Technik und Mensch bzw. Sozialem muß als Zuschreibung akzeptiert werden, die ein je beobachtetes Verhältnis von Mensch und Technik begreifbar machen (sollen), ohne daß damit der 'eigentliche' Zustand dieser Relation bekannt würde (vgl. Weick 1990).

In der hier aktivierten, begriffsempfindlichen Lesart wird erkennbar, wie sich im gegenwärtigen Technikdiskurs eine Thematisierungsweise von Technik herausschält, die nicht nur auf die zunehmende Vernetzung und Beschleunigung kommunikativer, informationsverarbeitender Prozesse sensibilisiert ist, sondern die zugleich die Kontingenz und Veränderbarkeit von Mensch-Technik-Beziehungen sowie die Unwahrscheinlichkeit gleichbleibender technischer Ausformungen mitschwingen läßt. Die neue Technik läßt sich, wenn überhaupt, nurmehr in einer Prozeßperspektive fassen (vgl. Hörning/Dollhausen 1995).

3. Immaterialität

Einen weiteren thematischen Brennpunkt, der mit der Fokussierung des Verhaltens der neuen Technik eng zusammenhängt, findet die Technikdiskussion im Brüchigwerden der eindeutigen Zuordnung der Technik in der 'Dingwelt'. Zunehmend läßt sich beobachten, wie die Beschreibungen der neuen Technik hervorheben, daß sich die neue Technik ihrer eindeutigen Positionierung als 'Sache' in der Welt entzieht. Flusser (1991, 147) etwa betont die 'Auflösung' von Dingen nicht nur im Kontext ihrer Er- und Verrechnung im Computer, wo sie „aus Punktelementen zusammengesetzte Linien, Flächen, bald auch Körper und bewegte Körper" darstellen, sondern auch in bezug auf die Wahrnehmung der Dinge in der 'gegebenen Welt': „Der Tisch auf dem ich dies schreibe, ist nichts anderes als ein Punktschwarm," konstatiert Flusser und macht damit deutlich, wie sich mit der neuen Technik die Aufmerksamkeit von der Stofflichkeit der Dinge, so auch der technischen Dinge, auf ihre 'substanzlose' optische Erscheinung verlagert.

Die neue Technik scheint das Reden über materielle Erscheinungsformen, stabile Substanzen, Werkstoffe etc. gegenüber der Beschreibung von Operationsmöglichkeiten und -strukturen und der durch sie ermöglichten flexiblen Vielfalt von Interaktionsformen zu marginalisieren. Insbesondere bei der Beobachtung von Computernetzwerken, Linechatting, Mailboxen u.ä.m. geraten materielle Apparaturen und Geräte sowie vor allem auch der menschliche Körper weniger als Kennzeichen, sondern vielmehr als Momente der 'Des-Identifikation' einer sich neu herausbildenden Kultur in den Blick: Es scheint, so resümiert Sobchak (1988, 427), „mehr als ein bloßer Zufall zu sein, daß gerade in unserer so höchst elektronischen Gegenwartskultur die Krise der Körpererfahrung erkannt und zur Sprache gebracht worden ist." Die Materialität der Technik, wie auch die 'Körperlichkeit' menschlicher Kommunikation gewinnen zunehmend als „Muster einer irreduziblen Alteriät", eines prinzipiellen 'Andersseins', an Kontur (vgl. Kamper 1994, 230), wohingegen die durch die neue Technik ermöglichte Visualisierung und Simulation der Wirklichkeit in den Mittelpunkt der Betrachtung gerückt wird.

Mit dem 'Verschwinden' der Materie als Bezugspunkt der Beobachtung von Technik katapultiert sich die Diskussion um die neue Technik auf ein ungewohntes Abstraktionsniveau, d.h. es werden auch Topoi angeschnitten, die bislang nur in 'praxisfernen' philosophischen und erkenntnistheoretischen Kommunikationszirkeln kursierten. Dies belegt vor allem der französische Philosoph Jean-Francois Lyotard, der mit seiner Ausstellung 'Les Immateriaux' 1985 im Pariser Centre Pompidou den ambivalenten Materialcharakter von Nachrichten, Informationen und elektronisch übermittelten Bildern im Visier hatte. Die 'Immaterialien', so machte Lyotard deutlich, sind Ausdruck und prägender Bestandteil einer entmaterialisierten Wirklichkeit, in der die Materie nur als re-Komponiertes Strukturmuster in Erscheinung tritt (vgl. Zec 1988). Ähnlich sieht es Pfeiffer (1988, 17), Baudrillard zitierend: „In einer Zeit, in der [...] das Reale nur noch eine 'halluzinierende Ähnlichkeit' mit sich selbst besitzt, scheint selbst die natürliche Einstellung, die anspruchslose Wahrnehmungsnaivität alltäglich-visueller Dinglichkeit nicht mehr zuverlässig."

Die neue Technik präsentiert sich in einem Zustand, der weder eindeutig als Materie noch eindeutig Nicht-Materie beschreibbar ist. Gerade in dieser Ambivalenz aber mag der 'Schlüssel' zu einem neuen Verstehen von Technik liegen, einem Verstehen, das nicht mehr auf der unhinterfragten Gegebenheit der 'Dinge' und 'Sachen' in der Welt basiert, sondern auf der Erkenntnis, daß selbst der Realitätswert der 'Dingwelt' auf Zuschreibungen beruht. Die Immaterialität der neuen Technik verweist darauf, daß es stets auf den jeweiligen Beobachter ankommt, ob die Technik entweder als materiell fixiertes 'Ding', als Operationsweise oder gar als 'Punktschwarm' erscheint. Die neue Technik ist, als was immer sie bezeichnet wird, stets als eine kontingente, auch anders mögliche Festlegung bzw. Konstruktion von Technik zu begreifen.

4. Medialität

Im laufenden Technikdiskurs gilt die Verknüpfung von neuer Technik und Kommunikation als selbstverständlich. Dort, wo die neue Technik ins Blickfeld gerückt wird, ist nicht selten vom „Wandel der kommunikativen Kultur" die Rede (vgl. Hörning/Ahrens/Gerhard 1994, 21 ff.). Der neuen Technik werden Möglichkeiten der 'handlungslosen' Erzeugung und Verknüpfung von Informationen bis hin zur Ausformung eines globalen Kommunikationssystems zugeschrieben[7]. Begriffe wie Digitalisierung, Informatisierung und Telematisierung verweisen auf eine 'Informationsgesellschaft', besser: auf ein umfassendes 'Kommunikationssystem, das sich über die einzelnen Subjekte und deren Wert- und Normvorstellungen hinsichtlich des Austausches von Nachrichten, Botschaften etc. hinwegsetzt und nach eigenen, selbstproduzierten Verlaufsgesichtspunkten operiert[8]. Man verzeichnet eine 'Fiktionalisierung und Virtualisierung' der Kommunikation (vgl. Rötzer 1991), in der es nur noch zu unvorhersagbaren, augenblicklichen Begegnungen, zu vereinzelten und zugleich unendlich oft wiederholbaren Sprachspielen kommt (Raulet 1988, 180) sowie eine besondere Themenvielfalt und enorme Zerfallsgeschwindigkeit von Themenbeständen. Im Kontext dieser Entwicklungen gewinnt schließlich ein neues Bild von Kommunikation an Kontur, nämlich das einer „eigenwilligen, sich selbst reproduzierenden Kombinatorik ausgewählter Informationen" (Hörning/Ahrens/Gerhard 1994, 24 f.). Nicht zuletzt öffnet sich der Blick für eine neuartige Kommunikationsform, die die eindeutige Zurechnung der Kommunikation auf Personen, mithin die tradierten Bewußtseinsunterstellungen der Kommunikation, fraglich werden läßt: die *Kommunikation mit Computern*. Gerade am „Umgang mit dem Computer als (dezentralem) Bestandteil der neuen Medienkonstellation wird immer deutlicher, daß die Situation nicht mehr angemessen beschrieben werden kann mit einem Kommunikationsbegriff, in dem die Beteiligung von mindestens

---

[7] Dies veranschaulichen auch die neueren Untersuchungen zum Thema 'Computernetzwerke' in Organisationen etwa von Sproull/Kiesler (1992) und McKenny u.a. (1992).

[8] Dieses umfassende, dynamische, sich permanent neu aus- und umformende Netzwerk von Kommunikationen und Kommunikationszusammenhängen gewinnt in einer eher 'traditionellen' Optik einen geradezu 'totalitären' Charakter. Dies veranschaulicht etwa der Definitionsversuch Münchs (1995, 11). Danach ist die Kommunikation "der Motor der unablässigen Modernisierung der Gesellschaft, einschließlich der Modernisierung der Modernisierung. [...] Ihr ungeheures Wachstum, ihre globale Reichweite, ihre unerbittliche Durchdringung der Gesellschaft bis in ihre letzten Winkel hinein, ihr atemberaubendes Tempo und ihre immer dichtere Gestaltung durch die Einbeziehung einer wachsenden Zahl von Kommunikatoren läßt uns keinen Raum mehr für ein kommunikationsfreies Leben." Von einer 'totalen' Kommunikation, wie sie hier angesprochen wird, kann allerdings nur ausgegangen werden, wenn man Gesellschaft als etwas begreift, das durchaus auch ohne Kommunikation möglich ist. Die Frage ist nur: Ist so etwas überhaupt denkbar? Wir wollen diesen Gedanken nicht näher vertiefen. Deutlich gemacht werden sollte nur, daß sich die Kommunikation als ein eigenständiges System in den Vordergrund zu schieben beginnt, womit das 'klassische' Verständnis einer von Menschen erschaffenen und 'getragenen', ja sogar 'verkörperten' Gesellschaft an Plausibilität einzubüßen beginnt.

zwei Menschen unterstellt wird"(Gilgenmann 1994, 2, vgl. auch: Fuchs 1991, Tholen 1994, 11).

Die Einsicht in den medialen Charakter der neuen Technik wirft neue Fragen der Verortung des Menschen im Verhältnis zu seiner - selbst geschaffenen, d.h. materiell, kognitiv und sozial konstruierten - technischen Umwelt auf. Die Erkenntnis der neuen Möglichkeiten zur Integration von menschlichen und technischen Kommunikationsleistungen über Sprache legt die Vermutung einer tiefgreifenden Erschütterung der im westlichen Denken selbstverständlichen Zurechnungskonventionen in bezug auf Wissen nahe: Beobachtet werden insbesondere die mit der neuen Technik auftauchenden Tendenzen und *Zwänge zur Versprachlichung von Wissen*. Sie können - vor dem Hintergrund eines konventionellen, beinahe empathisch aufgeladenen Verständnisses von Wissen - als zentrale Momente eines sozialen Prozesses interpretiert werden, der die 'inneren' Werte und Motive, den 'Genius', mithin die menschliche Seele als die beachtenswerten Wissensgeneratoren zunehmend vernachlässigt. Man beobachtet, wie die zentralen Momente des Wissens, Kenntnisse, Erfahrungen und Erlebnisweisen in der durch die fortschreitende Informatisierung nur noch soweit bedeutsam werden, wie sie in (sprachliche) Informationsquantitäten übersetzt und zur informatisierten Wissensproduktion eingesetzt werden können (vgl. Weizenbaum 1977, Zec 1988). Unabhängig davon, ob man diese Entwicklung als 'gefährliche' Tendenz der 'Entmenschlichung' der Kommunikation verurteilen oder als Möglichkeit der Entlastung der Kommunikation von normativen und moralischen Überhängen begreifen möchte - eines scheint sicher: Die neue Technik läßt es nicht mehr umstandslos zu, daß der Mensch als alleiniger kreativer Schöpfer von Sinn und Bedeutung, als der der Technik überlegene Geist begriffen wird. Vielmehr wird es ebenso vorstellbar, daß der Mensch durch seine Bezugnahme auf die Technik zu einer Art 'Kommunikationsterminal' neben der Technik wird. Faßler und Halbach (1994, 8 f.) bringen dies wie folgt zum Ausdruck:

> „Der forschende, technologische und mediale Griff nach dem 'Hirn', der 'Kopfarbeit', dem subjektiv Inneren oder dem sozialen Innenraum zielt auf ein neues, bislang nur experimentell angezieltes Gleichgewicht zwischen den zerstreuten Fragmenten von Wissen, Kreativität, Wahrnehmung und Kommunikation: ein Gleichgewicht bei ständig wechselnden Anforderungen. Gesucht werden die abrufbaren Ordnungsleistungen im Individuum die technologisch ohne Zeitverluste anschlußfähig sind. Das zusammengesetzte Maß hierfür ist die technologische *online*-Kapazität [Übertragungsgeschwindigkeit und -dichte der Daten] und die menschliche *online*-Kompetenz [die Fähigkeit, aus dem elektronischen Angebot rasch auszuwählen und weiterzugeben]."

In der Auseinandersetzung mit der neuen Technik bleibt es dem Menschen wohl nicht erspart, sich nicht mehr unhinterfragt als 'Krone der Schöpfung' begreifen zu können, sondern - durchaus ambivalent - als 'Modell einer Maschine' positionieren zu müssen[9]. Es gilt, zuzugestehen, „daß die Wissensproduktion und damit auch die produktive Verwertung von Informationen aus dem menschlichen Subjekt veräußert und in ein technischens Informations- und Kommunikationssystem hineinverlegt wird" und einsehen, daß damit das Wissen aufgehört hat, „alleinige Domäne des menschlichen Geistes zu sein" (Zec 1988, 27).

Mit diesen Hinweisen sollte deutlich gemacht sein, daß die neue Technik den gegenwärtigen Technikdiskurs darauf drängt, die eingeschliffenen, tradierten Formen des Redens über Technik zu verabschieden. Die neue Technik bringt sich als aufregendes, wunderbares, furchtbares, letztlich unbegreifliches Moment in den Fokus des Interesses; sie provoziert und strapaziert das herkömmliche Begriffsinventar des Technikdisurses in einem nie gekannten Maß und stellt so ganz neuartige Formen der Beschreibung, Definition und Zurechnung von Wissenserwerb und -verarbeitung in Aussicht. Sich mit der neuen Technik zu beschäftigen, so konstatieren Faßler und Halbach (1994, 9), bedeutet demnach vor allem „sich mit vielen auf die Wege und Verzweigungen im sozialen Netzwerk zu begeben und Humankriterien für neue Wirklichkeitseinteilungen zu entwickeln." Dies betrifft, wie wir im Folgenden sehen werden, auch und vor allem Arbeitsorganisationen.

5. Neue Intransparenzen in der Organisation

Die neue Technik macht aufgrund ihrer Verhaltenspotentiale, Immaterialität und Medialität die Grenzen bisheriger Wirklichkeitseinteilungen und -ordnungen deutlich. Dieser Umstand erhält vor allem in solchen Kontexten eine besondere Brisanz, in denen sich im Laufe der Zeit relativ feste Vorstellungen darüber entwickelt haben, wie Wirklichkeit 'richtig' gesehen und behandelt werden soll, in Arbeitsorganisationen. Hier werden bis heute Wirklichkeitssichten und -vorstellungen gepflegt, die mehr oder weniger explizit auf der Annahme einer im Kern klaren, eindeutigen, nachvollziehbaren und steuerbaren Strukturierung der sozialen Organisationswirklichkeit basieren. Es stellt sich umso dringender die Frage danach, wie sich in diesen

---

9 Den Versuch einer 'Rehabilitierung' des Menschen im Verhältnis zur Technik unternimmt Lyotard (1988), indem er die Verschachtelung von Denken und Leiden anspricht. Denken sei nicht einfach Selektion im Sinne des aktiven Wählens, es sei zugleich auch ein Abwarten, Kommen-Lassen dessen, was als Wirklichkeit wahrgenommen wird. Dieses Abwarten verknüpft Lyotard mit der Vorstellung des Verzichts, der 'Ent-Leerung', die immer auch eine schmerzhafte schmerzliche, mit Leiden verbundene Loslösung des Körpers und des Geistes vom Genuß des Besitzens ist. Beinahe spöttisch fragt Lyotard sodann: "Werden eure Darstellungs- und Denkmaschinen auch leiden? Was kann für sie, die doch nur aus Gedächtnis bestehen, die Zukunft sein?" und weiter: "Versteht ihr - euren Maschinen, ihrem Gedächtnis müßte also das Nicht-Gedachte, das Nicht-Eingeschriebene, das noch einzuschreiben bleibt, weh tun können. Wie anders sollen sie zu denken anfangen? Wir brauchen Maschinen, die am Gestautsein ihres Gedächtnisses leiden" (Lyotard 1988, 825 f.). Unbeobachtet bleibt, daß dieser Versuch einer Grenzbestimmung menschlichen und technischen Denkens das Bild der wechselseitigen Modellierung und Profilierung von Mensch und Technik bestätigt, eine eindeutige Positionieren des Menschen als der Technik überlegene Einheit von Körper und Geist jedoch nicht vornehmen kann.

Kontexten die neue Technik bemerkbar macht, mit welchen Veränderungen und Effekten sie in Verbindung gebracht wird und wie damit auch die bekannten und gewohnten Formen des Redens über die Organisationswirklichkeit brüchig werden.

In modernen Arbeitsorganisationen gewinnt die neue Technik zumeist als Ursache für die Verzeitlichung und Vernetzung von Arbeitsprozessen an Bedeutung. Kaum eine Beschreibung vergißt zu betonen, daß die neue Technik bereits umfassend, d.h. zur Planung und Steuerung des gesamten Produktionsablaufs eingesetzt wird, daß sich die neue Technik in der Form von Steuerungstechnologien im Bereich der Fertigung und im Bereich der Konstruktion vorfinden lassen, daß sie der Unterstützung von Konstruktions- und Verwaltungsaufgaben dient und auch im Bereich der Logistik zentrale Funktionen übernommen hat (vgl. statt anderer Hisch-Kreinsen/Wolf 1987, Sorge 1985, Wittemann/Wittke 1987)[10]. Beobachtet wird das Vordringen der neuen Technik schließlich auch im Bereich des Verkaufs (vgl. Engfer 1984, 181) und in bezug auf klassische Verwaltungsaufgaben, wie Personaleinsatzplanung, Gehaltsabrechnung und standardisierte Korrespondenzabwicklung. Die *erwarteten* Effekte speziell der 'Computerisierung' sind vor allem
- die Verringerung der Komplexität des Fertigungsprozesses,
- die Flexibilisierung des Produktionsprozesses,
- die schnellere und gezieltere Informationsverarbeitung,
- die Effektivierung des organisatorischen Kommunikationsflusses,
- die Aktualisierung produktionsrelevanter Daten und nicht zuletzt
- die Vernetzung und Integration der unternehmensrelevanten Funktionen und Kommunikationsbeziehungen (vgl. auch: Lullies u.a. 1990, 17).

Besonders hervorgehoben wird, daß mit der neuen Technik und ihren Potentialen zur „Integration von unternehmensinternen und -externen Datenbeständen und -flüssen" in Organisationen „neue Formen der Kommunikation und des Austausches von Dokumenten praktiziert und daß einmal erfaßte Datenbestände von unterschiedlichen Stellen verwendet werden" (Lullies u.a. 1990, 12).

Begleitet und eingefaßt wird die neue Technik zumeist mit neuen Organisationskonzepten und -modellen, die auf die Re-Integration ehemals zerlegter und getrennter Tätigkeiten in 'ganzheitlich' zugeschnittenen Aufgabenbereichen (vgl. Treuling 1988) sowie auf die Etablierung von Formen der Gruppenarbeit in allen organisatorischen Bereichen zielen (vgl. Roth/Kohl 1988). Überraschenderweise gewinnt dabei das nach 'klassisch-tayloristischem' Verständnis als 'Störgröße' deklarierte und nach Möglichkeit ausgeschlossene individuelle Handeln eine besondere Bedeutung. Es wird zur 'Ressource' im Umgang mit der neuen Technik. Das selbständige Pro-

---

10 Unter dem Stichwort JIT (Just-In-Time) werden organisations- und steuerungstechnologische Anwendungen im betrieblichen Logistikbereich beschrieben. JIT bezeichnet das "System zur ertragsoptimalen Steuerung sämtlicher Material- und Warenbewegungen innerhalb und außerhalb eines Unternehmens - von der Güterbeschaffung bis zur Lieferung der fertigen Produkte an den Verbraucher oder Nutzer" zum Zwecke der lagerlosen Fertigung (Stabenau 1984, 11). Die informationstechnische Vernetzung ehemals getrennter Unternehmensbereiche kommt auch im Stichwort CIM (Computer-Integrated-Manufacutring) zum Ausdruck. Es bezeichnet die betriebsweit integrierte Informationsverarbeitung.

blemlösungs- und Entscheidungsverhalten gilt im Kontext des Einsatzes der neuen Technik als eine besondere 'Schlüsselqualifikation' und als ein nicht zu unterschätzender 'Erfolgsfaktor' moderner Arbeitsorganisationen (vgl. Köhl u.a. 1989). Nicht zuletzt ändert sich im Zuge der Aufwertung von subjektiv gebundenem, eigenständigen Handeln das Bild des gesamten organisatorischen Macht- und Kooperationsgefüges tiefgreifend. Anstelle von Hierarchie, Zentralisierung und Restriktion werden nunmehr 'flach' angelegte hierarchische Strukturen (Bühner 1986), dezentrale Steuerungs- und Kontrollinstanzen sowie erweiterte Partizipationsmöglichkeiten Aller als 'sinnvolle', ja 'rationale' Gestaltungsformen moderner Arbeitsorganisationen propagiert. Die Einführung der neuen Technik scheint organisatorische Prozesse zu provozieren, die die lange Zeit unhinterfragte Tradition 'wissenschaftlich exakter' organisatorischer Gestaltung und Steuerung[11] zumindest in Ansätzen verabschieden. Darin steckt auch der Verweis auf eine sich neu herausschälende Sicht auf Technik und Organisation.

Gewissermaßen 'hinter' den Effektivitäts- und Effizienzerwartungen, die an die neue Technik geknüpft werden, machen sich spezifische Ungewißheiten und Unsicherheiten bemerkbar. Es wird nicht nur registriert, daß die neue Technik Potentiale zur 'Automatisierung' des gesamten organisatorischen Geschehens bereithält. Man sieht auch, daß mit der neuen Technik in allen Bereichen der Arbeitsorganisation neuartige Probleme, so etwa Akzeptanz- und Umschulungsprobleme sowie Zukunftsängste evoziert werden, die eben nicht 'wegtechnisiert' werden können, sondern auf sozialer Ebene, sprich: kommunikativ bearbeitet werden müssen (vgl. Hackstein 1987, Heeg/Deserno 1987).

Zudem werden organisatorische Prozesse mit der Umstellung auf die neue Technik nicht nur 'einfacher' und transparenter. Der Einsatz der neuen Technik erwirkt die zunehmende Abstraktion von Arbeitsprozessen: Arbeit wird nicht mehr so sehr durch den Bezug auf Ressourcen, wie Kraft und Stoff gekennzeichnet, sondern vielmehr durch den Bezug auf Prozesse *Informationsverwertung* durch technische Informationssysteme. Der zentrale, zu bearbeitende 'Gegenstand' ist nicht mehr dinglicher Natur, sondern durch Bilder und Zeichen *symbolisch angezeigte Information*. An die Stelle der 'Produktionsarbeit' als Charakteristikum des organisatorischen Geschehens rückt die 'Informationsarbeit' auch und gerade in Produktionsorganisationen:"Das Sammeln, Ordnen und Verarbeiten von Informationen sind zu tragenden Elementen der Arbeit geworden", konstatierte Berger (1984, 38) bereits Mitte der 80er Jahre.

Die computervermittelte 'Informationsarbeit' vollzieht sich zudem überwiegend in der Form von nicht-nachvollziehbaren, teilweise sich selbst steuernden Rechenprozessen, womit eine detaillierte Einsicht in das Geschehen kaum noch möglich ist. Was tagtäglich in der Arbeitsorganisation geschieht, welche Informationen per Computer er- und verrechnet werden und welche Konsequenzen dies für Produktions- und Verwaltungsvorgänge hat, wird für den Einzelnen unüberschaubar. Die

---

11 Zur Übersicht der 'klassischen' Formen des Organisierens à la Taylor und Ford siehe: Pentzlin (1965).

neue Technik läßt so eine Organisationswirklichkeit entstehen, in der die *Arbeit als Kommunikation* und die *Organisation als ein komplexes, dynamisches Netzwerk von Information, Kommunikation und Produktion* erkennbar wird (vgl. Baecker 1994, 22).

Vor diesem Hintergrund wird das Bild von 'durchorganisierten', immer wieder nach dem gleichen Schema sich vollziehenden Arbeitsprozessen brüchig. Stattdessen verlagert sich die Aufmerksamkeit auf die 'hinter' den üblichen Ordnungsvorstellungen liegenden 'Unordnungen', wozu vor allem auch das der neuen Technik zueigene 'Störpotential'[12] gezählt wird. Die neuen Techniken, resümiert Baecker (1992, 23), „warten nicht nur in ihrer Implementationsphase, sondern während ihrer gesamten Einsatzphase und [...] weit darüber hinaus mit Überraschungen meist unerfreulicher Natur auf." Damit ist zum einen angezeigt, daß die neue Technik das Einschleifen von Routinen und Gewohnheiten im Kontext ihrer Benutzung erschwert, wenn nicht sogar unwahrscheinlich werden läßt (vgl. auch: Weick 1990). Zum anderen verliert der Topos der 'Automatisierung' und 'Maschinisierung' menschlichen Handelns im Kontext der Anwendung neuer Technik als ein zentraler Ansatzpunkt der Technikkritik an Plausibilität. Angesichts einer komplexen, höchst 'störanfälligen' Technik kann es Organisationen nicht mehr nur darum gehen, die Handlungsmöglichkeiten ihrer Mitglieder auf 'funktionale' Beiträge hin einzuschränken bzw. zu 'technisieren'. Vielmehr wird ein neuartiger Bedarf für Lernprozesse deutlich, die darauf abstellen, die Komplexität, Plastizität und prinzipielle Undurchschaubarkeit der neuen Technik 'in den Griff' zu bekommen. Der Umgang mit technisch induzierten Unsicherheiten wird zu einer zentralen Aufgabe in Organisationen. Dies belegen sowohl die erwähnten Organisationskonzepte und -modelle, die auf Flexibilität und Selbstorganisation sowie auf die Nutzung subjektiven Handlungs- und Entscheidungsvermögens abstellen, als auch die Beiträge, die diese neuen Organisationskonzepte reflektieren. Man gesteht im Kontext des Einsatzes der neuen Technik nicht nur die Möglichkeit zur Veränderung zu, sondern man betont ein neuartiges *Abhängigkeitsverhältnis zwischen Organisation, Technik und den Technik benutzenden Subjekten*: die sozialen Kooperations- und Kommunikationsbeziehungen in die die neue Technik eingebunden ist, erscheinen als entscheidende Voraussetzungen für das 'gute' bzw. 'schlechte' Funktionieren der Technik und mithin auch der Organisation (vgl. etwa Schimank 1986, Zündorf 1986, Schienstock 1990). Daß es sich hierbei nicht um fadenscheinige Konzepte für ein 'humaneres' Arbeiten handelt, sondern um Plausibilisierungen neu auftauchender Steuerungs- und Kontrollprobleme, wie auch neuartiger Verstehens- und Verständigungsprobleme, machen die

---

12 Ergänzend sei hierzu angemerkt, daß Beschreibungen der neuen Technik in Organisationen häufig Begriffe verwenden, die auch Subjekten zugeordnet werden können: Die neue Technik erscheint als 'Begleiterin' und 'Mitläuferin' (vgl. Baecker 1992, 23) und sie verkörpert Eigenschaften, die - wenn auch sehr vermittelt - das Subjekthafte der Technik zum Ausdruck bringen: Verläßlichkeit bzw. Unzuverlässigkeit sowie 'Kommunikative Fehlfunktionen' (vgl. Braczyk 1989, 3). Die neue Technik gewinnt damit in einem Bedeutungshorizont an Kontur, der lange Zeit nur dem Menschen vorbehalten war. Sie wird neben dem Menschen als eine 'eigensinnig' operierende Adresse im organisatorischen Kontext denkbar.

Autoren deutlich, indem sie die Interdependenzen und Korrelationen zwischen der neuen Technik und ihren Anwendern aufzeigen. Die Kondensationspunkte der Argumentation lassen sich wie folgt zusammenfassen:

1) Komplexe, die gesamte Arbeitsorganisation umfassende EDV-Systeme setzen kommunikative Aushandlungsprozesse voraus. Beobachtet werden in diesem Zusammenhang insbesondere die Prozesse der Anpassung der neuen Technik an die Gegebenheiten der jeweiligen Anwenderbetriebe, d.h. es wird betont, daß komplexe Informationssysteme nicht als marktgängige Produkte erhältlich sind, sondern entsprechend den organisationsspezifisch formulierten Bedingungen und Anforderungen angepaßt werden müssen (vgl. Hirsch-Kreinsen u.a. 1990, 55). Diese Anpassung verlange soziale Aushandlungs- und Verständigungsprozesse, in denen die Leistungen, die das technische System erbringen soll, definiert werden.

2) Komplexe Informationssysteme lassen die enge Verflechtung von sozialen Kommunikationsprozessen und Technik in einem stärkeren Maße als je zuvor ans Licht treten. Unter dieser These können all jene Beschreibungen zusammengefaßt werden, die die neue Technik als prinzipiell mit den sozialen Prozessen ihrer Gestaltung und Aneignung verknüpft formulieren. Sie betonen zumeist, daß die im Kontext traditioneller Technisierungsprozesse typische und gerechtfertigte Kritik der Determination des Sozialen durch Technik auf Prozesse der 'Informatisierung' nicht zutreffe (vgl. Schultz-Wild u.a. 1989, Hirsch-Kreinsen u.a. 1990). Man läßt mehr oder weniger explizit durchscheinen, daß die neue Technik weder aufgrund stark eingegrenzter Funktionsmöglichkeiten, noch aufgrund ihrer materiellen Ausformung klare Anhaltspunkte dafür liefert, in welchen Kontexten sie wie einzusetzen ist[13]. Von hier aus werden die Funktionen und Bedeutungen der neuen Technik in Organisationen als abhängig von den sozialen Prozessen der Technikgestaltung betrachtet.

3) Komplexe Informationssysteme invisibilisieren die Prozesse der Informationserzeugung und -verwertung, so auch Informationen über ihr Funktionieren bzw. Nichtfunktionieren. Das besondere Problem der neuen Technik wird vielfach besonders darin gesehen, daß sie die Erzeugung, Speicherung, Verarbeitung und Vermittlung nicht mehr 'offensichtlich', sondern in 'von außen' nicht einsehbaren, teilweise sich selbst steuernden Rechenprozessen erfolgen läßt. Was im Kontext des Organisierens als Erzeugung 'transparenter' Kommunikationswege und -beziehungen beschworen wird, erscheint Beobachtern der Verwendungszusammenhänge neuer Techniken nicht selten als eine zunehmende Intransparenz von Verarbeitungsprozessen. Hierauf verweist die Betonung des ständigen Beobachtungs- und Überwa-

---

13 Die technische Uneindeutigkeit wird dann deutlich, wenn es etwa um die Klärung der Frage geht, wie Technik und Organisation einander angepaßt werden sollen. Hier verweist man auf komplexe Zuordnungsprozesse: "Neue Techniken sind für die verschiedensten Strategien gleichermaßen geeignet, da die Anzahl der angebotenen Varianten zugenommen hat. So läßt sich zwar feststellen, daß neuentwickelte Geräte und Verfahren sich in eine strategische Richtung bewegen, die zumindest in der augenblicklichen Wahrnehmung als neu erscheinen kann. Dies bedeutet jedoch keineswegs, daß Möglichkeiten der Rationalisierung nach 'altem' Muster dadurch technisch verringert würden" (Sorge 1985, 113).

chungsbedarfs der Techniken, genauer: der beobachtete Umstand, daß die Frage, ob komplexe Informationssysteme 'richtig' oder 'fehlerhaft' funktionieren, nur durch die permanente Aufmerksamkeit derjenigen, die die Technik benutzen und die mit ihr umgehen, zu erfahren ist. Pointierter formuliert wird hier das Problem angesprochen, daß Organisationen Informationen über Fehlfunktionen und das Nichtfunktionieren der Technik nur vermittelt durch die Beobachtungen der Techniknutzer erhalten. Was technisch 'wirklich' geschieht, ist hingegen kaum nachvollziehbar[14]. Auch diese Beobachtungen führen zumeist zu der Einsicht, daß ein 'Laufen' der Technik nur über die Förderung entsprechender Mitarbeiterqualifikationen gewährleistet werden kann. Benannt werden hier insbesondere das selbständige Erkennen von Handlungsbedarf, das flexible Reaktionsvermögen der Techniknutzer und die selbständige Entwicklung von Problemlösungsstrategien (vgl. Köhl u.a. 1989).

4) Der Einsatz der neuen Technik verändert die Wahrnehmung organisatorischer Strukturen und Prozesse. Daß die neue Technik dort, wo sie tagtäglich benutzt wird auch Wahrnehmungen und Aufmerksamkeiten verändert, ist für die Mehrheit der Technikbeobachter unbestritten (vgl. Böhle/Milkau 1989, Bender/Graßl 1991). Dabei scheint es nicht mehr ausschließlich um Veränderungen der subjektiven Wahrnehmung von Technik zu gehen, sondern um den Wandel organisatorischer Sinngebung überhaupt. Insbesondere scheint die 'Rationalität' der Organisationswirklichkeit hiervon betroffen. Als ein Indiz hierfür kann die Beobachtung von Simon herangezogen werden, der bereits 1976 auf die veränderte Wahrnehmung des Verhältnisses von Zwecken und Mitteln im Kontext des Einsatzes von EDV-Systemen hinwies. Im Bemühen um die klarere Gestaltung und rationellere Unterstützung organisatorischer Entscheidungsprozesse wurden in zahlreichen Stadtverwaltungen in den USA EDV-Systeme in Form von städtischen Datenbanken eingesetzt. Sie ließen die Komplexität der 'realen' Informations- und Entscheidungsprozesse erst offen zutage treten. „Es wurden Informationen gespeichert und übertragen, ohne daß man wußte, wofür man welche Informationen in welcher Form benötigt. Daß man sie in der Form, in der die [...] Systeme sie lieferten nicht benötigte, war im Nachhinein eine teure Erfahrung" (Simon 1976, 295; zitiert nach Otto/Sonntag 1985, 192). Daß derartige Beobachtungen heute schon alltäglich geworden sind, kann gerade vor dem Hintergrund, der enormen Ausbreitungsgeschwindigkeit der neuen Technik als wahrscheinlich gelten und vielleicht ist es bereits so, daß die technischen 'Mittel' die Kriterien der Effizienz und Zweckmäßigkeit nur noch als Postrationalisierungen, als symbolische Überformungen einer rasanten, nicht aufzuhaltenden Entwicklung zulassen (vgl. Hradil 1990). Daß den Problemen von Effizienz und Zweckmäßigkeit heute durchaus ein Symbolcharakter zugeschrieben werden kann, dafür spricht nicht zuletzt die Inflation von Beiträgen zur Tech-

---

14 Daß hiermit wiederum enorme Möglichkeiten der Produktion von 'Fehlinformationen' bis hin zur systematischen 'Desinformation' auch und vor allem des Managements verbunden sind, liegt auf der Hand (vgl. Senghaas-Knobloch 1993). Die Möglichkeiten der Ausnutzung bzw. Mitnutzung und Erweiterung der mit der neuen Technik angezeigten Intransparenz lassen sich kaum absehen.

nikfolgenabschätzung und den sich hierin andeutenden Unsicherheiten in bezug auf die Identifikation der sozialen und wirtschaftlichen Folgen des Technikeinsatzes.

Die Thematisierung von Technikfolgen ist heute vielfach ein gegebener Anlaß, das hergebrachte Verständnis von Organisationen als bürokratisch und technisch vermittelte Funktionszusammenhänge zu revidieren. Zunehmend läßt sich beobachten, wie sich mit Blick auf die Effekte der 'Computerisierung der Arbeitswelt' eine Welle der 'Relativierung der Rationalität' formiert, die das klassische Rationalitätsparadigma als 'gewillkürte Logik im System' (Bauer/Matis 1989) herausstellen und verabschieden will. Besondere Kennzeichen hierfür seien - so Hradil (1990) - das Brüchigwerden rationalistischer Gewißheits- und Sicherheitsvorstellungen sowie einseitig utilitaristisch und instrumentalistisch geprägter Handlungsorientierungen in Organisationen. Die ehemals als 'Hochburgen' der Rationalität und Sachlichkeit beschriebenen Organisationen erscheinen in den Augen ihrer Betrachter heute vielfach als bröckelnde Gebilde, in denen zunehmend Elemente auftauchen, die alles andere als 'funktional' und 'rational' auf die Organisation als Ganzes einjustiert sind, mehr noch: die unter den Bedingungen der schnellen Entwicklung und Ausbreitung der neuen Technik als zentrale Anknüpfungspunkte organisatorischer Entwicklung ernstgenommen werden müssen (vgl. Bardmann/Franzpötter 1991).

Die hier vorgenommene, ausschnitthafte und interpretative Beobachtung des gegenwärtigen Technikdiskurses sollte zeigen, welche Aspekte heute im Zusammenhang mit der neuen Technik thematisiert werden. Es galt deutlich zu machen, daß neue Techniken kaum noch als 'Maschinen' zu begreifen sind und daß ihre Beschreibungen kaum noch an den 'Gegenständen' Halt finden. Die neue Technik bereitet ihren Beobachtern deutliche Schwierigkeiten, sie als rationales Mittel gesellschaftlicher und organisatorischer Fortentwicklung zu interpretieren. Das Bild, das sich die Gesellschaft von der Technik gemacht hat, ist problematisch und revisionsbedürftig geworden. Zugleich gilt es, die an der neuen Technik aufbrechende Verunsicherung eingefahrener Formen der Wirklichkeitswahrnehmung und -beschreibung *konstruktiv* als Anregung für die Entwicklung neuer Interpretationen, Konstruktionen, Projektionen und Imaginationen von Technik zu nutzen.

Mit diesen Überlegungen sollte hinreichend deutlich gemacht sein, daß sich gerade eine kritische soziologische Technikforschung auf die mit der neuen Technik einfließenden Unsicherheiten, Intransparenzen sowie auf neuartige Erscheinungen und veränderte Wirklichkeitssichten und Haltungen einzustellen hat.

II. Technik in der Industriesoziologie

Die Industriesoziologie[15] gilt bis heute als *der* soziologische Ort der kritischen Auseinandersetzung mit Technik und Arbeitsorganisation. Aktuell mehren sich jedoch die Stimmen auch aus der Industriesoziologie selbst, die auf das Problematisch-Werden des industriesoziologischen Begriffsinventars hinweisen, ihre Skepsis gegenüber den 'klassischen' industriesoziologischen Begriffen und Kategorien betonen und Unsicherheiten in bezug auf die 'Treffsicherheit' industriesoziologischer Beschreibungen signalisieren (vgl. Malsch 1986, 1987, Malsch/Mill 1992, Minssen 1992). Das Problem der industriesoziologischen Thematisierung von Technik, so betont man, besteht vor allem darin, daß man mit zu kurz greifenden Interpretationsschemata neuartige Problemlagen zu bearbeiten versucht, die diesen Problemlagen aber nicht mehr gerecht werden.

Diese Beobachtungen sollen hier zum Anlaß genommen werden, die theoretischen Annahmen der industriesoziologischen Technikforschung daraufhin zu befragen, ob und inwiefern sie die Potentiale und Effekte der neuen Technik abzudecken vermögen. Dabei soll eine Perspektive in Anschlag gebracht werden, in der die industriesoziologische Technikforschung als eine mögliche Lesart von Technik in Organisationen kenntlich gemacht werden kann, die eine Reihe von Formentscheidungen impliziert, womit jeweils begrenzte Möglichkeiten des Weiterredens eröffnet und damit andere Möglichkeiten ausgeschlossen werden[16]. Hiervon ausgehend gilt es, vorzustellen und auszuloten, was man in dieser Lesart zu sehen bekommt und was nicht. Es geht also nicht nur darum, herauszuarbeiten, *was* die industriesoziologische Technikforschung über ihren Gegenstand zu sagen hat, sondern vor allem auch um die Offenlegung der Art und Weise, *wie* sie ihren Gegenstand beobachtet und beschreibt und so in einem spezifischen Bedeutungshorizont begreiflich macht.

---

15 Auf die von einigen Vertretern dieses Fachbereichs engagiert verteidigte Unterscheidung von Industriesoziologie und Arbeits-, Betriebs- oder Unternehmenssoziologie (vgl. Littel u.a. 1982, Vilmar/Kißler 1982, Fürstenberg 1964, Burisch 1973) wird hier verzichtet. Unter den Begriff 'Industriesoziologie' fassen wir allgemein die westdeutsche Soziologie zum Thema Technik und Organisation seit den 60er Jahren.

16 Faßt man Technik in einem grundsätzlichen Sinn, als eine Form der Reduktion von Kommunikationsmöglichkeiten, so steckt die Technik bereits im 'Wie' des Redens über Technik - in der Sprache, in der Begriffsauswahl und -verknüpfung, in den Codierungen, Schematisierungen und Symbolisierungen, mit deren Hilfe das, worüber man redet Kontur gewinnt.

1. Syndrom „Rationalisierung"

Der Technikeinsatz in Arbeitsorganisationen wurde und wird in der Industriesoziologie vorrangig unter dem Gesichtspunkt der Rationalisierung organisatorischer Strukturen und Prozesse in den Blick genommen. Dabei distanziert sich die Industriesoziologie deutlich von den Rationalitäts- und Rationalisierungsvorstellungen, wie sie in der betriebswirtschaftlich orientierten Organisationsforschung gepflegt werden. Die betriebswirtschaftlich orientierte Organisationsforschung aktiviert implizit oder explizit ein Organisationsverständnis, wonach Organisationen per se rationale Zusammenhänge in einem 'Meer anbrandender Irrationalitäten' sind[17]. Die Organisationsrationalisierung bezeichnet entsprechend einen quasi 'natürlichen' *organisationsinternen Gestaltungsprozeß*, mit dem der Erhalt eines zweckrationalen, wohlgeordneten und strikt an ökonomischen Effizienzkriterien gehaltenen Gebildes anvisiert ist. Rationalisierung wird als eine unhinterfragbare Selbstverständlichkeit der Organisationswirklichkeit angenommen (vgl. Luhmann 1988a, 165). Technik erscheint in dieser Sicht als ein geeignetes Mittel zur Verwirklichung organisatorischer Ziele, mithin als Mittel zur Anhebung des Rationalitätsniveaus der Organisation.

Gegen diese Sicht opponieren Industriesoziologen, indem sie betonen, daß Prozesse der Rationalisierung nicht nur die organisationsinterne Gestaltung betreffen, sondern stets gesamtgesellschaftliche Verhältnisse und Entwicklungen. Es gilt, den "technischen Wandel nicht als ein technologisches Phänomen, sondern eher als Resultat der Entstehung, Durchsetzung und Veränderung historisch spezifischer gesellschaftlicher Ziele [zu] betrachten [...]" (Altmann/Kammerer 1970, 41). Die hier betonte 'gesellschaftliche Rationalisierung' umfaßt im Rekurs auf Werner Sombart und Max Weber insbesondere drei Entwicklungen (vgl. Beckenbach 1991, 13): Erstens wird das Tausch- und Erwerbsprinzip zur dominanten Triebkraft der gesellschaftlichen Entwicklung, und zwar als Kapitalverwertungsprinzip im Bereich der Wirtschaft, als Tausch- und Konsumorienterung auf seiten der Beschäftigten und als ökonomisches Interesse des Staates an der Beschaffung von Steuermitteln. Zweitens treten in den zentralen 'Vermittlungseinheiten' des modernen Kapitalismus, in Betrieben und Verwaltungen, die Prinzipien der Leistungssteigerung sowie der Berechenbarkeit und Verfügbarmachung der dafür notwendigen Produktionsbedingungen und Infrastrukturleistungen in den Vordergrund. Drittens geht es um eine schrittweise Durchsetzung der Erwerbsorientierung als 'Wirtschaftsgesinnung' (Sombart).

In einer marxistisch orientierten, kritischen Sicht gewinnt die Rationalisierung zudem als *Prozeß der Verwirklichung einer rein 'formalen Rationalität' an Bedeutung*, der sich nicht auf 'an und für sich gültige Werte', die Selbsterhaltung des

---

17 Der hier zugrundegelegte Rationalitätsbegriff bezeichnet einmal die Auswahl von Zwecken und deren Zerlegung in verschiedene Ziele, die in unterschiedlichen Handlungsbereichen verfolgt werden. Des weiteren besagt er die Auswahl, Kombination und Vervollkommnung von Mitteln unter dem Gesichtspunkt der Zweckmäßigkeit. Schließlich wird Rationalität als Herstellung formaler Beziehungen zwischen Mitteln und Zwecken zur Erhöhung der Berechenbarkeit und Planbarkeit des Handelns begriffen (vgl. Littek u.a.1982, 40).

Menschen, mithin der Gesellschaft bezieht. Rationalisierung, so betont man, erstreckt sich lediglich auf die *Techniken* der Wertverwirklichung, nicht auf die Werte selbst (vgl. Habermas 1981a, 230). Den gesellschaftshistorischen Hintergrund für diese Entwicklung liefert der Prozeß der Industrialisierung, d.h. die Entwicklung von Technik und Arbeit zu einem hochgradig arbeitsteiligen industriellen Produktionssystem, das mit der Einführung von 'wissenschaftlichen' Konzepten der Teilung und Strukturierung von Arbeitsprozessen (vgl. Taylor 1919) und des Fließbandes zu Beginn des 20. Jahrhunderts seine wohl prägnanteste Ausformung erhielt. In der marxistischen Lesart erhält diese Entwicklung seine besondere Färbung: „Für Marx ist die manufakturmäßige Teilung der Arbeit charakterisiert durch die 'Verkrüppelung' von produktiven Trieben und Anlagen der Arbeitenden, da unter Kapitalverwertungsinteressen lediglich die Virtuosität fragmentierter Teiloperationen erzwungen und gefördert werden" (Beckenbach 1991, 10).

Die Durchsetzung einer derart 'verkürzten' Rationalität bzw. einer 'instrumentellen Vernunft' (Horkheimer 1967) wird zur Zielscheibe der Kritik: Abgelöst von den Werten, auf die er sich 'eigentlich' beziehen soll, wird der gesellschaftliche Rationalisierungsprozeß 'irrational'. Anstatt der menschlichen Selbsterhaltung zu dienen, kehrt sich die Rationalisierung in ihr Gegenteil um und wird zu einem Prozeß der Entmenschlichung und gesellschaftlichen Selbstzerstörung (vgl. Horkheimer 1967, 13, 124). Entsprechend erscheint die Organisationsrationalisierung als der Prozeß, in dem sich die gesellschaftliche Rationalisierung vorrangig zum Ausdruck bringt, denn er richtet sich einseitig auf die Wahl der (technischen) Mittel, die der Verwirklichung des Zwecks kapitalistischer Unternehmen, dem Profit, dienen und die sich im Kern gegen den Wert der menschlichen Arbeit richten. Für Industriesoziologen gilt es vor diesem Hintergrund als selbstverständlich, daß sich gerade in Industriebetrieben die Vermittlungsproblematik von gesellschaftlich abgeleiteten Bestimmungsmomenten auf die Industriearbeit, das soziale Bewußtsein und die Handlungspotentiale von Beschäftigten [...]" (Schumm-Garling 1983, 13) bemerkbar macht.

Die besondere Bedeutung, die die Technik in industriesoziologischer Sicht gewinnt, verdankt sich weniger dem Umstand, daß sie dem Menschen im Sinne eines neutralen 'Systems von Mitteln' (Marx) zur Verbesserung der Bedingungen seines physischen Überlebens dient, sondern vielmehr der soziologisch brisanten Idee, daß sie nicht unabhängig von den gesellschaftlichen Verhältnissen betrachtet werden kann, in denen sie erzeugt und benutzt wird. Man ging und geht von der Vorstellung aus, daß soziale Tatsachen, so auch der Technikeinsatz in Organisationen, erst vollständig erkennbar und in ihrer Tragweite bestimmbar werden, wenn sie sich in Systeme und mithin in Systementwürfe der Gesellschaft einordnen (vgl. Bahrdt 1982, 14). Das heißt für Industriesoziologen zunächst, daß die Technik in den Entwurf einer kapitalistischen gesellschaft eingebunden werden und im Spannungsfeld zwischen Kapitalverwertungsinteressen auf der einen und den Nutzungsinteressen der Arbeitenden auf der anderen Seite betrachtet werden muß.

Aus der Weigerung, Technik als einen von gesellschaftlichen Bezügen isolierten Gegenstand zu betrachten, zog und zieht die Industriesoziologie ihr kritisches Potential. Eine gesellschaftlich geförderte und entwickelte Technik ist nämlich nicht nur über Funktionen gekennzeichnet, die sich mit Bezug auf den Menschen als 'Entlastung von körperlich schwerer Arbeit' vorstellen oder sogar zur 'Befreiung des Menschen aus sozialen Zwängen sowie Über- und Unterordnungsverhältnissen' hochstilisieren lassen. In industriesoziologischer Sicht erscheinen derartige Aussagen als 'emphatische Formeln' zur einseitig verkürzten Kennzeichnung des technischen Fortschritts. Stattdessen wird betont, daß die Technik immer auch in ihrer strategischen Bedeutung als „wesentliches Mittel der Realisation der Verwertungsinteressen des Kapitals" (Kern/Schumann 1970, 23) begriffen werden muß.

Soweit es um die Veranschaulichung dieser 'hintergründigen' Bedeutung von Technik geht, sprechen Industriesoziologen von 'Technisierung'. Unter diesem Begriff richtet man das Augenmerk auf technisch bedingte „Veränderungen von Dispositionsmöglichkeiten und Autonomiespielräumen" sowie auf die „Qualifikations- und Beschäftigungsentwicklung" (Braczyk u.a. 1982, 29)[18]. Dabei werden etwa die Tendenzen zur fortschreitenden 'zeitökonomischen Durchdringung' industrieller Produktionsprozesse, speziell die Tendenz zur Erfüllung von immer mehr Aufgaben bei gleichzeitiger Verkürzung des dazu bereitgestellten Zeitbudgets (vgl. Benz-Overhage u.a. 1982) herausgearbeitet, die Tendenz zur Erhöhung unternehmens- und betriebsinterner Berechenbarkeit der Planung, Steuerung und Kontrolle von Arbeitsprozessen (vgl. Altmann u.a. 1986) offengelegt und die Veränderung von innerbetrieblichen Machtverhältnissen, speziell deren Verlagerung auf 'höhere Aggregationsebenen' ausgemacht, womit sowohl die klassischen Instrumente der Machtkontrolle (z.B. Zwang, Sanktionen) wie aber auch die bisher von den Arbeitenden erkämpften 'Gegenmachtpotentiale' (z.B. gewerkschaftlicher Druck) unwirksam werden (vgl. Manske u.a. 1994, Manz 1993). Als ein unverzichtbares 'Standbein' der Rationalisierung wird die 'Technisierung' als strategische Maßnahme und als Prozeß der fortschreitenden Unterwerfung der Arbeit unter das Kapital vorgeführt.

Der industriesoziologischen Technikkritik ist es zu verdanken, daß das lange Zeit dominierende natur- und ingenieurwissenschaftliche Technikverständnis, welches Technik als ein Destillat naturgesetzlicher Gegebenheiten und in ihrer Funktion als eine Triebkraft des industriellen Fortschritts vorführt (vgl. Petermann 1985, 57, Mathias 1975), in seiner 'Definitionsmächtigkeit' verunsichert wurde[19]. Die Indu-

---

18 Daneben war vor allem in den 60er und 70er Jahren auch die Frage nach den Auswirkungen der Technisierung auf das (klassen-)Bewußtsein der Arbeitenden ein besonderes Thema (vgl. statt anderer Autorenkollektiv am Institut für Soziologie der FU Berlin 1973, Deppe 1971). Dieser Schwerpunkt hat sich im Laufe der Zeit, nicht zuletzt im Zuge der unhintergehbar gewordenen Differenzierung, Pluralisierung und Individualisierung von Lebenslagen, -stilen und -entwürfen, verschoben. Heute geht es in der subjektorientierten industriesoziologischen Forschung vielmehr um die Veränderung von subjektiven, speziell psychischen Befindlichkeiten in 'technisierten' Arbeitskontexten (vgl. Böhle/Milkau 1989, Bender/Graßl 1991).
19 Bisweilen treibt dieses Verständnis eoterisch anmutende Blüten, so etwa die Vorstellung, allein durch die technische Weiterentwicklung könne anstelle des aus den Fugen geratenen natürlichen, ein neues, technisch erzeugtes Gleichgewicht geschaffen werden (vgl. Lüke 1988). Das natur- und ingenieurwissenschaftliche Technikverständnis erinnert an ein anthropologisches Verständnis von Technik, das die Technik als eine Art Organersatz bzw. -erweiterung vorstellt,

striesoziologie kann Betriebwirtschaftlern, wie vor allem auch Ingenieuren und Technikwissenschaftlern gewissermaßen einen Spiegel vorhalten und zeigen, daß sie eine Technik erzeugen, die einseitig auf Aspekte, wie Arbeitsersparnis, Effektivitätssteigerung, Prozeßkontrolle und Ökonomisierung betrieblicher Prozesse abstellt und zugleich die Bedingungen, unter denen dies geschieht, ausblenden. Die Industriesoziologie hat dabei stets auch ihren politischen Anspruch auf die Demokratisierung von Technikgestaltung und Technikverwendung kenntlich gemacht. Das Ziel der industriesoziologischen Forschung, war und ist immer auch die Veränderung bestehender Produktionsstrukturen zugunsten der Arbeitenden (vgl. Grumbach/Tolksdorf 1987, 20)[20].

Mit der Einbindung der Technik in ein theoretisch-analytisches Konzept von Rationalisierung sind aber nicht nur die Herausarbeitung und Offenlegung der sozialen Kosten des Technikeinsatzes in Arbeitsorganisationen angezeigt, sondern spezifische Grenzen der Thematisierung von Technik, wie die folgenden Abschnitte zeigen.

2. Produktionstechnik

Im Zentrum der Aufmerksamkeit industriesoziologischer Technik- und Organisationsforschung stehen seit jeher industrielle Produktionsprozesse und hier insbesondere die Produktion von Maschinen[21]. Diese Fokussierung der Produktion von Maschinen, die wiederum zur Produktion oder Verarbeitung von Materialien eingesetzt werden, hat Gründe. So betonte Marx bereits die Zentralität der Erzeugung von Mitteln, mithin von Techniken, die der Befriedigung menschlicher (Über-)Lebensbedürfnisse dienen. Das Soziale, so Marx (1969, 28), setzt voraus, „daß die Menschen imstande sein müssen, zuleben, um 'Geschichte machen' zu können. Zum Leben aber gehört vor allem Essen, Trinken, Kleidung, Wohnung und noch einiges Andere . Die erste geschichtliche Tat ist also die Erzeugung der Mittel zur Befriegung dieser Bedürfnisse, die Produktion des Materiellen selbst [...]." Die Produktion

---

ohne allerdings die kritischen Einwände der anthropologischen Sicht zu übernehmen. Danach nämlich ist die Technik immer auch als ein Mittel zur Naturbeherrschung und letztlich Selbstbeherrschung des Menschen anzusehen (vgl. Gehlen 1957).

20 In den eigenen Reihen melden sich allerdings auch Stimmen, die hervorkehren, daß der Anspruch auf die Verwertbarkeit industriesoziologischen Wissens häufig überzogen und mehr noch: dem industriesoziologischen Interesse an der Kritik bestehender Verhältnisse kaum zuträglich ist (vgl. Fach/Weigel 1986).

21 Das heißt nicht, daß sich die Industriesoziologie im Laufer der Zeit nicht auch für andere Bereiche der Arbeitsorganisation, so etwa für die Industrieverwaltung (vgl. Berger 1984, Engfer 1984), das Managment (vgl. Müller-Jentsch 1989) sowie für andere Wirtschaftszweige, wie etwa den Dienstleistungssektor geöffnet hat. Seit den 60er Jahren machen sich in der Industriesoziologie die Bemühungen um die Erweiterung des 'klassischen' Untersuchungsfeldes 'Produktion' bemerkbar. Man denke etwa nur an die Bestrebungen, eine spezielle 'Angeselltensoziologie' zu etablieren (vgl. Neundörfer 1961, Croner 1963, Kadritzke 1975, Hörning/Bücker-Gärtner 1982). Dennoch hat die Industriesoziologie ihr vorrangiges Interesse an der Produktion bis heute nicht aufgegeben.

von (Produktions-) Mitteln ist in diesem Verständnis der unterfragbare 'Kern' gesellschaftlichen Daseins.

Entsprechend wird in der Industriesoziologie bis heute der Maschinenbau als die 'hervorgehobene Industriebranche mit traditionell positiven sozialen Konnotationen' angesehen, und dies nicht nur, weil hier die Grundlagen gesellschaftlicher Entwicklung geschaffen werden, sondern auch, weil sich gerade dieser Industriebereich der umfassenden Rationalisierung bislang gesperrt hat.

Der Maschinenbau „steht exemplarisch für das soziale Phänomen deutscher Industrie-Facharbeit. [...] Das Verhältnis zwischen Meister und Facharbeiter galt als ein Paradebeispiel für eine soziale Beziehung, in der gegenseitig fachliche Kompetenzzuschreibung, Autoritätsaspekte und Aspekte von Schutzfunktionen gegenüber werkstattfremden Management-Personal untrennbar miteinander verknüpft sind. Der deutlich von Klein- und Mittelbetrieben geprägte Charakter dieser Branche, ausgeprägte werkstoff-/ bearbeitungstechnologische und arbeitsprozeßliche Komplexität, traditionelle und leistungsbezogene Lohnstrukturen, stark personengebundene Kooperations- und Kommunikationsformen, traditionelle Integrations- und Autoritätsträger (Meister), patriarchalische Führungsstile, kurze Kommunikationswege zwischen Betriebsführung und Werkstattbelegschaft zur 'Pflege' persönlich gefärbter Fürsorge- und Kontrollstile bildeten stabilisierende Elemente der charakteristischen Sozialsituation. Arbeitshandeln konnte hier immer noch die Qualität eines Handelns, nicht bloßen Reagierens zugeschrieben werden. Arbeitshandeln und dessen zentrale Momente wie Wissen, Erfahrung, Kooperation, Kommunikation ebenso wie der Vollzug des Arbeitshandelns waren durch hohe Personengebundenheit charakterisiert. Die Kombination dieser Faktoren schuf die Basis für den Erhalt und die Neubildung jener mit Facharbeit verbundenen Machtpositionen. Es ist nicht verwunderlich, daß durch diese 'positive Maschinenbau-Klimatik' (Weltz) dieser immer auch einen gewichtigen Einfluß auf das Entwicklungsbild der Gesamtindustrie ausgeübt hat" (Seltz 1986, 13).

Der Maschinenbau gewinnt in diesem Sinne als positiv besetztes 'soziales Leitmodell' (Seltz) industrieller Produktion und als *die* Folie an Bedeutung, vor deren Hintergrund sich das Verhältnis von Produktionstechnik und Industriearbeit auch in anderen Branchen beobachten, beschreiben und einschätzen läßt (vgl. Brandt 1990a, 56).

Dabei geht man in der Industriesoziologie von einer grundlegenden „Verlaufsgesetzlichkeit der gesellschaftlich herrschenden Produktionsweise" (v.Wuntsch 1988, 59) aus, die dadurch gekennzeichnet ist, „daß die lebendige Kooperation von Handarbeitern vom kapitalistischen Unternehmen aufgelöst und dem Organisationsideal eines berechenbaren, reibungslos ablaufenden, von oben steuerbaren Mechanismus angenähert werden kann" (Littek u.a. 1982, 62).

In dieser Sicht gewinnt speziell die Entwicklung und Konstruktion von Produktionstechniken aber eine besondere Brisanz, denn sie kehrt sich unter kapitalistischen Bedingungen ins Negative: Anstatt der Erzeugung von Mitteln zur *Bedürfnisbefriedigung* zu dienen, wird sie zum Ort der Verdichtung und Konkretisierung des gesellschaftliche Rationalisierungsprozesses. Die Entwicklung und Konstruktion von Produktionstechniken, so wird behauptet, stehe im Dienst der 'instrumentellen Vernunft' des Kapitals, der es nur um Produktivititätssteigerung, die Disziplinierung, Führung und Kontrolle der Arbeitenden gehe. „Es sind dann die Ingenieure, die nach der Logik technischer Vervollkommnung die Autonomie des technischen Prozesses von den Arbeitenden und seine Verfügbarkeit durch die Unternehmensleitung in die technischen Systeme als Sachzwang hineinkonstruieren. Damit wird die Beherrschung der lebendigen, angewandten Arbeit durch die in Sachen aufgespeicherte tote Arbeit erst möglich" (Littek u.a.1982, 64)[22].

Als materiell fixierter Ausdruck einer technisch-wissenschaftlichen Vernunft gewinnt Technik in wirtschaftlichen Zusammenhängen seine Bedeutung als ein rationales Mittel zu gegebenen Zwecken, das die soziale (nicht-materielle) Wirklichkeit "durchdringt und formiert [...] mit all den von Marx als Fetischisierung und Entfremdung bezeichneten Auswirkungen" (Srubar 1983, 16). Was im Prozeß der gesellschaftlichen Rationalisierung Fuß gefaßt hat, Vergegenständlichung und Objektivation des Sozialen in Form von steigenden industriellen Konsum- und Komfortstandards, verschärft sich im Prozeß der betrieblichen Rationalisierung. Das kapitalistische Organisationsprogramm, also Herrschaft, Kontrolle und Ausbeutung, wird hier in Maschinenprogramme umgesetzt, die die sozialen Formen des Arbeitens wie auch des Protestes oder des Widerstandes in ihrer Bedeutung schwinden lassen[23]. Mit der Entwicklung und dem industriellen Einsatz von Produktions- bzw. Arbeitsmaschinen sind somit nicht nur die materiellen Rahmenbedingungen des menschlichen Arbeitshandelns angesprochen, sondern zugleich geht es um die 'Versachlichung' des Arbeitshandelns und der Sozialbeziehungen im Unternehmen, d.h. um die Unterordnung menschlichen Handelns unter die 'Maschinerie der Fabrik' bzw. unter den 'systemischen Betrieb' (vgl. Flecker 1990, 24).

---

22 Das Verhältnis von Technik und Ingenieurwissenschaft wird durch die herrschende Logik des Kapitals zu einem Teufelskreis. "Die Logik des Kapitals verwirklicht sich erst durch die Maschinerie, und die Maschinerie kann sich erst durch die Wissenschaft voll entwickeln" (Ullrich 1979, 121), wobei sowohl Wissenschaft als auch Technik gerade in der kapitalistischen Produktionsweise die zentrale Grundlage ihrer Entwicklung und Entfaltung finden. Im Gegensatz zu dieser marxistisch enggeführten Sicht, stellen andere Ansätze aber auch die Bewußrseins- und Interessenproblematik speziell der Arbeit von Ingenieuren in Rechnung. Man stellt heraus, daß selbst die technisch-wissenschaftlich geprägte Entwicklung und Konstruktion von Technik nicht konfliktfrei ist, vor allem dort, wo die Tendenzen zu Selbst-Konditionierung und Selbst-Rationalisierung der Ingenieursarbeit auf subjektive Arbeitsinteressen treffen (vgl. Beckenbach u.a. 1975).

23 Hier knüpft man an die Vorstellung von Technik als 'autoritäres System' an, das nicht nur nach streng formalen, kausalen und hierarchischen Prinzipien funktioniert, sondern in ihrer materiellen Ausformung das Soziale, organisatorische Sozialsysteme etwa, zu einem ebensolchen Funktionieren zwingt. Als klassisches Beispiel für eine solche Technik gilt z.B. die Uhr (vgl. Mayr 1987, insb. Kap. I).

In Anlehnung an diese Vorstellung von Technik als einer Produktionstechnik im Spannungsfeld zwischen Arbeitserleichterung und Arbeitszerlegung, zwischen der Effektivierung von Produktionsprozessen und der Verselbständigung der Produktionstechnik gegenüber denjenigen, die ein quasi 'naturgegebenes' Recht auf Produktionsarbeit beanspruchen können, wird auch die neue Technik betrachtet. Die neue Technik wird dabei zumeist als ein 'Maschinensystem' gefaßt, das nicht mehr mehr nur Kraft und Stoff manipuliert, sondern zudem lange Zeit nur dem Menschen vorbehaltene Arbeiten übernimmt. Die neue Technik fungiert als ein System der Be- und Verarbeitung von Informationen, was sich im Produktionsprozeß als zunehmende 'Abstahierung' der (technisch gesteuerten) Produktion von der sozialen Arbeit, womit die Verwirklichung der anonymen 'Produktionsmaschinerie' fortgeschrieben und perfektioniert wird (vgl. Sauer 1987). Sauer und Döhl (1994, 214) sehen, schärfer noch, die neue Technik als Ursache dafür, daß „die Arbeitskräfte erweiterten versachlichten Herrschaftszwängen unterworfen werden, Arbeit in neuer Form 'an die Kette' gelegt wird. Die neue Technik wird im organisatorischen Kontext nicht trotz, sondern gerade wegen ihrer 'elastischen Potentiale' prekär, da sie neue Spielräume für die fortschreitende Technisierung von Arbeitsaufgaben und Funktionen eröffnet. Man zeigt auf, daß der Einsatz neuer Technologien bzw. der Grad der Technisierung, Festlegung und Abstraktifizierung von Arbeitstätigkeiten nicht mehr nur auf die Substitution körperlicher Arbeiten zielen, sondern auch auf die 'Versachlichung' der Kopfarbeit. Die neue Technik erscheint damit als das Mittel, mit dessen Hilfe noch die verbliebenen 'Lücken' im Rationalisierungsprozeß erfaßt und der Technisierung zugänglich gemacht werden können (vgl. Teschner/Herrmann 1981).

Im Kontext des Einsatzes der neuen Technik konstatiert man zudem in bezug auf das 'subjektive' Erleben des Arbeitszusammenhangs eine zunehmende Versachlichung der Arbeitsvorgaben und Transparenz von Arbeitsabläufen. Sie schlagen sich auf das individuelle Bewußtsein als 'Arbeitsbelastungen' in der Form von erhöhtem Zeitdruck, in Daten versachlichten Anweisungen, in der Form von Qualifikationspolarisierung und nicht mehr direkt einsehbaren Kontrollstrukturen nieder[24]. Die Veränderung der 'objektiven', materiell-technischen Rahmenbedingungen des Arbeitens wird als eine Entwicklung aktualisiert, die sich nicht mehr nur rein 'materiell' nachvollziehen läßt, sondern vor allem als eine abstrakte, systemische Datenerfassung bzw. Kontrolle (vgl. Manske 1987), als 'systemische Rationalisierung' (Baethge/Oberbeck 1986) zu begreifen ist. Da die 'sichtbaren', von 'außen' auf die Arbeit einwirkenden Begrenzungen des Arbeitens zunehmend informationstechnisch zum Verschwinden gebracht werden, können die entstehenden 'Belastungen' in diesem Interpretationsschema nur als eine 'subjektive Selbstbeschränkung' begriffen

---

24 Wotschack (1985, 262) sieht hierin eine prinzipielle Fortschreibung, womöglich sogar die Perfektionierung bisheriger Rationalisierungsprozesse, da der typische Rationalisierungseffekt, die 'Verkrüppelung' des individuellen Arbeitsvermögens, beim Einsatz neuer Techniken häufig vermieden wird: "Dispositionsspielräume sind technisch kontrollierbar. Sie lassen prinzipiell eine Arbeitsoptimierung durch eigenständiges Handeln zu, ohne damit bestimmte tayloristische Prinzipien [...] aufgeben zu müssen."

werden: "Subjektiv entsteht eine Selbstbeschränkung der Autonomie: Mit zunehmender Technisierung verschieben sich subjektive Ansatzpunkte für die Arbeitsbewältigung, da technische Gegebenheiten als stabile 'Sachzwänge' erscheinen. [...] technisch organisatorische Konfliktursachen [werden] von den Betroffenen leicht auf den interpersonellen Bereich verschoben. Das heißt, gegenüber den objektivierten technischen Momenten wird Konfliktrelevanz nur eingeschränkt wahrgenommen, wodurch sich die Bindung an die technischen Vorgaben zusätzlich erhöht" (Wotschack 1985, 260).

Neben der Frage, wie sich die neue Technik auf die Arbeitsautonomie auswirkt, spielt der Aspekt der sinnlich-körperlichen Wahrnehmung der Arbeit der eine besondere Rolle:

> Durch „den massenhaften Einsatz der Informations- und Kommunikationstechnik [...] entsteht ein neues Verhältnis von Technik- und Körpermuster. [...] Die durch arbeitswissenschaftliche und sozialtechnologische Interventionen und Organisationen aufgelöste Einheit von Wahrnehmung und Bewegung bzw. Handeln erfährt durch die neuen Technologien ebenso eine Zuspitzung wie die intendierte Ausgrenzung des Körpers. Die stoffliche Seite des Arbeitsprozesses wird so verändert und die Arbeitsanforderungen werden so umgestaltet, daß die sinnlich-körperliche Wahrnehmung auf eine rein kognitiv-rationale Dimension zusammenschrumpft" (Fricke 1988, 54).

Hier wird der Prozeß der Versachlichung nicht nur auf das Problem der zunehmenden Kontrollierbarkeit des Verhaltens bezogen, sondern auch auf den subjektiven Bereich des Denkens, Wollens, Fühlens etc. ausgedehnt. D.h. die neue Technik wird in diesem Verständnis nicht nur als Instrument zur (quantitaiven) Verdrängung der sozialen und emotionalen Aspekte des Arbeitens angesehen sondern, 'gefährlicher' noch, als ein Mittel, mit dessen Hilfe das - subtil - subjektive Wahrnehmungsvermögen qualitativ verändert bzw. verkürzt wird, und zwar so, daß es der Operationslogik der Technik entspricht[25].

Die genannten Ansätze zeigen, daß auch die neue Technik als treibende Kraft in bezug auf die der Versachlichung und Verdinglichung des Handelns betrachtet wird. Die neue Technik scheint sich nur dadurch von anderen Techniken, speziell von Arbeitsmaschinen zu unterscheiden, daß sie organisatorische Abläufe in einem nie zuvor gekannten Maß integriert und so die Zugriffsmöglichkeiten des Managements auf menschliches Arbeitshandeln enorm erhöhen kann. Darauf verweist nicht zuletzt der häufig gebrauchte Begriff der 'systemischen Rationalisierung'.

Allerdings gerät diese, beinahe schon 'klassisch' zu nennende industriesoziologische Interpretation der Technik zunehmend in Erklärungsprobleme. Daß die Vorstellung, die Technik konditioniere und versachliche das menschliche Arbeitshan-

---

25 Zu eingehenderen und viel differenzierteren Darstellungen des Wechselverhältnisses von Technik und Subjektivität bzw. Individualität vgl. etwa Böhle/Milkau 1988; Volmerg/Senghaas-Knobloch 1990.

deln, zu kurz gegriffen ist, betonen solche industriesoziologischen Ansätze, die die Eigenständigkeit der Technik herausstellen.

Die Technik, so betont man, kann als ein System betrachtet werden, das einer eigenen Entwicklungsdynamik folgt. Innerhalb dieses Verständnisses findet die 'neue' Qualität der neuen Technik weniger vor dem Hintergrund eines durch die Interesen des Kapital gesteuerten gesellschaftlichen Rationalisierungsprozesses, sondern vielmehr vor dem Hintergrund der Technikentwicklung selbst besondere Beachtung. Eine Kernaussage dieser 'technikzentrierten' Ansätze ist, daß die zweckgerichtete Umwandlung von Energie und Stoffen durch herkömmliche Produktionstechniken nicht einfach durch neue Techniken ersetzt, sondern durch diese zunehmend überlagert werden. Man stellt heraus, daß damit weniger die menschliche Arbeitskraft, als vielmehr die Produktionstechnik selbst als industrieller 'Kernbereich' an Bedeutung verliert und damit vor allem auch das Management moderner Unternehmen mit neuen Anforderungen an die Selbstbestimmung und Gestaltung der Organisation konfrontiert wird. Die Variabilität der neuen Technik wird dabei aus ihrer eindeutigen Positionierung als Instrument und Mittel herausgehoben und als eine veränderte Umweltbedingung angesehen, auf die zunächst einmal die *Unternehmen* reagieren müssen. So etwa betonen Autoren, wie Malsch (1987) und Wehrsig (1986) den mit dem Einsatz neuer Techniken einhergehenden Übergang zu neuen Arbeitsstrukturen und das Entstehen von Intransparenzen und nicht kontrollierbaren Zonen. 'Informatisierung' bedeutet hier nicht mehr ausschließlich eine Fortschreibung der durch Maschinisierung und Technisierung eingeschlagenen Entwicklungsrichtung, sondern einen Prozeß, der sowohl Arbeitsorganisationen als auch das Reden über Arbeitsorganisationen unter einen besonderen Veränderungsdruck stellt. Braczyk (1989, 6) weist in diesem Zusammenhang auf den 'unabweisbaren Deutungsbedarf' moderner Organisationen "aufgrund technisierter Kommunikation" hin. Die neue Technik, so betont Braczyk, ermöglicht neue Orientierungen im Management nicht nur, sondern erfordert sie geradezu. Damit bricht Braczyk mit der in der industriesoziologischen Forschung vorherrschenden Vorstellung, die Technik bzw. der Technikeinsatz sei grundsätzlich das Vollzugsmittel einer eindimensionalen Verdinglichungsstrategie des Managements.

Diese Zurücknahme der industriesoziologischer Analysekategorien läßt die Technik in einem anderen Licht erscheinen: Technik ist nicht mehr einfach ein Arbeit determinierendes Produktionsmittel, sondern sie gewinnt auch als ein Phänomen an Kontur, das es in alltäglicher organisatorischer Deutungsarbeit zu präzisieren und zu bestimmen gilt (vgl. auch Weick 1990).

Einen weiteren Schritt der Verabschiedung des industriesoziologischen Verständnisses von Technik als 'lebendige' Arbeit determinierende 'Produktionstechnik' nimmt Schimank (1986) vor. Er betont den *steigenden Subjektivitätsbedarf*, der sich für moderne Organisationen aufgrund des Einsatzes der neuen Technik ergibt. Die neue Technik, so Schimank, ist zwar nicht mehr materiell fixiert, doch ist sie als Technik grundlegend eine Form der 'Reduktion sinnhafter Verweisungshorizonte' (vgl. Schimank 1986, 80), deren Funktionieren subjektive Sinnprozesse voraussetzt. Nur die menschliche Subjektivität, so der Autor, ist in der

Lage, die durch die Technik ausgeschlossenen Sinnverweisungen zu resituieren (vgl. Schimank 1986, 81) und sie so für komplexe soziale Zusammenhänge, wie es Organisationen sind, zu 'sinnvollen' bzw. funktionalen Bestandteilen zu machen.

Von hier aus wird es höchst prekär, die Technik allein unter dem Gesichtspunkt der Übernahme der produktiven menschlichen Arbeit und der 'Verdinglichung' des Sozialen zu betrachten. Die Technik, speziell die neue Technik, drängt, wie die genannten neueren Ansätze zeigen, vielmehr darauf, sie als ein höchst flexibles Umweltsystem ernstzunehmen und die sich hieran anschließenden Probleme, sie in organisatorischen Kontexten überhaupt 'zum Funktionieren' zu bringen, stärker als bisher zu berücksichtigen. Damit ist zugleich die Frage aufgeworfen, wie sich die Technik in Arbeitsorganisationen vorstellen und beschreiben, wenn ihre Identifikation als eine - stofflich bestimmte - Produktionstechnik nicht mehr ausreichend erscheint. Wie läßt der sich unhintergehbar bemerkbar machende Hinweis auf die Komplexität, Eigendynamik und Subjektabhängigkeit der neuen Technik theoretisch fundieren?

3. Inhärente Rationalität

In ihrer traditionellen Rolle als kritische Beobachterin des gesellschaftlich eingebundenen organisatorischen Rationalisierungprozesses nimmt die Industriesoziologie besonders das strategische Handeln 'betrieblicher Akteure', sprich: des Managements, in den Blick (vgl. Brandt 1985, Mill 1986). Im industriesoziologischen Diskurs und hier insbesondere in der sogenannten 'Labour Process Debate' gilt es zumeist als selbstverständlich, daß es "normalerweise die Initiativen der Manager sind, die den wesentlichen Einfluß auf den Wandel der Arbeitsorganisation ausüben" (Friedmann 1987, 102). Dabei scheint es selbstverständlich, daß die im Management verfolgten und zu verfolgenden Strategien "den Selbsterhaltungsgrad der betrieblichen Agenten, entsprechend des Gegensatzes von Kapital und Arbeit, aufgrund eines als Strukturlogik gedeuteten Mechanismus der Kapitalverwertung durch Technik und Technologieeinsatz erhöhen" sollen (Bender/Graßl 1991, 22). Der Technikeinsatz sowie die hierdurch ausgelösten technisch-organisatorischen Veränderungen in Arbeitorgansiationen sind in dieser Sicht an das - einseitig gerichtete, mithin vorhersagbare - Entscheidungsverhalten des Managements gebunden: "Aus dem Blickwinkel der Industriesoziologie stellt sich die Umstrukturierung der Produktionsprozesse als umfassende Mobilisierung der verfügbaren Produktiven Ressourcen (Produktivkräfte) dar, mit dem Ziel, die Bedingungen der Kapitalverwertung zu verbessern" (Bergmann 1987, 116). Dies impliziert in industriesoziologischer Sicht zwei unterschiedliche Absichten. Zum einen geht es darum, die "Produktivität der lebendigen Arbeit durch die Perfektion der technischen Mittel zu steigern"; zum anderen darum, „sich von der Unsicherheit und Widerständigkeit der menschlichen Arbeitskraft unabhängig zu machen" (Littek u.a. 1982, 46)[26].

Die Einsicht, daß die Technik in Arbeitsorganisationen in Kapitalverwertungszwänge eingebunden ist, ist allen industriesoziologischen Ansätzen gemeinsam. Gleichwohl unterscheiden sie sich hinsichtlich der Vorstellung, wie die Technik in die Organisationswirklichkeit eingebunden ist. Hierbei sind drei Argumentationsstränge hervorzuheben (vgl. v. Wuntsch 1988, Kap.4):

1) Die Arbeiten insbesondere des *Frankfurter Instituts* für Sozialforschung präsentieren eine Lesart von Technik, in der Technik als zentrales Moment kapitalistischer Vergesellschaftung erscheint. Die Technik wird dabei als ein Produkt kapitalistisch organisierter Wirtschaft und Wissenschaft und als ein Mittel der Stabilisierung der gesellschaftlichen Bedingungen ihrer Erzeugung gefaßt. Für kritische Industriesoziologen dieser Argumentationsrichtung wird die Technik auch und gerade in ihrer 'naiven' betriebwirtschaftlichen Vorführung als Mittel der Produktivitätssteigerung und der sozialen Wohlstandssicherung zu einem 'ideologischen' Phänomen (vgl. Habermas 1968). Die Technik ist m.a.W. „Ausdruck universal sich durchsetzender Herrschaft, [und] Ausdruck des politischen 'Projekts' der Rationalisierung" (Brandt 1990a, 194).

2) Während in Frankfurt die Technik als von einer 'instrumentellen Rationalität' durchdrungen, mithin als 'kapitalistisch verfaßt' bestimmt wird, unterstellt der sogenannte 'betriebsstrategische Ansatz ' des *Münchner Instituts* (ISF), daß die Technik neben der Organisation, speziell der internen Betriebsorganisation, ein 'Objekt' bzw. ein 'Aktionsparameter' betrieblichen Handelns darstellt (vgl. Lutz 1969, Schmidt 1974). Prinzipiell, so die These, stellt die Technik keine feste Größe mit bestimmten, angebbaren Wirkungen im Betrieb dar. Erst unter den Bedingungen der Kapitalverwertung wird sie zum zentralen Ansatzpunkt der Rationalisierung und zum Herrschaftsmittel des Managements als dem 'einheitlich handelnden, monolithischen Vollzugsorgan des Unternehmenszwecks' (vgl. kritisch: Berger 1988, 115). Die Technik steht im Dienst des Managements, das auf die Erhöhung und Gewährleistung der „Autonomie des Betriebs gegenüber ökonomischen und politischen Restriktionen auf seiten der internen wie der externen Umwelt des Betriebs" abstellt (Brandt 1990a, 193). Die Technik gewinnt in dieser - theoretisch begründeten - Lage wie selbstverständlich als Maßnahme und als Prozeß der (faktischen wie prophylaktischen) Unterwerfung von Ansprüchen an Bedeutung, die die Entfaltung der Betriebsautonomie erschweren, komplizieren und/oder behindern (könnten). Technik erscheint in dieser Sicht nota bene als 'Technisierung', als vom Management initiierte Strategie, die auf die umfassende Transparenz, Plan- und Steuerbarkeit, so-

---

26 Die Identifikation von Technik als dem Mittel, das sich eindeutig gegen den Wert der menschlichen Arbeit richtet, ist - zumindest in der deutschen Industriesoziologie - nicht so selbstverständlich, wie es heute scheint. So etwa stellt Brandt (1990a, 190) auch die Hoffnungen heraus, die die 'Gründer- und Pioniergeneration' der Industriesoziologie in der Nachkriegszeit an die Technik knüpfte: „Von einer planvoll vollzogenen Erweiterung der technischen und arbeitsorganisatorischen zu einer sozialen Rationalisierung versprach man sich den 'Abbau traditionaler Herrschaftsformen', den die politische Entwicklung schuldig geblieben war."

wie Kontrollierbarkeit betrieblicher Prozesse ausgerichtet ist. Technik bzw. Technisierung erscheint damit als entscheidender Parameter organisatorischer wie gesellschaftlicher Rationalisierung.

3) Die Argumentationsrichtung des *Göttinger Instituts* (SOFI) weicht von den bereits genannten insofern ab, als daß sie die Technik als eine Rahmenbedingung der Betriebsorganisation konzipiert, die „einer eigenen Logik folgt und prinzipiell ein mehr oder weniger breites Spektrum konkurrierender betriebs- und arbeitsorganisatorischer Lösungen zuläßt" (Brandt 1990a, 193). Die Technik erscheint in dieser Perspektive zunächst als ein interessenneutrales Phänomen. Unter den Bedingungen der Kapitalverwertung verliert die Technik allerdings ihre Neutralität und wird auf ihre Bedeutung als 'Rationalisierungsbedingung' zugespitzt (vgl. Wittemann/Wittke 1987). Im gleichen Zug werden so die Möglichkeiten für die organisatorische Gestaltung und Einbindung der Technik eingeengt. Anders als im betriebsstrategischen Ansatz geht man jedoch nicht von einer sich beinahe 'automatisch' vollziehenden Ausformung der Technik als Rationalisierungsinstrument und Herrschaftsmittel aus. Vielmehr betont man, daß eine solche Entwicklung politische Prozesse voraussetzt, die die Instrumentalisierung der Technik durch das Management wiederum entweder fördern oder auch verändern können[27]. Das Management erscheint hier nicht mehr nur als das autoritäre und durchgreifende Organ unternehmerischer Interessen. Man betont vielmehr, daß das technisch vermittelte Kooperationsgefüge, sowie die hierarchisch strukturierte Betriebs- und Arbeitsorganisation zugleich eine differenzierte, an je spezifischen Arbeitsaufgaben und Leistungsanforderungen ausgerichtete Personalstruktur und -politik aufweist. Entsprechend werden Technik und ihre Auswirkungen nicht mehr eindeutig auf unternehmerische Intersssen zurückgeführt. Der Technikeinsatz wird vielmehr im Kontext betriebspolitischer Auseinandersetzungen zwischen Arbeitgebern und Arbeitnehmern vorgestellt. Obwohl auch hier die größeren Durchsetzungschancen dem Management zugesprochen werden, berücksichtigt man auch die mit dem Einsatz neuer Informationstechniken gestiegenen Gegenmachtchancen und Verhandlungsmöglichkeiten der Arbeitnehmer aufgrund der gestiegenen Abhängigkeit der Betriebe von qualifizierten Facharbeitern (vgl. Kern/Schumann 1984). Man gesteht zu, daß sich die Möglichkeiten der Durchsetzung von Interessen auf Seiten des Kapitals, je nachdem, wie die Technik im Betrieb zum Einsatz kommt, verringern können[28]. In dieser Sicht entscheidet weder die Technik selbst, noch der gesellschaftliche Kontext, in dem Technik entwickelt, hergestellt und genutzt wird, darüber, wie die Technik in Arbeitsorgansiationen erscheint. Vielmehr ist es der 'aktive Umgang' mit den technischen Bedingungen, die

---

27 Diese Betonung der an das 'Wie' Technikeinsatzes geknüpften politischen Prozesse macht den Göttinger Ansatz besonders für arbeitspolitische Fragen (vgl. Naschold 1985) sowie für die Beschreibung und Erklärung von neuen Technik- und Personaleinsatzkonzepten (Stichwort: Gruppenarbeit) interessant (vgl. Kern/Schumann 1984).
28 Die Vorstellung der politisch begründeten Variabilität des Technikeinsatzes unterstützen auch Autoren, wie etwa Berger/Offe 1982, 352; Dörr 1985; Dohse u.a. 1985; Seltz/Hildebrandt 1985; Baethge/Oberbeck 1986; Wehrsig 1986; Jürgens/Naschold 1984.

zu einer mehr oder weniger 'humanen' bzw. 'inhumanen' betrieblichen Rationalisierung führen.

Die genannten industriesoziologischen Argumentationsrichtungen bestimmen die Technik in ihrem Bezug auf das ökonomisch-rationale Organisationshandeln unterschiedlich. Dies hat zwar für die Interpretation des Verhältnisses von Technik und Arbeitsorganisation Konsequenzen - je nachdem, welche Argumentationsrichtung vertreten wird, erscheinen technische Veränderungen in Arbeitsorganisationen als mehr oder weniger konsequente Fortführung von bereits eingeschlagenen Rationalisierungsverläufen. Auf der Ebene der theoretischen Grundannahmen besteht jedoch Einigkeit: Technik, so die unerschütterliche Auffassung, ist zunächst und vor allem als 'kapitalistische Technik' zu begreifen, sei es als Ausdruck und Verkörperung von Kapitalverwertungsinteressen, sei es als eine für kapitalistische Zwecke instrumentalisierte Technik, sei es als eine eigenständige Rahmenbedingung, die für die Organisationsrationalisierung mitgenutzt wird. Unbestritten ist in allen Ansätzen auch der Mittelcharakter der Technik, mithin die Bedingtheit technischer Realität durch spezifische, angebbare Unternehmenszwecke und -zielsetzungen. In dieser Blickrichtung wird auch die Umstellung auf die neue Technik in modernen Arbeitsorganisationen thematisiert.

Geleitet von der Frage nach der Qualität des betrieblichen Wandels und seinen Auswirkungen auf die 'lebendige' Arbeit, registriert man zunächst die Eröffnung von Autonomiespielräumen und neuen Handlungsmöglichkeiten im Zuge der datentechnischen Vernetzung im Betrieb. Die Die Herausbildung neuer, auf Flexibilität und Qualität sowohl der Arbeit als auch der Produkte ausgelegter Produktionssysteme kann im industriesoziologischen Interpretationsrahmen jedoch nur kritisch, d.h. unter dem Problemgesichtspunkt der Hinzufügung von 'Rationalisierungspotentialen', mithin der 'Gefährdung des menschlichen Arbeitsvermögens' durch die neuen Technik betrachtet werden. Da das industriesoziologische 'Rationalisierungsparadigma' die Vorstellung einer Technik, die nicht direkt aus der Kapital- und Herrschaftslogik abgeleitet werden kann, nicht zuläßt, können die für den Einsatz der neuen typischen Erscheinungen in Industriebetrieben allenfalls als 'Rationalisierungslücken' (vgl. Dörr 1991) verstanden werden, die - wie manche Industriesoziologen betonen - im Laufe der Zeit unweigerlich in den Sog der fortschreitenden Rationalisierung geraten werden (vgl. Sauer 1987). Andere Autoren sehen in dem technisch-organisatorischen Wandel nicht nur eine 'Übergangserscheinung', sondern finden - gewissermaßen 'im Schatten' der 'neuen' Management- und Produktionskonzepte - das bekannte Schema organisatorischer Rationalisierung wieder:

> „Moderne Informationstechniken bilden den technischen Kern einer neuen Form der Kontrolle und Rationalisierung von Arbeit, die durch eine besondere Eigenschaft geprägt ist. Die 'Neue Kontrollform' ermöglicht eine wirksame Kontrolle und Rationalisierung von Arbeit, ohne sie auszuforschen, den Arbeitern 'detailliert vorzuschreiben' und vor allem: ohne die Qualifikationsanforderungen an die Arbeiter zu senken. Die wesentlichen Qualifikationsanforderungen werden nicht verändert, gleichwohl nehmen die Handlungsspielräume bei der Arbeit ab und stei-

gen die Leistungsabforderungen, die Arbeit wird weniger autonom, intensiver und belastender" (Manske 1991, 11, vgl. Manske u.a. 1994, Manz 1993).

Mit Blick auf die scheinbar unverrückbar gegebenen innerbetrieblichen Macht- und Herrschaftsstrukturen gewinnen die zu beobachtenden Veränderungen in modernen Arbeitsorganisationen nurmehr als 'scheinbare' Verbesserungen der Arbeitssituation an Kontur, 'hinter' denen sich das altbekannte Herrschafts- und Ausbeutungsbestreben des Managements verberge: Autoren, wie Burawoy (1985) und Müller-Jentsch (1986) behaupten, das Management gestehe dem Arbeiter neuerdings nur deshalb Status, Autonomie und Verantwortlichkeit zu, weil es - so die These - dafür von ihm Loyalität, Anpassungsbereitschaft, die Akzeptanz produktionstechnischer Veränderungen oder kurz: Unterordnung erwarte. Integrative Arbeitsformen dienten lediglich der ideologischen Einbindung der Beschäftigten, wobei die Kapitalinteressen als die Interessen aller erscheinen sollen (vgl. Burawoy 1985, 34 f.).

Das Problem dieser eindimensionalen Verknüpfung von betrieblicher Rationalität und der neuen Technik wird schnell deutlich: Der Strukturwandel in den Betrieben enthält Momente, die sich dem klassischen industriesoziologischen Interpretationsschema tendenziell entziehen. Dennoch wird versucht, diese Erscheinung begrifflich zu machen, was allerdings nur noch unter Inkaufnahme von rabiaten Engführungen, Vereinfachungen und Pauschalisierungen möglich scheint. Eine differenziertere Perspektive bieten dagegen solche industriesoziologischen Ansätze an, die die Tendenz der zunehmenden Prozeßbeherrschung nicht als gegeben voraussetzen, sondern als einen Aushandlungsaspekt im Betrieb begreifen. Die gegenwärtigen betrieblichen Veränderungen können aus dieser Sicht stärker berücksichtigt, ja sogar als ein grundlegender Wandel "noch bis vor kurzem unangefochten herrschender sozialökonomischer Entwicklungsmuster" (Hirsch-Kreinsen/Wolf 1987, 181) vorgeführt werden. Begriffe wie "Neue Produktionskonzepte" (Kern/Schumann 1984), "Soziale Rationalisierung" (Schmidt 1984) oder "flexible Spezialisierung" (Piore/Sabel 1985) sollen die veränderten Rationalisierungsstrategien des Managements kennzeichnen, die sich nicht ausschließlich als eine extern, d.h. durch die massive Ausbreitung der neuen Technik und durch Diversifizierungs- und Dynamisierungstendenzen am Markt erzwungene Maßnahmen begreifen lassen[29]. Dennoch: Obwohl man den betrieblichen Bemühungen zugesteht, die Gegensätze von Kapital und Arbeit zunehmend zu entschärfen, wenn nicht sogar zu integrieren und obwohl man hierin einen entscheidenden Schritt zur Ablösung rein profitorientierter Organisationsprinzipien sieht, kritisiert man die bleibende Definitionsmacht des Kapitals. Die Erweiterung von Tätigkeitsprofilen, die 'Arbeitsintegration' in Form der erweiterten Disposition über Zeit, Maschinen und Material, über soziale und personale

---

29 D.h. man geht davon aus, daß die Organisation nicht mehr, wie bisher "in systematischer Weise auf das Betriebsziel" bezogen wird (Schienstock 1990, 182). Technisch-organisatorische Veränderungen zielen demnach nicht mehr per se auf die Perfektionierung der 'rationalen' Arbeitsorganisation, die typisch von einer zunehmenden 'Inhumanität' begleitet wird (vgl. Clegg/Dunkerley 1987).

Ressourcen durch die Produzierenden selbst, so betont man, bedeute keineswegs die Auflösung der bekannten Aneignungsformen der Produkte durch die Vertreter des Kapitals (vgl. Lüdtke 1986, 103). Kern und Schumann (1984) sehen das Entstehen der 'Neuen Produktionskonzepte' gebunden an eine historische Situation, in der sich Kapitalverwertung und tyloristischer Rationalisierungsmodus zunehmend als unverträglich herausschälen[30]. „Diese Inadäquanz", so resümiert Malsch (1986,58) die Kern/Schumansche Argumentation, „macht sich als reibungsvolle Ablösung des Taylorismus, als 'Umbruch' geltend, der eine historische Zensur zwischen zwei distinkten Rationalisierungsperioden markieren könnte. Dabei stellen die beiden Autoren klar, daß die bevorstehende Rationalisierungsperiode nicht als postkapitalistisches Jenseits mißverstanden, daß der gegenwärtige Umbruch nicht als Bruch mit der Verwertungslogik mißdeutet werden darf." Der technisch organisatorische Wandel wird demnach nur als „eine moderne Variante betrieblicher Rationalisierung" vorgestellt, „die sich ganz und gar innerhalb der Margen privater Kapitalverwertung bewegt" (Kern/Schumann 1984, 300). Entsprechend erscheinen auch die mit dem Einsatz der neuen Technik entstehenden neuartigen, mitunter als 'ganzheitlich' bezeichneten Tätigkeitsprofile nicht als 'grundlegende' Verabschiedung bekannter 'Technisierungsverläufe'. Vielmehr geht man davon aus ‚daß „menschliche Interventionen notwendig bleiben als Kompensat technischer Unvollkommenheit" (Schumann u.a. 1994,18, vgl. Bergmann u.a. 1986).

In einem weiteren Schritt der 'Auflösung' der 'klassischen' industriesoziologischen Kritik des Technikeinsatzes rücken andere Autoren die gegenwärtigen Entwicklungen in die Nähe eines bevorstehenden 'Paradigmenwechsels', innerhalb dessen man die Ablösung eines rein wirtschaftlichen Kalküls durch eine zunehmende Wertorientierung und die Substitution der Koordinations- und Kooperationsprinzipien von Macht und Herrschaft durch Vertrauen, Integration, Konsens und Solidarität verzeichnet. (vgl. Zündorf 1986) In der Orientierung an sich eröffnenden Möglichkeiten für eine 'menschengerechte' Arbeitsgestaltung zeigt die Forschung, daß sich Rationalität nicht nur an der Produktivitätssteigerung und am höheren Verdienst der Beschäftigten bemißt, sondern vor allem auch an der Qualität betrieblicher Kooperationsprozesse (vgl. Schienstock 1990, 181). Begründet wird dieser grundlegende Umschwung etwa damit, daß die "Imperative der Herrschaftssicherung mit denen der Kapitalverwertung in Widerspruch geraten" (Brödner 1985, 121). Dafür sprechen etwa der beobachtbare Widerspruch zwischen dem Bestreben des Managements, den Produktionsprozeß immer detaillierter zu planen und formal zu strukturieren und der Erkenntnis, daß es häufig gerade Abweichungen vom 'Normallauf' der Organisation sind, die deren Erfolg sichern, die sich als überzogene Dramatisierung bemerkbar Vorstellung von Zielkonflikten zwischen Management und Arbeitenden, die zu forcierten Bemühungen zur Herrschaftssicherung führt, oder auch die widersprüchlichen Anforderungen des Marktes: Er ok-

---

[30] Dabei stellen die Autoren auch heraus, daß "gesamtgesellschaftliche Vernunft", sozialer Fortschritt und die Überwindung entfremdeter Arbeit eine unauflösbare Einheit bilden und die „Neuen Produktionskonzepte" insofern eine mehr oder weniger zwangsläufige Folge der gesellschaftlichen Entwicklung darstellen (Kern/Schumann 1984, 26).

troyiere den Unternehmen einerseits, zeit- und kostensparend zu produzieren, was eine arbeitsteilige Struktur des Produktionsprozesses nahelegt und andererseits, Flexibilität, hohe Lieferbereitschaft und kurze Durchlaufzeiten zu sichern, wogegen sich eine arbeitsteilige, bürokratisch strukturierte Produktion sträubt.

Diese Indizien für ein Brüchigwerden einseitiger formal rationaler Muster betrieblicher Technisierung werden von einigen Vertretern der Industriesoziologie zugleich als *Gelegenheit* (nicht: Bedingung) interpretiert, alternative Formen der Arbeitsorganisation zu entwickeln und Ansatzpunkte für eine "menschengerechte" Arbeitsgestaltung zu entwickeln (vgl. Gottschall u.a. 1985, 219 ff.). Die neue Technik gewinnt in diesem Kontext eine besondere Bedeutung. Ihr wird eine besondere Flexibilität und Elastizität zugeschrieben, die auch die bislang ausgeschlossene Möglichkeit zur *Anpassung der technischen Funktionsweise* an die menschliche Arbeit eröffnet[31]. Man geht davon aus, daß die Nutzung dieser Möglichkeit "die in der lebendigen Arbeit schlummernden produktiven Potenzen" weckt und dem "in der kapitalistischen Produktion angelegten Widerspruch zwischen Herrschafts- und Verwertungsansprüchen die Schärfe" (Brödner 1985, 127) nehmen kann.

Mit der Formulierung von Gestaltungsvorschlägen öffnet die Industriesoziologie zwar den Blick dafür, daß ökonomische Rationalität und 'humaner' Technikeinsatz keine prinzipiell unvereinbaren Gegensätze bilden, doch verläßt sie damit zugleich das gewohnte Terrain der Kritik. Stattdessen gewinnt diese industriesoziologische Technik- und Organisationsforschung als ein Zusammenhang an Kontur, der in Konkurrenz zu betriebwirtschaftlichen Ansätzen zu treten sucht. Die nach industriesoziologischen 'Vernunftskriterien' verfaßtem 'alternativen Produktionskonzepte' lassen sich - formal betrachtet - auch als 'Optimierungsmodelle' bezeichnen, mit denen dem Management Zugeständnisse an erhöhte Handlungs- und Autonomiespielräumen für die Arbeitenden abgerungen und die 'Rückkehr' zu menschlicheren Verhältnissen zumindest in Ansätzen realisiert werden sollen. Durch die Berücksichtigung der Möglichkeiten für ausgewogenere 'Mensch-Rechner-Funktionsverteilungen' (Brödner) könne der Mensch die Technik wieder "als Mittel zu seinen Zwecken gemäßen Umgestaltung von Arbeitsgegenständen" erfahren, womit die Technik zugleich ihren 'ursprünglichen' Sinn als „Mittel der produktiven Aneignung der außer ihm liegenden Natur" zurückgewinne (Brödner 1985, 139). Allerdings setzen sich diese Versuche zur 'Humanisierung' des Arbeitszusammenhangs schnell der Kritik, mehr noch, dem Vowurf einer theoretisch begründeten, praktisch aber kaum haltbaren 'Organisationsidylle' aus, die sich durch "eine Rationalität der vielen statt des einzigen" (Ortmann u.a. 1990, 590) auszeichne[32]. Man

---

31 Autoren wie Seltz (1986), Schmidt (1986) und Zündorf (1986) betrachten die informationstechnische Umstrukturierung in Industrieunternehmen anhand von alternativen Sozialmodellen, die als Arten von 'vernünftigeren' Rationalisierungsprogrammen gelesen werden können. Hier beruft man sich auf ein theoretisch fundiertes und empirisch erhobenes Wissen um die 'rationalere' Form des Gestaltens, von dem aus bisherige Formen der Technisierung im Hinblick auf ihre Zweckerfüllung beobachtet und bewertet werden können.

32 Hierzu sei angemerkt, daß der Vorwurf, die Industriesoziologie arbeite mit normativen Behauptungen und Unterstellungen nur vor dem Hintergrund des industriesoziologischen Anspruchs

vermittle den Eindruck, die Gleichung "Soziale Rationalität = Effizienz" gehe auf, ohne mitzuberücksichtigen, daß man nur mit einer normativ gesetzten oder bloß unterstellten Überlegenheit mitbestimmter oder selbstverwalteter Unternehmen argumentiert. Der industriesoziologische 'Vorstoß' in den Kontext in den Bereich der Technik- und Organisationsgestaltung sei daher als ein pauschales Plädoyer und als purer Normativismus zu begreifen (vgl. Ortmann u.a. 1990, 591).

Wir haben skizziert, wie die industriesoziologische Kritik Technik in einen Kontext einbindet, der als "derjenige *gesellschaftliche Ort"* erscheint, „wo die Rationalität in Form der Arbeitsorganisation, der Produktionstechnik und des wissenschaftlichen Informations- und Steuerungssystems konkrete Gestalt annimmt und gleichzeitig diejenige *historische Form*, in der sie als kapitalistische Rationalisierung von den Unternehmen im Rahmen des Kampfes mit konkurrierenden Einzelkapitalen gegen den Widerstand der lohnabhängig Beschäftigten verwirklicht wird" (Littek u.a. 1982, 44). Damit generiert die Industriesoziologie die Vorstellung, die Technik setze dauerhafte, nach festschreibbaren Prinzipien funktionierende Zusammenhänge voraus, die von einem privilegierten Standpunkt aus beherrscht und gestaltet werden.

Allerdings wird mit dieser Positionierung der Technik nicht nur ihr 'Doppelcharakter' als Mittel der Produktivititätssteigerung und als Herrschafts- und Kontrollmittel deutlich. Es werden zugleich auch die Grenzen der industriesoziologischen Thematisierung von Technik abgesteckt: Wer von der Rationalität der Organisationswirklichkeit ausgeht, bekommt lediglich diejenigen Phänomene in den Blick, die den Zweck als Teil ihrer Struktur aufweisen. Damit wird die Technik in Arbeitorganisationen auf die Form eines vom Management bewußt gesteuerten Instruments und Mittels gebracht, das sich vor dem Hintergrund eines 'erweiterten' Rationalitäts- bzw. Vernunftbegriffs als begrenzt kritisieren läßt. In dieser, stark theoriegeleiteten, normativ durchsetzten Sichtweise läuft die Industriesoziologie allerdings Gefahr, die faktischen Implikationen des Technikeinsatzes vorschnell zu übergehen. Die Industriesoziologie befaßt sich, so Ortmann, mit ihrem Gegenstand nicht 'nüchtern' genug, denn so könnte sie sehen, daß sich gerade die neue Technik ihrer eindeutigen Bestimmung als Rationalisierungsinstrument, -mittel, und/oder -bedingung entzieht:

> "Nüchtern betrachtet, erweist sich der Computer [...] immer noch als umso stumpfere Waffe, je komplexer und unschärfer die Probleme und je mehr es *dispositive* statt bloß *administrative Funktionen* sind, die er unterstützen soll. [...] Nüchtern betrachtet, bleibt das Geschäft der Machtausübung und Prozeßbeherrschung [...] eine *Sisyphosarbeit*. In vielen Funktionen bewirkt der Computer nicht mehr als die Möglichkeit, das Niveau der Prozeßbeherrschung, trotz wachsender Aufgaben der Informationsverarbeitung zu halten. [...] Nüchtern betrachtet, ist das

---

auf 'realistische' Wirklichkeitsbeschreibungen treffen kann. Unter konstruktivistischen Prämissen verliert eine derartige Kritik, wie wir im Verlauf der Arbeit sehen werden, schnell an Plausibilität.

Überwachungspotential von Computersystemen zwar groß . Aber die Empfindlichkeit großer Reorganisationen [...] und des oberen Managements gegen Anzeichen von Widerstand sind es auch. [...] Nüchtern betrachtet, haben schließlich euphorische Hoffnungen auf perfekte Prozeßbeherrschung á la CIM keine besondere Realitätstüchtigkeit" (Ortmann u.a. 1990, 588 f.).

Die Vorstellung, die Bedingungen und Folgen des Technikeinsatzes seien letztlich immer auf eine ökonomische Rationalität, auf 'gegebene' Herrschafts- und Autonomievorstellungen, vor allem auch auf ein einheitliches Handeln des Managements zurückzuführen, verliert angesichts der Dynamik und des sich herausschälenden 'sozialsystemischen' Charakters von Arbeitsorganisationen an Plausibilität. Eine solche Vorstellung von 'Technisierung', dies haben viele Industriesoziologen längst erkannt, läßt sich allenfalls noch durchhalten, wenn es um die Betrachtung der 'Technisierung' einzelner Abläufe im Betrieb geht. Hier lassen sich noch Handlungs- bzw. 'Optimierungsabsichten' und -folgen nachvollziehen. Aber eine derartige Herangehensweise an den Gegenstand „verstellt die Wahrnehmung und analytische Nutzung der Gesamtorganisation als der relevanten Untersuchungseinheit" (Wehrsig 1986,94) und kann daher - so läßt sich hinzufügen - nur als ein rigides Abschneiden der empirisch erfahrbaren technischen wie organisatorischen Komplexität betrachtet werden. Einige Industriesoziologen plädieren daher für die Öffnung 'ihrer' Disziplin für organisationssoziologische Ansätze. Sie, so betont man, haben seit langem die Vorstellungen eines 'monolithischen' Organistionshandelns aufgegeben und eine systemorientierte, differenziertere Sicht auf Arbeitsorganisationen eingeübt (vgl. Wehrsig/Tacke 1992, Bachmann/Möll 1992, Bieber 1992, Mill/Weißbach 1992).

Ein weiteres, grundlegendes Problem der industriesoziologischen Forschung wird insbesondere dort deutlich, wo versucht wird, die gegenwärtige Verunsicherung der eingefahrenen Rationalisierungsstrategien zum Anlaß für die Entwicklung alternativer Technik- und Personaleinsatzkonzepte zu nehmen. Dem Beobachter dieser Bemühungen fällt schnell auf, daß auch die Vorstellungen eines 'besseren', 'vernünftigeren' Technikeinsatzes mit spezifisch zugeschnittenen Entscheidungskriterien arbeiten, mithin also dem Prinzip nach ebenso 'autoritär' verfaßt sind, wie die Technisierungsprozesse, die zur Zielscheibe der industriesoziologischen Kritik gemacht werden. Selbst, wenn man sich - wie Industriesoziologen es typischerweise tun - zum 'Anwalt' der Arbeiter macht, läuft man Gefahr, von anderen auf die eigene, ausschnitthafte Sicht der Organisationswirklichkeit und auf die eigene Normativität gestoßen zu werden, was den industriesoziologischen Anspruch, eine theoretisch begründete und empirisch gedeckte Technik- und Organisationskritik liefern zu können, brüchig werden läßt. Für das Thema Technik kann dann aber auch gesagt werden, daß weder ihre Einbindung in ein 'instrumentelles', noch ihre Einbindung in ein 'umfassenderes' Rationalitätsverständnis den 'eigentlichen' Zweck der Technik offenzulegen vermag. *Jede* Beschreibungsvariante kann wiederum beobachtet und der Kritik ausgesetzt werden. Es stellt sich die damit Frage, ob und inwiefern das Verhältnis von Technik und betrieblichem Sozialzusammenhang überhaupt 'angemessen' erfaßt werden kann, wenn und soweit akzeptiert wird, daß es unter Rationalitätsgesichtspunkten nur unzureichend beschrieben ist. Gibt es Möglichkeiten, betriebliche Realität aus einer Perspektive heraus zu betrachten, die die Rationalitätsprämisse gewissermaßen 'herausoperiert' hat? Im Verlauf dieser Arbeit wird diese Frage zu klären sein.

3. Technikfolgen

Die Ursachen der technischen und sozialen Entwicklungen in Betrieben werden in der industriesoziologischen Forschung zumeist als bekannt vorausgesetzt (vgl. Abschnitt 1, 3). Hiervon ausgehend richtet sich das vornehmliche Interesse darauf, die Entwicklung technisierter Produktions- und Arbeitsorganisationen sowie ihre Auswirkungen für die Arbeitsbedingungen herauszuarbeiten und offenzulegen (vgl. Springer 1986, 913)[33]. Dabei kann es etwa darum gehen, Entwicklungstendenzen der Industriearbeit unter dem Einfluß des Technikeinsatzes (vgl. Ewers u.a. 1990, Hirsch-Kreinsen u.a. 1990), die Veränderung von Arbeitsinhalten, Qualifikationsanforderungen, Kontrollpotentialen durch den Technikeinsatz (vgl. Benz-Overhage u.a. 1982, Bergmann u.a. 1986) oder auch die Auswirkungen des Technikeinsatzes auf das Erleben der Arbeitenden (vgl. Böhle/Milkau 1989, Bender/Graßl 1991, Senghaas-Knobloch 1993) aufzuzeigen. In allen Fällen stellt die Forschung darauf ab, den status quo der 'Technisierung' zu erfassen und Prognosen für zukünftige Entwicklungen aufzustellen.

Die Positionierung der Technik als zentrale Bedingung für soziale Veränderungen im Betrieb liegt bereits in der 'Vorgeschichte' der deutschen Industriesoziologie, in der von Frederick Winslow Taylor (1919) gegründeten Industrieforschung begründet[34]. Taylor untersuchte als einer der ersten das Verhältnis von menschlicher Arbeit und Arbeitsergebnis, wobei er im krassen Gegensatz zur kritischen industrie-

---

33 Die Industriesoziologie versteht sich als eine 'kausalwissenschaftliche' Forschung (im Unterschied etwa zu funktionalistischen Forschungsrichtungen), womit zugleich das besondere Interesse an der *Erklärung* technisch-organisatorischer Zusammenhänge (im Unterschied etwa zur Beschreibung) markiert ist. Die Industriesoziologie bindet sich damit in die, der gesamten westlichen Welt zueigenen, Formen der Wirklichkeitserfassung ein. Die Kausalität sowie deren reziproke Formen der Finalität und Intentionalität bilden hier spätestens seit der Aufklärung das Grundmuster der Koordinierung von Dingen, Sachverhalten und Vorgängen, wobei das Kausalschema die eindeutige Zurechnung der jeweiligen Untersuchungsgegenstände entweder als Ursache oder als Wirkung sowie deren Koordination in der Form der Nacheinanderordnung oder Aufeinanderfolge vorschreibt (vgl. Rusch 1987, 324). Die Prämisse der Kausalität ordnet die Welt nach Bedingungen und Folgen, sie plausibilisiert Zustände im Rekurs auf kausale oder finale Motive und stellt Zusammenhänge in der Form von nichtbeliebigen Abhängigkeitsbeziehungen her. Kausalitätsvorstellungen helfen, die Welt zu 'linearisieren', sie aus den engen Grenzen des Hier und Jetzt herauszuarbeiten und als einen in der Vergangenheit begründeten, sich in der Gegenwart entfaltenden und in die Zukunft entwickelnden Prozeß darzustellen. Wir können die Kausalität insofern als ein zentrales heuristisches, methodisches Prinzip der subjektiven wie sozialen Erfassung von Wirklichkeit begreifen (vgl. Brunkhorst 1991, 261).

34 Die von Taylor begündete technisch-naturwissenschaftliche Industrieforschung war vor allem auch der Wegbereiter für die sogenannte Arbeitswissenschaft (vgl. Hoffmann 1987).

soziologischen Forschung vor allem die systematische Beobachtung, Messung und Optimierung des Leistungsergebnisses im Blick hatte. Zentrale Aspekte seines 'scientific management' waren die Normierung und Standardisierung von Arbeitskraft, die Zerlegung von komplexen, nur durch qualifizierte Hand- und Facharbeiter zu erfüllende Arbeitsaufgaben in einfache, schnell zu erlernende und routinisierbare Tätigkeiten sowie die Auslagerung fachbezogenen Wissens aus der unmittelbaren Produktion in vor- und übergeordnete Bereiche. Taylor betrieb aus heutiger Scht ein rigides 'social engineering', das den Weg für nachfolgende Technisierungs-, speziell Mechanisierungs- und Automatisierungsprozesse ebnete: Die nach seinen Prinzipien gestaltete Fabrik war, so könnte man sagen, auch ohne den umfassenden Technikeinsatz schon soweit 'technisiert', daß man die in den folgenden Jahrzehnten betriebene Technisierung des Industriebetriebs ohne zu übertreiben nurmehr als 'materielle' Ergänzung bereits vorhandener Strukturen und Operationslogiken bezeichnen kann.

In der Industriesoziologie wurde und wird Taylors technisch-naturwissenschaftlich inspirierte Art und Weise der Organisationsgestaltung, in der die Technik immer schon als ein zentrales Organisationsmittel eingelassen ist, zum - vielfach realisierten - 'Gegenentwurf' eines sozialen Arbeitszusammenhangs par excellence. Vor allem in den 50er, 60er und 70er Jahren spitzte sich das industriesoziologische Interesse unter dem Stichwort 'Automation' auf die Technik und ihre sozialen Auswirkungen zu. Friedrich Pollock, einer der Vorreiter der industriesoziologischen Automationsdebatte[35], definierte Automation als einen 'qualitativen Entwicklungsschritt von Produktionstechnik' mit dem Ziel,

> „die menschliche Arbeitskraft in den Funktionen der Bedienung, Steuerung und Überwachung von Maschinen sowie der Kontrolle der Produkte soweit durch Maschinen zu ersetzen, daß von Beginn bis zur Beendigung des Arbeitsprozesses keine menschliche Hand das Produkt berührt. Ihre Methoden lassen sich sowohl auf Teilprozesse der Fertigung als auch auf einen Voll-Produktionsgang von Rohstoff bis zum Fertigfabrikat anwenden. Im ersten Fall sprechen wir von partieller Automation, im zweiten Fall von vollautomatischer Produktionsweise" (Pollock 1956, 5, zitiert nach: Beckenbach 1991, 67).

Automation bezog sich *vor* der Entwicklung computergestützter Produktionstechniken z.B. auf die prozeß- und verfahrenstechnisch regulierte Fertigung, die vor allem in der chemischen und petrochemischen Industrie, in der Stahlindustrie sowie in der

---

35 Als 'Gegenspieler' Pollocks wird häufig Helmut Schelsky (vgl. 1957) genannt, der in seinen Arbeiten über die gesellschaftliche Typik und die Folgen der Automation insbesondere die 'Nivellierung der Gesellschaftsstruktur', d.h. die Angleichung von Arbeits- und Lebensverhältnissen, die sich eröffnenden Möglichkeiten für den beruflichen Aufstieg und die generelle Steiegerung von Konsummöglichkeiten hervorhob. Diese, gegen die Ungleichheits- und Subsumptionsmodelle der Kritischen Soziologie gerichtete Interpretation brachte Schelsky schnell den Vorwurf ein, er vertrete einen kurzsichtigen, 'politischen Konservatismus' (vgl. Beckenbach 1991, 68 f.).

Energieerzeugung und -verteilung schon recht früh entwickelt wurde. Außerdem kamen in den 50er/60er Jahren in Deutschland die ersten teilautomatisierten Produktionsverfahren in Anwendung, so etwa in der Form von Transferstraßen. Erst späterhin, mit der Entwicklung der EDV, setzte sich ein neuartiger, Produktions- und Dienstleistungsarbeit erfassender Typ der Automation durch (vgl. Beckenbach 1991, 67). In Anlehnung an die Automationsprozesse der 60er und 70er Jahre sprechen manche Industriesoziologen beim Einsatz von neuen Techniken insbesondere in der Produktion (z.B. flexible Fertigungssysteme) von 'flexibler Automatisierung' (vgl. Kern/Schumann 1984).

Als soziale Auswirkungen der Automation wurden zunächst vor allem die Freisetzung von Arbeitern und das Aufkommen von schnell erlernbaren, routinisierbaren Tätigkeiten benannt. Erst in darauffolgenden Studien wurde das Spektrum der Auswirkungen der Automation vergrößert. In den Blick gerieten etwa die De-Qualifizierung vormals hochqualifizierter Facharbeit, die Einführung restriktiver Arbeitsweisen, die Zentralisierung von Steuerungsfunktionen und, damit zusammenhängend, die psychosozialen Belastungen der Arbeiter durch stark routinisierte Tätigkeiten (vgl. Volmerg 1978, Becker-Schmidt 1982). Die Situation der primär von Automationsprozessen betroffenen ungelernten Arbeiterinnen und Arbeiter beschreibt Fricke (1982, 457) als einen „Zustand fehlender Solidarität, unzureichender gewerkschaftlicher Orientierung, extremer Verunsicherung und Vereinzelung am Arbeitsplatz." Als dominante Merkmale der durch Automation geförderten 'unqualifizierten Arbeit' stellt Fricke weiterhin Aspekte, wie den 'unzureichenden Arbeitsinhalt', den 'hohen Grad der Arbeitsteilung', die 'Trennung von ausführenden und planenden/leitenden/kontrollierenden Tätigkeiten', den 'fehlenden Einfluß auf betriebliche Entscheidungen hinsichtlich Arbeitsbedingungen, Produkte und Arbeitsorganisation', die 'Arbeitsintensivierung bei hoher Monotonie' heraus, um nur einige zu nennen (vgl. Fricke 1982, 457). Insbesondere die empirischen industriesoziologischen Forschungen zu den sozialen Folgen der Automation bestätigten, was eine marxistisch orientierte Industriesoziologie unter dem Begriff der 'reellen Subsumtion' stets betont hatte: „Die Arbeit verliert unter dem Einfluß der fortschreitenden Verwissenschaftlichung und Technisierung der kapitalistischen Produktion ihre 'Führungsrolle' und sinkt zu einem bloßen Anhängsel der Maschinerie ab" (Brandt 1990a, 199).

Diese Einschätzung des Technikeinsatzes als Ursache für den Niedergang sozialer Arbeitsverhältnisse, für gestiegene Kontrollpotentiale und Leistungsabforderungen sowie für die zunehmende Ökonomisierung betrieblicher Prozesse wird - zumindest in Teilen der Industriesoziologie - auch in bezug auf die neue Technik durchgehalten. In diesem Zusammenhang wird auch von einer 'tayloristischen Syndromatik' gesprochen (vgl. etwa Bechtle/Lutz 1989). Sie beinhaltet die Vorstellung eines linearen Prozesses der Perfektionierung von Formen der Betriebsführung und Organisationsgestaltung, die an der technokratischen Beherrschung möglichst aller betrieblichen Prozesse orientiert sind. Autoren, wie Berger und Offe (1982), Ewers u.a. (1990) weisen etwa auf die *mögliche* Freisetzung von immer mehr Arbeitenden hin. Altmann u.a. (1986), Benz-Overhage u.a. (1982) wie auch Wotschack (1987) und neuerdings Deiß und Döhl (1992) verzeichnen mit dem Einsatz der neuen Technik zugleich die zunehmende Rigidität von Arbeitsvorgaben und die steigende Kontrollierbarkeit betrieblicher Arbeitsprozesse. Im Zuge dessen geraten auch die mit dem Einsatz der neuen Technik häufig zu beobachtenden Maßnahmen zur Requalifizierung in den Fokus der Kritik. Sie scheinen sich 'weniger als Qualifikation durchzusetzen, sondern sich wesentlich auf die Belastungssituation der Beschäftigten auszuwirken'. Konstatiert werden die „Erweiterung des Arbeitsinhaltes um höherwertige Tätigkeiten und begleitende Qualifizierung mit Belastungswechsel bzw. Belastungsausgleich besonders bei komplex angelegten Projekten; Belastungsverschiebung bei arbeitsstrukurierenden Maßnahmen; Belastungsverdichtung durch Erweiterung des Arbeitsumfangs bei Wegfall von subjektiv entlastenden, habitualisierten Routinen ohne unterstützende Requalifizierung"(Dörr/Naschold 1982, 444). Sauer und Döhl (1994) betonen aktuell speziell die Gefahr der zunehmenden Einbindung des 'lebendigen' Arbeitsvermögens in neue Zwänge. Dabei sehen die Autoren vor allem auch die Bedeutung der Autonomie- und Handlungsspielräume, die in den 80er Jahren durch den Techikeinsatz eröffnet wurden, kontinuierlich schwinden. Gerade die 'Rationalisierungsgewinner' der flexiblen Automatisierung, die Beschäftigten in der Fertigung mit eigenständig zu erfüllenden Überwachungs- und Sicherungsaufgaben, geraten danach in den Sog von fortschreitender Ablaufoptimierung und Beschleunigung von Produktionsprozessen, womit zugleich die ihnen zugestandenen Handlungsspielräume wieder eingeschränkt werden. D.h. „bislang vorhandene positive Effekte qualifizierter Produktionsarbeit können aufgehoben werden oder auch in neue Belastungen umschlagen" (Sauer/Döhl 1994, 209). Die Folgen der durch den Einsatz neuer Technik ermöglichten vernetzten Produktion umfassen in dieser Perspektive z.B. den schleichenden Beschäftigungsabbau, den diskontinuierlichen Arbeitseinsatz, die Flexibilisierung der Arbeitszeitstrukturen und individuelle Arbeitszeiten, den Funktionsverlust der Interessenvertretung u.ä.m. (vgl. Sauer/Döhl 1994, 214).

Aus einem eher subjektorientierten Blickwinkel wird der 'informatisierte' Industriebetrieb als ein technisch vermitteltes Kooperationsgefüge dargestellt, das bis in das Erleben und Handeln der Arbeitenden hineinwirkt (vgl. Volmerg u.a. 1986). Ausgehend von der Annahme, daß die Arbeitenden die typischerweise mit Restriktionen verbundene Technisierung in den konkreten Arbeitsbedingungen erfahren, konzentriert man sich auf die detaillierte Darstellung von mentalen, nervlichen und psychischen Belastungen, von Veränderungen von Kommunikations- und Interaktionsformen, von Formen der Anpassung des Denkens und Handelns an technische Vorgaben (Maschinentakt, Computersprache), der sozialen Isolation und der 'Entsinnlichung' der Arbeit u.ä.m. (vgl. Böhle/Milkau 1988)[36]. Ebenso werden neue Techniken als Verursacher neuartiger Gefährdungen und Probleme, insbesondere

---

36 So betonen etwa Böhle und Milkau (1988) die Veränderungen in der Beziehung der Arbeitenden zur Maschine. Herausgestellt werden Prozesse der 'Entsubjektivierung' dieser Beziehung, d.h. der Einsatz neuer Informationstechniken läßt 'intime Kenntnisse der Maschine' und ein entsprechend 'persönliches' Verhältnis teilweise obsolet werden.

Orientierungs-, Identitäts- und Verhaltensprobleme angesehen (vgl. Altmann u.a. 1981, 887 ff., Görres u.a. 1983, 513, Volmerg u.a. 1986)[37].

Die einseitige Verortung der Technik als Ursache für eine *Verschlechterung der Arbeitssituation* läßt sich heute nicht mehr durchgängig vertreten, denn neben der 'klassischen' Interpretation des Einsatzes der neuen Technik in der Tradition der Automationskritik hat sich in den letzten 10 Jahren ein weiterer Argumentationsstrang etabliert, der die notwendige Umstrukturierung des Verhältnisses von Technik und Arbeit im Zuge des Einsatzes der neuen Technik, die Möglichkeiten der ansatzweisen *Überbrückung* der Interessengegensätze von Lohnarbeit und Kapital sowie die *Unverzichtbarkeit von individuellen, erfahrungsbedingten Qualifikationen* betont (vgl. Kern/Schumann 1984, Schumann 1988, Schumann u.a. 1994. Aber auch diese, der oben skizzierten geradezu diametral gegenüberstehenden, Argumentation ist der mitunter harschen Kritik ausgesetzt (vgl. Weißbach 1987, Lutz 1986, 1987a). Hier scheint durch, daß das Problem der industriesoziologischen Forschung weniger darin zu bestehen scheint, daß sie in ihrer tradierten Rolle als Kritikerin des technischen und sozialen Wandels - die Aufmerksamkeit zu stark auf die 'negativen' Folgen der Technik richtet. Vielmehr scheint die Beschreibung des Technikeinsatzes und seiner Folgen im Rahmen eines Kausalschemas problematisch zu werden.

Dem Kausalschema folgend, werden in der Industriesoziologie die Ausgangsbedingungen wie auch die Zielsetzungen des Technikeinsatzes als bekannt und als durch das kapitalistische Wirtschaftssystem gegeben vorausgesetzt. Zugleich wird davon ausgegangen, daß die Ausgangsbedingung des Technikeinsatzes jedem historischen Zeitpunkt gleichbleibt.Dies betrifft vor allem die kapitalistische Verwertungslogik und - mehr oder weniger deutlich - die Positionierung der menschlichen Arbeit als 'Schranke' und als 'Störfaktor' der Produktion. Hiervon ausgehend lassen sich zwar unterschiedliche Formen des Technikeinsatzes sowie unterschiedliche, ja womöglich sogar 'antiparadigmatische' (Weißbach 1987), Wirkungsweisen des Technikeinsatzes herausarbeiten und bewerten. Im Ergebnis - gleich welchem - können eindeutige Aussagen über das Verhältnis von Technik und Arbeit gemacht werden, doch bleibt damit zugleich der Blick für andere mögliche, wirklichkeitskonstituierende Wirkungszusammenhänge versperrt[38]. Zugunsten der Hervorhebung der

---

37 Angesprochen werden Aspekte, wie intuitives und assoziatives Denken, gefühlsmäßiges Handeln und sinnliche Wahrnehmung. "Sie verweisen [...] darauf, daß hier [d.h. im Arbeitsprozeß, d.Verf.] Aspekte von Arbeit eine Rolle spielen, die sich nicht mehr allein mit den bisher entwickelten arbeitswissenschaftlichen, arbeitspsychologischen und industriesoziologischen Konztepten erfassen und beurteilen lassen" (Böhle/Milkau 1988, 3).

38 Das Kausalschema selbst führt diese Möglichkeiten auch anderer Möglichkeiten in sich mit, indem es zugesteht, daß es immer auch andere Ursachen gibt, die eine bestimmte Wirkung bewirken können und daß es andere Wirkungen gibt, die durch eine bestimmte Ursache hervorgerufen werden: "Jede Kausalfestlegung impliziert in verschiedenen Richtungen Verweisungen ins Unendliche: Jede Wirkung hat unendlich viele Ursachen, jede Ursache unendlich viele Wirkungen. Dazu kommt, daß jede Ursache in unendlicher Weise mit anderen kombiniert oder durch andere ersetzt werden kann, woraus sich Unterschiede im Bereich der Wirkungen ergeben" (Luhmann 1984b, 16). Diese Alternativstruktur des Kausalschemas im Blick, kann weiterhin davon ausgegangen werden, „daß keine Ursache allein zur Bewirkung einer Wirkung

Technik als Bedingung bzw. Ursache für soziale Veränderungen werden alle anderen, nicht thematisierten Möglichkeiten von Kausalbeziehungen ausgeschlossen. Es scheint diese 'reduktionistische' Betrachtungsweise zu sein, die der industriesoziologischen Forschung heute zum Problem wird. Dies bringt auch Lutz in seiner Kritik an dem von Kern und Schumann (1984) angekündigten 'Paradigmenwechsel' der Rationalisierung zum Ausdruck:

„Sicherlich kann nicht ex ante ausgeschlossen werden, daß es sich hierbei um Vorboten eines 'arbeitspolitischen Paradigmenwechsels' im Sinne des Endes der Arbeitsteilung handelt [...]. Doch lassen sich auch ganz andere, zumindest ebenso naheliegende Interpretationen denken. Die wohl plausibelste von ihnen gründet auf der Vermutung, daß viele Betriebe angesichts der hohen und vermutlich noch weiter zunehmenden Ungewißheit ihrer ökonomischen, sozialen und technischen Bedingungen ein hohes Interesse daran haben, das Spektrum der relativ rasch realisierbaren produktionspolitischen und arbeitsorganisatorischen Optionen substantiell zu erhöhen. Auch diese Interpretation würde also einen Paradigmenwechsel voraussetzen; aber das *neue Paradigma* begründet eben genau *kein* bestimmtes Produktionskonzept, sondern maximale Öffnung der disponiblen Rationalisierungsstrategien" (Lutz 1987a, 204, Herv. v. Verf.).

Das hier aufscheinende Problem der Reduktion des Verhältnisses von Technik und Arbeit auf festschreibbare Ursache-Wirkungsverhältnisse erweist sich auch und vor allem im Hinblick auf die Analyse komplexer betrieblicher Zusammenhänge als prekär. Die in der industriesoziologischen Forschung bis heute vorherrschende Vorstellung von invarianten Korrelationen zwischen Technik und Arbeit ist zwar eine methodisch sinnvolle Abstraktion, ihre Anwendung auf ein ganzes organisatorisches Netz ineinander greifender Beziehungen erscheint jedoch weniger plausibel (vgl. Weißbach 1987, Wehrsig 1986). Erzeugt wird eine Vorstellung von der Berechenbarkeit nicht nur einzelner Prozesse, sondern des betrieblichen Ganzen, was wiederum die - empirisch kaum mehr haltbare - Beschreibung von Betrieben als köhärenten Systemen provoziert, in denen einzelne herausragende Faktoren und Einflußgrößen, etwa das managerielle Handeln oder der Technikeinsatz, eine bestimmte, festschreibbare, ursächliche Bedeutung haben. Durch diese Verengung des Blickwinkels wird ein Bild von betrieblicher soziale Wirklichkeit hervorgebracht, deren Ord-

---

ausreicht, so wie auch keine Ursache oder Ursachenvielfalt nur eine einzige Wirkung hat. Die Vorstellung *einer* Ursache bzw. *einer* Wirkung ist jeweils eine Abstraktion, die eine bestimmte Ordnungsfunktion erfüllt. Die Vielzahl von Ursachen und Wirkungen, die in jedem faktischen Kausalgeschehen verknüpft sind, ermöglichen erst die abstrahierende Identifikation *einer* Ursache oder *einer* Wirkung in dem Sinne, daß die Ursache A ihre Identität nicht verliert, wenn sie in einer veränderten Gesamtkonstellation statt der Wirkungen a,b,c,d,e,f die Wirkungen a,b,c,e,f,g erzeugt. Nur deshalb kann man sich vorstellen, daß eine bestimmte Ursache verschiedene mögliche Wirkungen haben kann" (Luhmann 1968, 15). Diese Vorstellung verweist letztlich auf eine "Unendlichkeit möglicher Beziehungen von Ursachen und Wirkungen" (Luhmann 1968, 14).

nungs- und Reproduktionsmechanismen einsichtig und transparent bleiben, indem sie sich als immer wiederkehrende Konstellationen manageriellen Handelns auf der einen und technisch-organisatorischen Folgen auf der anderen Seite präsentieren. In dieser Perspektive kann die 'Realität' des Industriebetriebs, speziell des Verhältnisses von Technik und Arbeit nur in der Form eines mehr oder weniger festgelegten Regresses, als eine letztlich ins Unbegründbare und ins Unendliche verweisende Kette von aufeinanderfolgenden Ursachen und Wirkungen begriffen werden.

Der Anspruch der industriesoziologischen Forschung, Technik als Bedingung für spezifische soziale Folgen beschreiben zu können, gerät schließlich grundsätzlich ins Wanken, wenn in Betracht gezogen werden muß, daß mit der neuen Technik gerade die typischen Implikationen kausalen Denkens, d.h. Eindeutigkeit, Linearität und Proportionalität von Ursache und Wirkung durchbrochen werden und stattdessen Erscheinungen, wie Rekursivität, Kontingenz und Unproportionalität von Ursache und Wirkung die technische und soziale Wirklichkeit bestimmen (vgl. Winograd/Flores 1989). Wie aber ließe sich angesichts der hier beobachteten Probleme die soziologische Technikforschung anders als kausalwissenschaftlich begründen?

4. Fixierte Organisationswirklichkeit

Industriesoziologische Beschreibungen der Wirklichkeit reklamieren für sich üblicherweise 'Objektivität'[39]. Der industriesoziologische Anspruch auf die 'objektive' Realitätsbeschreibung gründet sich zunächst auf der - im weitesten Sinne marxisti-

---

39 Als selbstverständliche Voraussetzung jedweden erfahrungsbedingten Erkennens gilt bis heute die Unterscheidung zwischen einem erkennenden Subjekt und einem Erkenntnisobjekt. Man unterscheidet also a priori zwischen einem subjektiven Bewußtsein, in dem die Möglichkeit der Erkenntnis verortet wird, und einer außerhalb dieses erkennenden Bewußtseins liegenden Außenwelt. Sprache und Begriffe ermöglichen es dann, "die Gegenstände der Welt in einer bestimmten Weise zu ordnen" und so "Erfahrungen und Informationen über die Gegenstände der Realität" zu formulieren (Giesen/Schmid 1977, 35). Von wissenschaftlich wahren Aussagen kann die Rede sein, wenn und soweit es dem erkennenden Subjekt gelingt, ein Entsprechungsverhältnis zwischen der Außenwelt und der sie repräsentierenden Aussagen und Sätze herzustellen. Es geht m.a.W. um die Erzeugung von Aussagen und Aussagensystemen, die mit dem Gegenstand, den sie beschreiben, korrespondieren. Diese Annahme allein garantiert jedoch noch nicht die 'Richtigkeit' von Aussagen, denn eingeschlossen bleibt zunächst die Möglichkeit der subjektiv eingefärbten Erfahrung und Beschreibung der Welt. Die Erzeugung objektenstprechender Beschreibungen erfordert somit weitere Festlegungen. Wissenschaftliche Analysen rekurrieren hier auf Methoden der Beobachtung. Die Methoden sollen gewährleisten, daß wissenschaftliche Wirklichkeits- bzw. Weltbeschreibungen von den subjektiven Einflüssen der jeweiligen Beobachter 'gereinigt' sind (vgl. Giesen/Schmid 1977, 26 ff.). Hieran schließen sich wiederum methodologische Fragen der 'Angemessenheit' der Methoden an. Wir wollen die methodischen- und methodologischen Problemstellungen der Soziologie an dieser Stelle ausklammern. Sie führen in einen seit Jahrzehnten schwelenden Methodenstreit, in der sich Vetreter 'erklärender' und Vertreter 'verstehender' Ansätze sowie die 'quantitative' und die 'qualitative' Sozialforschung in unversöhnlicher Opposition gegenüberstehen. Einig sind sich die gegensätzlichen Positionen allerdings darin, daß sozialwissenschaftliche Forschung mit dem Ziel der 'objektiven' Realitätsbeschreibung betrieben werden soll (vgl. Soeffner 1989).

schen - Annahme, daß das Verhältnis von Technik und betrieblichem Sozialzusammenhang zutiefst geprägt ist von dem, die Gesamtgesellschaft charakterisierenden Gegensatz von Kapital und Arbeit. Er bildet den 'objektiven' Hintergrund, von dem aus die 'konkrete' betriebliche Wirklichkeit betrachtet werden muß (vgl. v.Wuntsch 1988, 207). Damit legt die Industriesoziologie zugleich ihren Zugriff auf Problem und Sachverhalt der Technik fest: Technik wird als eine analytisch isolierbare Form insbesondere des manageriellen Handelns (vgl. Friedman 1987), mithin als Bedingung, Gegenstand oder Ausdruck betrieblicher Rationalisierungsstrategien konzipiert[40]. In dieser Blickrichtung erscheint Technik zunächst und vor allem unter dem Aspekt der Effektivierung der sachlichen Arbeitsmittel und -gegenstände, sie als ein gesellschaftlicher Prozeß zu verstehen, der auf die Erhöhung der Produktivität menschlicher Arbeit abstellt. Ihre besondere Leistung sieht die Industriesoziogie nun darin, daß sie die - 'an sich' positive Entwicklung kritisch in den Blick nimmt und den Technikeinsatz auf die in ihm eingeschlossenen 'sozialen Kosten' hin analysiert. Hieran anschließend formieren sich in der industriesoziologischen Technik- und Organisationsforschung, wie wir in den vorangegangenen Abschnitten bereits gezeigt haben, unterschiedliche Argumentationsstränge.

Eine eher als 'klassisch' zu bezeichnende strukturorientierte industriesoziologische Kritik zielt darauf, die quasi in dem offensichtlichen Fortschritt der kapitalistischen Produktionsweise verdeckt liegenden Einschränkungen, Zwänge, die pathologischen Erscheinungen und Perversitäten, kurz: die Irrationlitäten des gesellschaftlichen und organisatorischen Rationalsierungsprozesses aufzudecken. Wichtiger als die Beobachtung der Produktivitätsraten sei es, den mit dem Technikeinsatz *implizit intendierten gesellschaftlichen Effekt* zu berücksichtigen. Die Steigerung der Produktivität menschlicher Arbeit ist in industriesoziologischer Sicht nämlich nur dadurch zu erreichen, daß der Wert der menschlichen Arbeit kontinuierlich schwindet. Das arbeitende Subjekt werde im Zuge der fortschreitenden Technisierung betrieblicher Strukturen und Prozesse zu einer abhängigen Variable im Produktionsprozeß, zu einem mehr oder weniger 'verplanbaren' Objekt managerieller Strategien degradiert. Technik, so stellen kritische Industriesoziologen heraus, ist keineswegs ein interessenneutrales Produktionsmittel, sondern immer auch eine an industriegesellschaftliche Produktionsbedingungen geknüpfte *säkulare Normierungs- und Verdinglichungsstrategie*, die im Arbeitszusammenhang Arbeitsformen und Formen des Arbeitskräfteeinsatzes verändert, Qualifizierungs- und Dequalifizierungsprozesse hervorruft und Lohn- und Leistungsrelationen verschiebt[41]. Gemeint

---

40 Daneben werden in der Industriesoziologie die Strategien der Organisierung und der Verwissenschaftlichung des Arbeitsprozesses als weitere Rationalisierungsstrategien genannt: "Formale Organisierung, Technisierung und Verwissenschaftlichung der gesellschaftlichen Arbeit sind wesentliche Prozesse, durch die sich die moderne industriekapitalistische Arbeit bis heute entwickelt hat" (Littek u.a. 1982, 46).

41 Sie dokumentieren sich insbesondere in der "Notwendigkeit zur einzelbetrieblichen Produktivitätssteigerung auf der Basis durch Konkurrenz erzwungener technisch-organisatorischer Innovation der Produktionsmittel, [in der] verbandsmäßigen Insitutionalisierung der sozialen Auseinandersetzung um Verteilung und Macht, [in] eingebauten Tendenzen zur Massenproduktion und Massenkonsum, zur Bürokratisierung", also in Prozessen, die sich "in einer eindeutigen

ist dabei zumeist die folgerichtige Fortführung, Ausweitung und Perfektionierung technischer Rationalisierung, die sich einer Logik des *'Immer-Mehr'* bedient und im Effekt die voranschreitende *reelle Subsumtion* der lebendigen Arbeit unter das Kapital unterstützt.

In einer eher arbeitpolitisch orientierten industriesoziologischen Variante hebt man hingegen auch die Chancen für einen Wandel der innerbetrieblichen Macht-, Herrschafts- und Kontrollstrukturen durch den Technikeinsatz hervor. Man identifiziert eine Umbruchsituation, die die krasse Gegensätzlichkeit zwischen den 'objektiven' Interessen der Unternehmer auf der einen und der Arbeiter auf der anderen Seite zumindest entschärft. Die Technik erscheint in einem Kontext, der durch politische Verhandlung gekennzeichnet ist, ohne daß man damit die vorrangigen Nutzungsansprüche der Vertreter des Kapitals ausschließt. Der Einsatz der neuen Technik und damit einhergehend auch neue Formen der Organisations- und Arbeitsgestaltung werden in dieser Sicht stets unter dem Aspekt eines innerbetrieblichen Machtgefälles beobachtet. Erst unter dieser Voraussetzung erscheint die Eröffnung von selbstregulierten Handlungs- und Autonomiespielräumen in ihrer 'wirklichen' Bedeutung und 'tatsächlichen' Tragweite als primär Wirtschaftlichkeit sichernde und durch äußere marktwirtschaftlich und arbeitsmarktpolitisch erzwungene Strategien.

Beide Einschätzungen des Technikeinsatzes geraten unter dem Einfluß der neuen Technik jedoch zunehmend ins Wanken. Es mehren sich die Stimmen, die betonen, daß die 'Informatisierung' des Industriebetriebs die Zugriffschancen des Managements nicht nur erhöht, sondern auch Unbestimmtheiten und unkontrollierte Zonen, organisatorische Intransparenzen u.ä.m. entstehen läßt, die vom Management nicht mehr einsehbar sind. Neben Formen der 'Rigidisierung' und Zentralisierung der Kontrolle werden auch 'Diskontinuitäten' und 'Informationsverzerrungen' beobachtet, die das Bild eines 'formal-rational' durchdrungenen Arbeitsprozeß brüchig werden lassen. Hier wird die Komplexität und Intransparenz des Gegenstandes erahnbar, die in den gängigen Interpretationsschemata nicht mehr begrifflich gemacht werden können.

Zudem läßt sich gerade im Zuge des Einsatzes der neuen Technik eine Art 'Renaissance' der industriesoziologischen Frage nach dem Subjekt im Arbeits- und Produktionsprozeß erkennen, wobei damit allerdings deutlich von älteren industriesoziologischen 'Bewußtseinstudien' Abstand genommen wird[42]. Man betont, daß

Zwangsläufigkeit und mit jeweils gesondert zu erklärender Zeitverschiebung weltweit durchsetzen" (Lutz/Schmidt 1977, 105).

42 Der Subjektbezug in der Industriesoziologie hat sich heute weitgehend von der Vorstellung eines einheitlichen und durchgängigen, klassenspezifisch ausgeformten Bewußtseins gelöst. Der Arbeiter trägt, dies ist seit den 60er Jahren bekannt (vgl. Goldthorpe u.a. 1968, 1969), keineswegs unvermittelt die 'ganze Last der bürgerlich-kapitalistischen Despotie'. Er entwickelt spezifische Einstellungen zur Arbeit und er ist in der Lage, sich auf die 'objektiven' technisch-organisatorischen Gegebenheiten entsprechend seiner vorrangigen Interessen einzustellen. Man mag die hier entstehenden Subjektivismen als 'Verbürgerlichung' (Schelsky 1965), als 'Instrumentalisierung' (Goldthorpe u.a. 1968) kennzeichnen, in jedem Fall wird die Vorstellung, daß sich technisches Handeln direkt und umstandslos auf das subjektive Bewußtsein niederschlägt, relativiert. Mehr noch: Es lassen sich Tendenzen ausmachen, die in marxistisch orientierten

'Fragen nach der 'Subjektivität' der Arbeitenden gegen das Mißverständnis zu sichern sind, es würde erneut ein 'klassenbewußtes', mit sich identisches 'Subjekt' unterstellt' (vgl. Lüdtke 1986, 104)[43]. Die Handlungspotentiale von Arbeitnehmern erschöpften sich nicht im *Durchsetzen* von Interessen qua politischer Verhandlung, sondern auch durch die explizite Zurücknahme von Interesse, Engagement und 'Arbeitswilligkeit'. Lüdtke (1986, S.104) macht deutlich, daß die 'Subjektivität' im Arbeitsprozeß nicht einfach als ein konkretes arbeits- und aufgabenbezogenes Handeln und Erleben umfaßt, daß vielmehr auch „die gesellschaftlich wie herrschaftlich abgedrängten Wünsche und Strebungen, Ängste und Unsicherheiten" für das Handeln der Arbeitenden im Betrieb prägend sind. In seinem Rückblick auf die Anfänge der modernen Industriearbeit zeigt Lüdtke (1986, 122): "Nicht nur Beharrlichkeit und Standfestigkeit, sondern auch Wandlungsfähigkeit prägte die tägliche Überlebenssicherung am Arbeitsplatz". Damit ist ein Arbeitsleben charakterisiert, daß sich von den tradierten Bildern proletarischer Solidarität und Würde unterscheidet. Quasi zwischen den Zeilen deutet sich an, daß es auch auf Seiten der Arbeiter um die Nutzung von subtilen Einflußmöglichkeiten, wenn nicht der Täuschung und Machtausübung geht. Hiermit öffnet sich der Blick für die Vorstellung des Betriebs als einem 'Kampffeld', das über die sozialen Verhältnisse der gewerblichen Produktion hinausgreift bzw. in lebensweltliche soziale Verhältnisse hineingreift. Die Konzeption des Arbeitszusammenhangs als ein *Netz ineinandergreifender unterschiedlicher Handlungsorientierungen* macht es entsprechend schwieriger, ihn nach theoretischen Vorgaben begrifflich zu zerlegen. Vielmehr erfordert eine Beschreibung des Handlungsnetzes eine besondere 'Nähe' zum Gegenstand, der die Begriffe seiner Beschreibung selbst mitliefert (vgl. Lüdtke 1986, 107).

Über den neuen Subjektbezug industriesoziologischer Forschung kann deutlich gemacht werden, daß die Organisationswirklichkeit keineswegs im Spannungsfeld von Kapital und Arbeit 'fixiert', sondern immer auch durch die - prinzipiell nicht vorhersagbare - subjektive Aneignung und Verwendung von Technik charakterisiert ist. Diese, heute scheinbar unumgänglich gewordene, Erweiterung des industriesoziologischen Interpretationsrahmens durch eine 'alltagstheoretische' Perspektive (vgl. Neuendorff/Sabel 1977, Alheit 1983, Thomssen 1980) in der industriesoziologischen Forschung[44] trägt dazu bei, bislang kaum berücksichtigte Phänomene im Betrieb auffindbar zu machen, die das Verhältnis von Technik und Arbeit in entscheidender Weise beeinflussen. Zwar gibt auch das Zugeständnis subjektiver Orientierungen, Aneignungs- und Verwendungsformen von Technik die Vorstellung

---

Interpretationsschemata nicht mehr eindeutig verortet werden können, etwa in Form des 'neuen Arbeiters' (Hörning 1971).
43 Es erstaunt, daß eine solche Abgrenzung an dieser Stelle überhaupt vorgenommen wird. Seit der Entwicklung des sogenannten 'Deutungsmuster-Ansatzes' (vgl. Neuendorff 1980) sollte es hinreichend bekannt sein, daß die 'Subjektivität' von Arbeitnehmern im Verweis auf ein 'Klassenbewußsein' keineswegs hinreichend differenziert beschrieben ist.
44 Unübergehbar geworden ist die mit der neuen Technik ermöglichte Vielgestaltigkeit des Arbeitens sowie der durch gesellschaftliche Pluralisierung und Individualisierung geförderte Bedeutungsverlust der Arbeit gegenüber anderen Lebensbezügen im individuellen Lebensentwurf (vgl. Offe 1983).

von Technik als einem 'kapitalistischen' Instrument und Mittel nicht auf, doch erscheint sie nicht mehr ausschließlich als eine 'Schranke' menschlichen Handelns im Betrieb, sondern auch als Ansatzpunkt für die Explikation von subjektiven Handlungsinteressen.

Eine - zumindest enthnologisch inspirierte - Sicht- und Herangehensweise, wie sie hier vorgeschlagen wird, erweitert den Blick der industriesoziologischen Forschung um den Aspekt der 'Eigen-Sinnigkeit' betrieblicher Wirklichkeit. Eine solche Beschreibung kann beispielsweise zeigen, daß es den Arbeitern nicht ausschließlich um entweder individuelle oder kollektive Interessendurchsetzung geht, daß formalisierte und organisierte Interessen, namentlich die des Kapitals, nicht per se 'bessere' Durchsetzungschancen haben und daß Versuche, durch Arbeitszerlegung, Taktfertigung (wir können hinzufügen: Informatisierung, Vernetzung) die Intensität der Arbeit zu steigern, nicht zwangläufig die Möglichkeiten der Kontrolle und Ausbeutung steigern bzw. nicht zwangsläufig zur Unterordnung oder zum Widerstand der Arbeiter führen. M.a.W. es wird möglich, zu sehen, daß die empirisch erfahrbare Realität anderen 'Reproduktionsprinzipien' folgt, als es die Theorie vorgibt (vgl. Hack 1987). Hier aber wird der industriesoziologischen Forschung der lange Zeit als gesichert geltende 'Boden' entzogen: So wie die 'Objektivität' des Gegenstandes industriesoziologischer Technik- und Organisationsforschung fragwürdig wird, so gerät auch der industriesoziologische Anspruch subjektunabhängige, 'objektive' Beschreibungen der technisierten Organisationswirklichkeit liefern zu können, ins Wanken. Die Wirklichkeitsbeschreibungen der Industriesoziologie werden spätestens dort, wo das Subjekt und seine Handlungspotentiale in den Blick geraten, als theoriegeleitete *Bilder der Organisationswirklichkeit* bemerkbar, die eben nicht mit der Realität selbst zu verwechseln sind. Wie aber ließe sich ein solches Zugeständnis an das eigene, wissenschaftliche Konstruieren des Gegenstandes erkenntnistheoretisch noch begründen?

Wir haben in den vergangenen Abschnitten aufgezeigt, wie die Technik in Arbeitsorganisationen in der Industriesoziologie beobachtet und beschrieben wird. In weiten Teilen der Industriesoziologie gilt auch die neue Technik in Arbeitsorganisationen als ein Arbeitsmittel, das in der Tradition industriegesellschaftlicher Rationalisierung zu begreifen, mithin immer auch als Herrschafts- und Kontrollinstrument anzusehen ist. Entsprechend rücken bei der Beshcreibung des Einsatzes der neuen technik üblicherweise Fragen nach Managementstrategien, Arbeitsbeziehungen, Organisationsformen sowie deren Auswirkungen auf die Beschäftigten, die Techniknutzer, in den Mittelpunkt. Im Ergebnis wird dann entweder eine Kritik der Technik als einem neuen Herrschafts- und Kontrollinstrument in den Händen des Managements vorgelegt oder man stellt speziell die neue Technik als Ansatzpunkt für mögliche organisatorische Umorientierungen und die Eröffnung neuer Autoniomie- und Handlungsspielräume für die Beschäftigten heraus.

Diese Interpretation wird unter dem Eindruck der neuen Technik zunehmend in ihren Begrenzungen erkennbar. Wir konnten aufzeigen, daß die Einengung des industriesoziologischen Interesses auf den Produktionsprozeß und die Produktionstechnik angesichts der Bedeutungsverschiebungen des Arbeitszusammenhangs von einem stofflich bestimmten zu einem informations- und kommunikationsverarbeitenden Geschehen an Plausibilität verliert. Weiterhin konnte deutlich gemacht werden, daß die Kennzeichnung der neuen Technik als 'rationales', 'kapitalistisches' Instrument und Mittel die mögliche Formen- und Verwendungsvielfalt der Technik sowie ihre Vernetzungspotentiale kaum hinreichend abzudecken vermag und daß die Konzentration der industriesoziologischen Forschung auf die Identifikation von Technikfolgen der spezifischen 'Offenheit' der neuen Technik hinsichtlich ihrer Einbindung in den Arbeitszusammenhang nicht mehr gerecht wird. Schließlich schält sich in der Auseinandersetzung mit der Art und Weise, wie die Industriesoziologie die Technik in Arbeitsorganisationen behandelt, heraus, daß man hier von einer, im Spannungsfeld von Kapital und Arbeit angelegten Organisationswirklichkeit ausgeht. Damit verlagert sich die Aufmerksamkeit auf 'gegebene', 'objektiv' erkennbare und - für den wissenschaftlichen Beobachter - durchschaubare Strukturen und politische Prozesse, wohingegen die Dynamik , ja sogar 'Eigen-Sinnigkeit' des alltäglichen Geschehens in Arbeitsorganisationen zumindest in den 'klassischen' industriesoziologischen Absätzen nur unzureichend berücksichtigt wird. Gerade hier aber, so scheint es, vollziehen sich bislang ungesehene mikrosoziologische Prozesse, die für das 'Wie' der Ausformulierung der Organisiatiosnwirklichkeit von entscheidender Bedeutung sein können.

Selbst in der Industriesoziologie melden sich seit einiger Zeit Stimmen, die die Begrenzungen der industriesoziologischen Interpretation des Technikeinsatzes herausstellen. Man betont, daß die eingefahrenen industriesoziologischen Absätze nicht mehr ausreichen, um die Besonderheiten und Effekte des Computereinsatzes angemessen erfassen zu können. Hierzu zählen insbesondere die informationstechnische Vernetzung der Arbeitsorganisation zu einem komplexen Netzwerk von Information, Kommunikation und Produktion sowie die Vielfalt von mikropolitischen Auseinandersetzungen und Kommunikationsbeziehungen, die beim Einsatz der neuen Technik zutage treten (vgl. Ortmann u.a. 1990). Mehr noch: angesichts einer 'komplex und unüberschaubar' gewordenen Arbeits- und Organisationswirklichkeit (vgl. Kap. I,5, Bardmann/Franzpötter 1990, 425) werden die Interpretationsdefizite der Industriesoziologie als theoretisch begründete (vgl. Rammert 1992a, 30), mithin als *selbst produzierte* 'Dark Stars' (Ortmann 1994) erkennbar. Damit aber, stellt man heraus, laufe die industriesoziologische Forschung Gefahr, Umbrüche und Umorientierungen sowohl in den Betrieben wie auch in der betrieblichen Umwelt vorschnell in einer Weise zu thematisieren, in der es dann nur noch um die Stilisierung erwarteter Effekte in Szenarien sowie um die Hochrechnung der positiven wie negativen Effekte der neuen Informationstechniken gehe (vgl. Rammert 1990a). Es zeichnet sich ab, daß sich die neue Technik nicht nur ihren Benutzern, sondern auch ihren wissenschaftlichen Beobachtern als ein 'schwer zu fassender' Gegenstand in den Blick stellt (vgl. Esposito 1993, 338).

Vor diesem Hintergrund ist die Notwendigkeit für eine theoretische Neuorientierung der soziologischen Analyse von Technik in Arbeitsorganisationen angezeigt. Möglichkeiten für eine veränderte soziologische Bearbeitung des Themas Technik und Organisation sollen im Folgenden ausgelotet und vorgestellt werden. Hierzu wenden wir uns zunächst an die Technisoziologie und fragen nach, wie die Technik hier theoretisch begründet und begrifflich entfaltet wird.

III. Technik in der Techniksoziologie

In den letzten 10 Jahren - beinahe zeitgleich mit der zunehmenden Verbreitung und vereinfachten Zugänglichkeit der neuen Technik, vor allem durch die Einführung des Computers (PC) - hat sich neben der Industriesoziologie eine weitere soziologische Thematisierungsrichtung etabliert, die Technik als ihren zentralen Gegenstand herausstellt: die Techniksoziologie. Im Unterschied zur 'gesellschaftsfernen' Auseinandersetzung mit Technik in den Ingenieur- und Technikwissenschaften wie auch im Kontrast zu den indsutriesoziologischen Engführungen des Technikthemas, stellt sich die Techniksoziologie als die soziologische Teildisziplin vor, die sich speziell mit der sozialen Dynamik der technischen Entwicklung befaßt" (Rammert 1993, 9, vgl. Weingart 1989). In ihrer Kritik an den 'technologischen' technik- und ingenieurwissenschaftlichen wie auch an den 'technikdeterministischen' Ansätzen der Industriesozoiologie betonen Techniksoziologen die Notwendigkeit für eine erweiterte Analyseperspektive, die das empirisch beobachtbare breite Spektrum von Technisierungsprozessen aufzunehmen vermag. Hierzu richtet sich das Forschungsinteresse nicht nur auf die Auswirkungen von technischen Neuerungen auf menschliches Handeln und soziale Zusammenhänge. Es geht auch und vor allem um die Analyse der *sozialen und kulturellen Grundlagen* für die Entwicklung von technischen Verfahren und Artefakten.

Ihr hervorgehobenes Interesse an den soziokulturellen Entstehungsbedingungen und -kontexten übernimmt die Techniksoziologie von der sogenannten soziologischen 'Technikgenese-Forschung', wie sie in den 80er Jahren durch die Textsammlungen von Bijker u.a. (1987) und MacKenzie/Wajcman (1985) angeregt wurde (vgl. auch: Bijker/Law 1992, Bijker 1995). Aktuell werden in der Techniksoziologie auch die Bezüge zu den 'radikaleren' Ansätzen einer 'konstruktivistischen Wissenschaftssoziologie', wie sie etwa von Knorr-Cetina (1984), Knorr-Cetina/Mulkay (1983) und Latour (1987) vertreten wird, hervorgehoben (vgl. Joerges 1995). Wie in der Techniksoziologie der Gegenstand konzipiert und entfaltet wird, ist im Folgenden vorgestellt.

1. Plurale Strukturlogiken

Als eine soziologische Teildisziplin betrachtet die Techniksoziologie ihren Gegenstand mit Bezug auf soziale Zusammenhänge, letztlich: Gesellschaft. Dabei bezieht sie sich jedoch nicht - wie in der Industriesoziologie üblich - auf das von Karl Marx vorgestellte Bild einer kapitalistischen Gesellschaft, in der die Technik im ökonomischen Widerspruch von Kapital und Arbeit erscheint. Diesem Bild von einer gesellschaftlich bedingten, speziell auf der Basis ökonomisch-rationaler Nutzenerwägungen entwickelten und eingesetzten Technik, gesteht man zwar eine besondere Bedeutung für die Techniksoziologie zu[45], doch bemekt man auch, wie das Marxsche Gesellschafts- und Technikverständnis aufgrund seiner Dominanz in der Soziologie die Herausbildung einer eigenständigen Techniksoziologie lange Zeit behindert hat (vgl. Rammert 1994, 76).

Die Notwendigkeit für eine verändertes Verständnis von Gesellschaft, das der soziologischen Thematisierung von Technik zugrundegelegt wird, macht Hörning (1985) deutlich. Er stellt heraus, daß die in der Industriesoziologie, wie in der gesamten Kritischen Soziologie aktivierte Vorstellung von Gesellschaft eine scharfe Trennlinie zwischen einer politisch-ökonomischen Handlungsrationalität auf der einen und einer kommunikativ-verständigungsorientierten Rationalität auf der anderen Seite vorsieht[46]. Diese 'Teilung der Welt' führe letztlich zu "einer *eindimensionalen* Sichtweise, nach der der soziale Alltag von hochformalisierten 'sozio-technischen Systemen' überwältigt und mittels Monetarisierungs-, Bürokratisierungs,- Verrechtlichungs- und Technisierungsprozessen zunehmend unentrinnbar und unwiederbringlich seines 'lebensweltlichen Zaubers' beraubt wird und dabei unter der Kolonialherrschaft der ökonomisch-politischen 'Megamaschine' erstickt und verödet" (Hörning 1985, 15)[47]. Gegen diese Vorstellung von einer gesellschaftlich dominierenden Logik der Kapitalverwertung, Herrschaft und Kontrolle setzt die Techniksoziologie die Vorstellung der Verwobenheit von 'System' und 'Lebenswelt' sowie von Technik und Sozialem. Man betont insbesondere auch mit Blick auf die Organisationswirklichkeit, daß das 'System' immer auch Lebensverhältnisse einschließt, wie umgekehrt in der 'Lebenswelt' immer auch rationales Handeln und Machtbeziehungen eine Rolle spielen. Entsprechend erscheint die Technik sowohl als ein Moment der Beeinflussung und Formung sozialer Verhältnisse wie auch als ein durch vielfältige soziale Prozesse beeinflußtes und geformtes Artefakt.

Das Aufbrechen des lange Zeit gepflegten 'Mythos der getrennten Welten' (Hörning 1985, 19) eröffnet der soziologischen Technikforschung neue Möglichkeiten, nach den Plausibilisierungen und 'Rationalisierungen' zu fahnden, mit deren Hilfe Technik entwickelt, erzeugt und in soziale Zusammenhänge integriert wird. Dabei lassen manche Techniksoziologen keinen Zweifel an dem deutlichen Zweifel, den sie hinsichtlich der Möglichkeit, die wirklichen Verläufe technischer Entwicklungen aus einer - wie auch immer gearteten - gesellschaftlichen Strukturlogik heraus ableiten zu können, hegen. Die Frage nach den gesellschaftlichen Strukturen, die die Technikentwicklung bedingen, limitieren oder gar determinieren könnten, wird stattdessen als eine empirisch zu klärende Fragestellung begriffen. Es wird m.a.W.

---

45 Rammert (1994, 86 ff.) erinnert in diesem Zusammenhang an solche techniksoziologischen Ansätze, die Technikentwicklung auf zugrundeliegende, gesellschaftlich herrschende 'Logiken' zurückführen (vgl. Noble 1984, Ullrich 1977) oder auch an solche Ansätze, die die Arenen der Machtmobilisierung und die vielfältigen mikropolitischen Prozesse bei der Technikentwicklung in den Mittelpunkt rücken (vgl. etwa Kitschelt 1980).

46 In der Kritischen Theorie à la Habermas ist die Zweiteilung auch durch die Begriffe von 'System' und 'Lebenswelt' gekennzeichnet.

47 Ein Beispiel für eine solche Sicht auf die 'Technisierung' des Alltags liefern, wenn auch nicht in dieser Schärfe, Biervert u.a. (1991).

eine 'geschichtliche Offenheit' (Rammert 1994, 80) für verschiedene Entwicklungsmöglichkeiten der Technik unterstellt, die es erlaubt, nach den tatsächlichen ökonomischen und politischen Konstellationen, nach den sozialen Konfigurationen und kulturellen Konzepten zu fahnden, die die technische Entwicklung orientieren und prägen (vgl. Halfmann 1984, Hack/Hack 1985, Krohn/Rammert 1985, Mayntz 1991). Man betont, daß der „technische Fortschritt weder von einer Strukturlogik noch von einem sozialen Akteur gesteuert wird" und daß davon auszugehen ist, daß eine Vielzahl technischer Entwicklungen in den Steuerungscodes der funktional differenzierten Teilsysteme Wirtschaft, Politik und Wirtschaft geformt wird, wobei speziell „Organisationen als strategische Orte, in denen die jeweiligen Codes zur Geltung gebracht werden," angesehen werden (Rammert 1992b, 17, vgl. Asdonk u.a. 1994).

Insbesondere die kulturtheoretisch orientierte Techniksoziologie, wie sie von Hörning (1988, 1989) vertreten wird, schlägt eine andere Blickrichtung ein. Ihr geht es nicht so sehr um die Frage nach dem „sozialen Ort der Erzeugung, den dort vorherrschenden Orientierungen und nach der kognitiven und institutionellen Ausdifferenzierung technischen Handelns" (Rammert 1994, 80), sondern vielmehr um Fragen der Aneignung von und dem Umgang mit technischen Artefakten in verschiedenen, zumeist alltagsweltlichen sozialen Zusammenhängen. In dieser Perspektive wird der gesellschaftlich wie kulturell bedingte Charakter der Technik hervorgehoben, womit die vielschichtigen, pluralen Strukturlogiken der modernen, funktional differenzierten Gesellschaft stärker in den Blick gerückt werden (vgl. auch: Rammert 1992a). Herausgestellt wird, daß die Hervorbringung und der Umgang mit Technik nicht nur auf 'systemspezifische Steuerungscodes' verweisen, sondern durchdrungen sind von menschlichen Beiträgen, d.h. von Absichten, Bedeutungszuschreibungen, Bewertungen u.ä.m. Sie lassen sich nicht auf funktionale, rationale und/oder ökonomische Sinnsetzungen reduzieren. Vielmehr verweisen die menschlichen Beiträge zur Technik auf vielfältige Sinnbezüge im jeweiligen Entstehungs- und Verwendungskontext (vgl. Hörning 1988). Die Technik gibt in diesem Verständnis ihre soziale Bedeutung nicht eindeutig vor, sondern gewinnt sie erst durch vielfältige, 'kreative Praktiken' (vgl. Pacey 1983), durch individuelle Aneignungs- und soziale 'Kultivierungsprozesse'.

Von hier aus richtet sich der Blick konsequent auf die in der Industriesoziologie bislang vernachlässigten Prozesse der kulturell verfaßten, *interaktiven Auseinandersetzung mit der Technik*. Damit öffnet sich der Blick vor allem auch für die irreduzible Interpretationsabhängigkeit von Technik. Die Technik erscheint als ein kulturell bedingtes, mittels Deutung und Interpretation geformtes Artefakt. Technik, so betont man, verkörpert eine Vielzahl an sozial-kommunikativen Voraussetzungen, Aushandlungs- und Interaktionsprozessen, Interessen- und Wertkonflikten, Markt- und Machtkalkülen etc. (vgl. Weingart 1989, 9). Insofern ist die Technik weder nur als Instrument oder Mittel, noch allein als das manifeste Resultat 'technischen Handelns' zu begreifen. Die Technik ist vielmehr ein Artefakt, dessen Existenz in dem komplexen Bedeutungsgewebe 'Kultur' begründet ist[48], Technik ist ein soziales Konstrukt.

2. Technik als soziales Konstrukt

In ihrer Argumentation für ein erweitertes Technikverständnis beziehen sich Techniksoziologen zumeist auf den Umstand, daß sich - im Unterschied zur betrieblichen Techniknutzung - im außerbetrieblichen Alltag Nutzungsweisen der neuen Technik entwickelt haben, die zeigen, daß die bis weit in die 80er Jahre auch von einigen Techniksoziologen vertretene These von einem durchgreifenden, d.h. betriebliche wie außerbetriebliche Kontexte erfassenden Technisierungs- und Rationalisierungsprozeß (vgl. etwa Joerges 1988), empirisch nicht abgedeckt ist. Statt dessen geht man davon aus, daß mit der neuen Technik zugleich neue Möglichkeiten der Wirklichkeitsaneignung eröffnet werden, die sich wiederum in veränderten sozialen Orientierungen und Ansprüchen niederschlagen können. Hiervon ausgehend plädiert man in der Techniksoziologie für die empirische Erforschung von Verwendungsgewohnheiten und -routinen, in denen sich die jeweils 'faktische' soziale Bedeutung der Technik erst profiliert. Dabei verändert sich zugleich das zugrundeliegende Technikverständnis. Technik wird nicht länger als eine, vom Sozialen wohlunterschiedene Sache begriffen, deren Sinn immer schon festgelegt ist, sondern sie wird als ein soziales Phänomen formuliert, das auf die zentrale, weil sinngebende Bedeutung des deutenden und handelnden Subjekts verweist (vgl. Winter/Eckert 1990, 13 ff.).

Diese Sichtweise wird vor allem in der kulturtheoretisch orientierten Techniksoziologie entfaltet. Hier richtet sich die Aufmerksamkeit zunächst auf die soziokulturellen Sinn- und Bedeutungsstrukturen, die Interpretations- und Bewertungsschemata moderner westlicher Industriegesellschaften, die ein besonderes Verhältnis zur Technik entwickelt haben. Technik ist "zentraler Bestandteil einer 'interpretativen Ordnung', der 'Kultur der technischen Rationalität', die die Interpretations- und Bewertungsmuster des 'modernen Menschen' formt. Technische Geräte und Aggregate sind damit grundsätzlich 'Kulturobjekte', sie sind Ausdruck von und Träger für kollektive Wertvorstellungen, sie wirken selbst an kulturspezifischen Stilprägungen mit und befördern Weltbilder" (Hörning 1985, 28 f.). Damit ist deutlich gemacht, daß Technik zwar im Kontext ökonomischer und politischer Ordnungsprozesse virulent wird, doch sind diese wiederum als Ausschnitte einer Kultur zu denken, die ihnen eine zentrale Bedeutung beimißt. In diesem kulturell eingelebten Welt- und Wirklichkeitsverständnis tritt die Technik als dessen Produkt in Erscheinung. Aufgabe der Forschung ist es nun, den subjektiven, normativen und kulturellen Bedeutungen nachzuspüren, die in das Artefakt Technik einfließen und durch sie vermittelt wer-

---

48 Dies begründet - quasi als nichtintendierte Nebenfolge - nicht zuletzt eine empirische Forschung, die diese Erweiterung der techniksoziologischen Sicht wiederum stark engführt und nach den die soziokulturellen 'Faktoren' und 'Bedingungskonstellationen' des Technikumgangs fragt (vgl. Kubicek/Seeger 1993).

den. Es geht um die Herausarbeitung der 'kulturellen Codierungen' der Technik, die ihrerseits an der Formung sozialer Zusammenhänge mitwirken (vgl. Hörning 1985, 32). Mit dieser Konzeption bleibt die Frage nach der Funktionsweise der Technik zunächst offen. Vielmehr bleibt es den Mitgliedern einer jeweiligen Kultur überlassen, Technik für sich auszuformen, ihr Sinn und Bedeutung zuzuordnen. Technik erscheint als funktionierendes 'Ding' im Sinne eines unpezifischen, sozial noch nicht ausgedeuteten Phänomens, das erst durch seine Benutzung in den verschiedenen Handlungskontexten eine soziale und das Soziale strukturierende Bedeutung gewinnt (vgl. Hörning 1989, 90).

Angemerkt sei, daß in dieser Sichtweise die Vorstellung der Determination subjektiven Verhaltens durch Technik nicht einfach ausgeschlossen wird, sondern neu 'gelesen' werden kann, und zwar als eine Interpretation des Verhältnisses von Technik und Sozialem, die wiederum Resultat eingeschliffener kultureller Deutungs- und Interpretationsprozesse ist. Als der Typus von Dingen, der das Erscheinungsbild der modernen Gesellschaft dominiert, sowohl im Sinne seiner materiellen Herstellung und Verwendung als auch im Sinne der technikbezogenen Selbst- und Weltdeutungen, kann die Technik auch, aber keineswegs nur als der Anknüpfungspunkt für Konstruktionen herausgelesen werden, die die Bedrohung der Vorrangstellung des Subjekts als 'Träger' der gesellschaftlicher Wirklichkeit durch ein Primat der Technik betonen. In diesem Verständnis bietet die Technik selbst keine hinreichenden Plausibilitäten für Welt- und Wirklichkeitsdeutungen mehr. Die empirisch zu beobachtende Rede von der 'Bedrohlichkeit' der Technik ist demnach keine Bestätigung solcher Interpretationen, die immer schon einen technologischen Determinismus zugrundelegten. Vielmehr ist sie als Indiz für einen gesellschaftlich-kulturellen Umbruch zu lesen, innerhalb dessen das Subjekt auf seine zentrale Bedeutung als Wirklichkeitskonstrukteur drängt. Es geht m.a.W. um eine soziokulturell begründete Neugewichtung des Verhältnisses von Mensch und Technik, innerhalb dessen der Mensch bzw. das Subjekt nicht mehr - wie in der Vergangenheit - an der 'vollkommenen' Technik zu messen ist, sondern umgekehrt, in dem sich die Technik am Menschen und seinen Möglichkeiten, die Dinge zu erfinden, zu verwenden, ihre Folgenvielfalt zu kontrollieren bemessen lassen muß.

In einer Gesellschaft, in der die technischen Dinge als entscheidende Faktoren gesellschaftlicher und kultureller Entwicklung auftreten, kann, so die These, die Technik nicht mehr unabhängig von den sie formulierenden und formenden Subjekten gedacht werden. Vielmehr muß von der wechselseitigen Beeinflussung von technischen Artefakten und subjektiven Deutungs- und Interpretationsweisen ausgegangen werden. In dem Fokus rückt ein Wechselverhältnis menschlicher und technischer 'Absichten', das in der Form einer infiniten Relation gedacht werden muß. D.h. weder ist davon auszugehen, daß die an die Technik herangetragenen Zwecksetzungen umfassend identifiziert werden könnten - im Gegenteil: "die Technizität und Multifunktionalität der Dinge treibt die Zwecke ins 'Uferlose'" (Hörning 1989, 92), noch kann gesagt werden, wie die Dinge auf die Menschen wirken. Neben den 'offensichtlichen' Wirkungen, wie etwa die Beschleunigung von Prozessen, die Definition und Restriktion von Handlungsmöglichkeiten, sind immer auch subtilere Wirkformen zu berücksichtigen, so etwa Ritualisierungen und Kultivierungen des Handelns oder die Ausformung normativer Orientierungen, die im alltäglichen Leben weitgehend implizit reproduziert werden. Insofern wird es plausibel zu behaupten, daß die Technik weit mehr als nur 'verdinglichte' Funktionalität darstellt. Sie bezeichnet vielmehr einen Typus von Dingen, der die Reproduktion kultureller Ausformungen antreibt, der zu neuen Interpretationen und Imaginationen anregt und mithin die gesellschaftliche Selbst- und Weltdeutung zu verändern vermag.

Die Vorstellung von Technik als Mittel wie Mittler gesellschaftlicher und kultureller Interpretationen, Orientierungen, Werte etc. gewinnt an analytischer Schärfe, wenn der Dingcharakter der Technik differenzierter betrachtet wird. Technische Dinge sind von Menschen gemacht, sie sind erfundene, erschaffene, erzeugte Produkte, genauer: Artefakte. Artefakte verweisen auf mehrere Bedeutugungsebenen, auf technische Verfahren, auf Wissen und schließlich auf technische Objekte. Die soziologische Betrachtung technischer Dinge bezieht sich damit, wie der Begriff des Dings vielleicht vermuten läßt, nicht ausschließlich auf das materielle Substrat, sondern bezieht den "materiell-operationalen Kern" der Technik als einen Bezugspunkt unter anderen ein (vgl. Hörning 1989, 93 f.).

Technik wird damit in einen Analysezusammenhang gestellt, der den Bedeutungen und Implikationen der Technik im Kontext der Technikherstellung und -verwendung wie auch im Kontext des Fremd- bzw. Vertrautseins mit Technik nachspürt[49]. Damit ist zugleich den Vorstellungen 'beliebiger' und der Annahme 'determinierter' Technikdeutungen Einhalt geboten. Die Technik erscheint als ein geformtes, doch kulturell immer wieder neu zu überformendes soziales Konstrukt.

3. Die Verschiedenheit der Technik

Soweit die Technik als ein soziales Konstrukt begriffen wird, das seinen Sinn und seine Bedeutung erst durch soziale Prozesse erhält, stellt sich für Techniksoziologen die spannende Aufgabe, den Umgang mit den technischen Dingen in unterschiedlichen Handlungskontexten zu beobachten[50] und hieran nachzuvollziehen, wie alltäglich Bedeutungsstrukturen generiert und reproduziert werden, in denen die Technik erscheint, und wie die interpretierte Technik wiederum die Herausbildung von Handlungsorientierungen und -strategien, kulturellen Praktiken sowie speziellen technikbezogenen 'Subkulturen' mitbestimmt.

---

49 Beide Kontexte orientieren die Beobachtung der sozialen Konstruktion von Technik in bestimmter Weise: Während der Herstellungs- und Verwendungskontext einen limitierenden Rahmen dessen, was technisch möglich ist anspricht, verweist der Kontext der Fremd- bzw. Vertrautheit mit Technik auf subjektive Deutungen, Interpretationen, auf individuell erzeugte wie erworbene und eingeschliffene Routinen, Haltungen und Orientierungen im Umgang mit Technik.

50 Eine richtungsweisende Studie hierzu legte in den 80er Jahren vor allem Sherry Turkle (1984) vor, indem sie verschiedene kulturelle 'Rahmungen' und Stile des Umgangs mit Computern herausarbeitete, in denen jeweils unterschiedliche Weltsichten und Orientierungen zum Tragen kommen.

So etwa zeigen Eckert u.a. (1991) in ihrer Studie über 'Computerfreaks', daß sich jenseits von vorformulierten Machtstrukturen und Handlungsrationalitäten Umgangsweisen mit dem Computer herausschälen, die wiederum zur Herausbildung von 'Spezialkulturen' beitragen. Diese 'Spezialkulturen' bezeichnen 'spezialisierte' Teil-Kulturen in einer, sie umfassenden 'Gesamt-Kultur', deren Mitglieder durch eine gemeinsam geteilte Haltung zur Technik (z.B. die 'Liebe' zum Computer) charakterisiert sind. Auf dieser 'Folie' kommt es zu zum Teil höchst differenziellen Nutzungen und Ausformulierungen der Technik. Wetzstein u.a. (1995, 14 f.) resümieren in ihrer Folgestudie die Ergebnisse der Computerstudie von Eckert u.a. (1991) wie folgt:

> „Der Rechner ist nicht bloß ein technisches Gerät, mit dem bestimmte Aufgaben effizient gelöst werden können. Für einen Computerfreak ist er der Schlüssel zu einer besonderen Sinnwelt. Computerfreaks betreten aber nicht alle die gleichen Welten. Vielmehr erlaubt der Computer die Herausbildung von sehr unterschiedlichen Spezialkulturen: Hacker sind in ihrem Selbstverständnis nach vor allem am technisch Machbaren in bezug auf den Rechner interessiert. Innerhalb der Hackerkultur finden sich unterschiedliche Spezialisierungen: z.B. politisch motivierte Hacker oder auch die 'Cybernauten', bei denen sich eine bestimmte Form von Science-Fiction-Begeisterung mit dem Computer verbindet. Für Programmierfreaks eröffnet der Computer die Möglichkeit, ständig etwas Neues zu schaffen. In der symbolisch abgeschlossenen Welt des Programms entstehen imaginäre Handlungsspielräume, denen die Programmierer ihr individuelles Siegel aufprägen. Der sichere und kompetente Umgang mit logischen Strukturen vermittelt ihnen zudem ein Erlebnis innerer Stärke. Programmieren ist also nicht nur emotionsloses, kühles und logisches Handeln, sondern Herausforderung und Maßstab für die eigene Kreativität. Eine Subwelt spezialisierter Programmierfreaks sind die Cracker- und Demo-Szenen. Die Cracker, bislang nur bekannt als diejenigen, die die Kopiersperren von Programmen durchbrechen, sind häufig hochqualifizierte Programmierer. Ihnen geht es jedoch nicht nur um das bloße Cracken (= Knacken) eines Programms, sondern zusätzlich um ein ästhetisches Surplus. Als Beweis für ihre Leistung kreieren sie graphisch und soundtechnisch anspruchsvolle 'Intros', die als eine Art Erkennungszeichen vor das eigentliche Programm kopiert werden. Daneben spielt der indirekte Wettbewerb mit den Programmierprofis der Softwareindustrie, aber auch die Konkurrenz zwischen verschiedenen Crackergruppen eine Rolle."

Die Computernutzer erscheinen hier kaum mehr nur als 'Anwender' einer 'funktionierenden Technik', sondern sie stellen sich und die Technik, die sie benutzen, in ausgefallene, exotische sowie kriminelle und 'anarchische' Bedeutungskontexte. So betreten als Techniknutzer Typen, wie 'Datendiebe', 'Spione', 'Informationshändler' und 'Saboteure' das Feld soziologischen Interesses (vgl. Eckert u.a.

1991)⁵¹. Stärker an sozialstrukturellen Gegebenheiten orientiert zeigen ebenso Rammert u.a. (1991) sowie Böhm und Wehner (1988) die Entwicklung von unterschiedlichen, kontext- bzw. milieuspezifischen computerbezogenen Handlungs- und Orientierungsmustern. Der Umgang mit der Technik, dies zeigen die genannten Studien, ist nicht durch die Technik selbst vorgegeben. Technik wird vielmehr „in den verschiedenen Kontexten ganz unterschiedlich genutzt, gedeutet und in das eigene Leben integriert. Menschen gebrauchen [...] technische Artefakte [...] entsprechend ihren Interessen und interpretieren sie 'eigensinnig', Dadurch gewinnen die Dinge ihre spezifische Bedeutung" (Wetzstein u.a. 1995, 13).

Den empirischen Untersuchungen zu kulturellen Einbindung und 'Überformung' der Technik kommt nicht zuletzt die rasante Entwicklung und Verbreitung der neuen Technik entgegen. So etwa stellen Wetzstein u.a. (1995) die noch relativ neue Technik der Computernetzwerke in den Mittelpunkt ihrer Untersuchung und zeichnen nach, wie sich hier zum einen spezifische Nutzungsformen der Kommunikation in und mittes Computernetzwerken herausschälen. Bereits an den Inhalten und Themen, die in Computernetzwerken behandelt werden, können etwa 'politisch motivierte Akteure', sowie die Entstehung neuer Interessengruppen und Initiativen 'abgelesen' werden. Als explizite Kommunikationstechniken bieten Computernetzwerke überdies die Möglichkeit, neben den Kulturen der Benutzer auch die sich im computervermittelten Kommunikationsnetzwerk herausbildenden 'Kulturen' zu beobachten. Es kann m.a.W. nachvollzogen werden, wie die Technik Mittel und Mittler der Generierung einer Kultur wird, indem sie den Beteiligten etwa spezifische Formen von Expressivität, Sprachstile sowie besondere, identitätsstiftende wie - stabilisierende Maßnahmen abfordert. Deutlich wird gerade dabei auch, daß die besonderen Kommunikationsbedingungen, die die neue Technik schafft, die Entstehung von Mißerverständnissen und Verstehensproblemen begünstigen (vgl. Wetzstein u.a. 1995, 88). Hier deutet sich an, daß die Technik nicht nur, wie in der theoretischen Konzeption von Technik postuliert - eine das Soziale strukturierende und orientierende Bedeutung gewinnen kann, sondern durchaus auch eine Art kulturelle Verunsicherung zu evozieren vermag.

Zusammenfassend machen die genannten Studien die Interpretationsabhängigkeit der Technik deutlich. Sie zeigen, daß die Technik nicht nur Gegenstand verschiedener Handlungs- und Nutzungsweisen ist, daß sie nicht einfach 'konsumiert' wird. Vielmehr wird veranschaulicht wie technische Artefakte auf der Grundlage von *Bedeutungszuschreibungen* (vgl. Hörning 1989, 97) zu spezifischen 'Objekten' individuellen wie sozialen Handelns *gemacht* werden. Dieses Konstruieren bzw. 'Machen' der Technik in ihren jeweiligen Verwendungszusammenhängen setzt kulturell einge-

---

51 In ähnlicher Weise zeigt Vogelgesang (1991) am Beispiel der Videotechnik die Herausbildung von 'Fankulturen' und 'jugendeigenen Videomilieus' auf, in denen die Technik als 'freizeitkulturelle Tatsache' wiederum ausschlaggebend für individuelles wie kollektives Erleben und Verhalten ist. Die Technik, speziell die Videotechnik, so wird hervorgehoben, provoziert somit keineswegs 'einheitliche' Nutzungsformen, sondern „es ist eine polyvalente Vernetzung von medialen und nicht-medialen Beschäftigungen zu konstatieren" (Vogelgesang 1991, 261).

schliffene sowie kulturell zu erzeugende Verstehensleistungen und Deutungsschemata voraus, durch die dem Handelnden "sowohl seine Erfahrungen als auch Ereignisse in der Welt beschreibbar, interpretierbar wie in den Ursachen ihres Auftretens verständlich werden" (Hörning 1989, 97). Insofern kann die Sinnkonstitution bzw. Realitätskonstruktion als ein *zirkuläres Geschehen* betrachtet, innerhalb dessen Technik als ein 'Zeichensystem' auftaucht, durch das "der Mensch die Welt versteht und sich über sie verständigt" (Hörning 1989, 100).

In dieser Perspektive verliert die Technik ihre Eindeutigkeit. Sie ist nicht mehr nur 'sinnvoll' im Rahmen funktionaler und/oder ökonomischer Orientierungen, sondern ihr Sinn, ihre Bedeutung ist an die vielfältigen Sinnbezüge in ihren Entstehungs- und Verwendungskontexten gekoppelt. Technik wird in ihrer Polysemie, d.h. in ihrer *Vieldeutigkeit und Verschiedenheit* erkennbar, womit sie eben nicht nur im Kontext sozialer Normierung und Standardisierungwirksam wird, sondern - als materieller Ausgangspunkt und als zentrales Moment kultureller und sozialer Sinnkonstitution - die Entstehung von immer wieder neuen Techniknutzungen und -nutzungstilen, mithin soziale Differenzierungs- und Pluralisierungsprozesse begünstigt.

4. Entzifferung der Artefakte

In den Prozessen ihrer interpretativen Aneignung technische Geräte zu *symbolisch* ausformulierten, kulturellen Artefakten und somit als Objekte begreiflich, deren reale soziale Verwendung sich über die je spezifischen Bedeutungszuschreibungen erschließt (vgl. Hörning 1988, 68 f.). Obgleich mit dieser Betrachtungsweise 'alte' Eindeutigkeiten aufgebrochen, das 'So-Sein' der Technik in der Welt theoretisch 'aufgelöst' wird und die empirisch nachvollziehbare Vielfalt kultureller Technikformen betont wird, wird der Bezug auf die 'technischen Dinge' als *die* relevanten Untersuchungsgegenstände beibehalten. Die kulturtheoretisch orientierte Techniksoziologie sieht dies weniger als 'hinderlich', sondern vielmehr als notwendig für die Erforschung technischer Formen- und Bedeutungsvielfalt an. Denn anvisiert ist weder die 'Auflösung' der Technik in eine 'subjektivistisch' begründete Beliebigkeit, noch der Übergang zu einem 'symbolischen Reduktionismus', der anstelle der Technik Symbole und Symbolkomplexe als 'manipulierte Codes zur Durchsetzung von herrschenden Interessen' ausweist[52]. Statt dessen wird betont, daß weder die Technik, noch die Symbolik quasi 'aus sich heraus' ungebrochen auf soziale Vereinheitlichung abstellen. Vielmehr sind sie als 'Hintergründe' zu denken, vor denen die kulturelle Modellierung sowohl technischer Artefakte wie auch symbolischer Ordnungen vorangetrieben wird.

Mit dieser Technikkonzeption soll vor allem auf die *kulturelle Fundierung* der Technik, auf ihre *symbolische Sinnunterfütterung* in den Prozessen ihrer interpreta-

---

52 Vgl. hierzu etwa Bourdieu (1982), der von der klassenspezifischen Verteilung und Zugänglichkeit zu kulturellem bzw. symbolischem Kapital ausgeht.

tiven Aneignung verwiesen werden. Dies hat für die Forschung nicht nur den - bereits erwähnten - Vorteil, über funktionale, ökonomische und rationale Sinnsetzungen hinaus nach 'eigensinnigen' Bedeutungszuschreibungen der Technik zu fahnden. Zugleich engt sich damit der Blickwinkel auf den Nachvollzug der 'Verdichtung' von Bedeutungen und Bedeutungszuschreibungen im technischen Artefakt ein. M.a.W. die kulturtheoretisch orientierte Technikkonzeption leitet eine Forschung an, die sich nicht direkt auf die Prozesse des Konstruierens, des Interpretierens von Technik einstellt, sondern anhand eines 'gegebenen' Artefakts dessen kulturelle Erzeugung nachzeichnet. Im Vordergrund steht die *Rekonstruktion* der sozialen Konstruktion von Technik bzw. die 'Entzifferung' der symbolischen Bedeutungen der Technik: Techniken, so die Vorstellung, haben - wie Rammert (1994, 92) es formuliert „symbolische Funktionen nicht nur in Verwendungszusammenhängen [...], die es neben ihrer Standardfunktion zu entschlüsseln gilt." Die hier zugrundegelegte Annahme ist die, daß es sozial vorformulierte 'Skripte' gibt, welche Individuen fähig sind zu lesen und welche der Sozialwissenschaftler, wenn auch nicht einfach zu 'entdecken', so doch interpretativ zu entfalten hat. Objekte, insbesondere technische Artefakte, so Hörning (1989, 101), dienen

> „etwa dazu, hoch bewertete persönliche Züge auszudrücken; in allen Kulturen werden Objekte ausgewählt, die Macht des Eigners zu symbolisieren, seine Macht, andere zu etwas zu bringen, die Umwelt zu kontrollieren; überall dienen Objekte dazu, sozialen Status zu indizieren, soziale Markierungen zu setzen, soziale Beziehungen abzugrenzen."

Das Zitat zeigt, wie sich in dieser Blickrichtung das zuvor erweiterte Technikverständnis wieder einengt. Zwar geraten neben funktionalen auch soziale, emotionale und symbolische Bedeutungen der Technik in den Blick, doch werden diese in einen funktionalistischen Interpretationsrahmen gestellt, womit die Technik wiederum einen gewissen 'Mittelcharakter' gewinnt. Die Technik erscheint so als ein mehr oder weniger passives, geduldiges, fremdbestimmtes Bezugsobjekt für gestaltende und korrigierende Eingriffe wie auch für Selbstdarstellungszwecke des Menschen. Hier sind die 'Grenzen der Konstruktion' deutlich aufgezeigt: Zwar kann die Techniksoziologie die neuartigen Potentiale wie auch Verstehens- und Verständigungsprobleme, die die neue Technik mit sich bringt (vgl. Hörning 1995, Möller 1990, Weick 1990, Wetzstein u.a. 1995) nicht ausschließen, doch finden sie - zumindest in der kulturtheoretisch orientierten Techniksoziologie - keinen *theoretischen Ort*. Die zugrundeliegende Konzeption von Technik als ein Ausdruck kultureller Sinnsetzungen, als 'Verkörperung' wie immer gearteten 'sozial erwünschten Funktionierens' (vgl. Rammert 1993a, 307) läßt die Thematisierung von technisch induzierten Unsicherheiten, Unbestimmtheiten und Ungewißheiten kaum zu.

Zudem bleiben in dieser Perspektive speziell die der neuen Technik zueignen Möglichkeiten der Vernetzung von Informationen und Kommunikationen sowie der 'Kopplung' von technischem und sozial-kommunikativem Verhalten (vgl. Fuchs 1991) mittels Sprache unterbelichtet. Will man den Beobachtern und Beschreibern der neuen Technik Glauben schenken, dann sind es aber gerade diese, durch die neue Technik hinzugewonnenen Möglichkeiten, die vielfältige struktur- und kulturverändernde Potentiale in die Kontexte der Technikverwendung treiben und für die es „bislang keine kulturell bezeichneten oder gar vereinheitlichten Verständigungen gibt" (vgl. Faßler/Halbach 1994a, 9). Hier wäre eine techniksoziologische Forschung gefordert, anstelle des Nachvollzugs von kulturspezifischen 'Lösungen' von Problemen des Umgangs mit Technik, die *Probleme der Herausbildung* von kulturellen Definitionen, Interpretationsmustern, Codes und Symboliken stärker als bisher in den Blick zu nehmen.

5. Technik und soziale Kommunikation

Ansätze für eine techniksoziologische Sichtweise, die den „Wandel der Leittechnik von der mechanischen Kinematik zur symbolischen Informatik und [...] den Wechsel von der Arbeit-Maschinen-Operatik zur Kommunikation-Medien-Perspektive" (Rammert 1994, 92 f.) theoretisch aufnehmen kann, liefern die kommunikations- und medientheoretischen Überlegungen Rammerts (1989). Er stellt einen Technikbegriff vor, der zweifach besetzt ist. Technik, speziell die Computertechnik, wird abstrakt als 'gespeicherte Kommunikation' begriffen, wobei unter Kommunikation „alle menschlichen Äußerungsformen, soweit sie sich auf Sinn beziehen lassen" (Rammert 1989, 161) bezeichnen soll. Hier wird der Gedanke der 'Verkörperung' *sozialer Prozesse* in der Technik aufgenommen. Zugleich wird Technik aber auch als Medium begriffen, das in soziale Beziehungen einbezogen und eingebettet wird und hier vermittelnd wirksam wird.

Mit der 'Technisierung' von Kommunikationsprozessen dringen, so die Vorstellung, ein künstliche Systeme in natürliche Zusammenhänge, die nach und nach soweit integriert werden, bis sie nicht mehr als 'künstlich' erfahren werden, sondern als 'natürliche' Kontexte, unter denen Menschen kommunizieren und sich verständigen. Als Beispiel hierfür nennt Rammert etwa die Schrift, die heute kaum noch als ein künstliches, technisches System erfahren wird, sondern selbstverständlicher Bestandteil sozialer Kommunikationsbeziehungen ist:

> "Auch wenn uns heute beispielsweise die alphabetische Schrift 'natürlich' vorkommt, ist sie doch als künstliches System von Zeichen ohne Bedeutung geschaffen worden, um Nachrichten und Anordnungen dauerhaft speichern und unverfälschter übermitteln zu können" (Rammert 1989, 133).

In ähnlicher Weise können ebenso neue Techniken als künstliche Systeme begriffen werden, die Kommunikation speichern und übermitteln. Im Unterschied zu vielen anderen Techniken erschöpft sich die Bedeutung der neuen Technik eben nicht darin, daß sie als Geräte und Apparaturen in alle Lebensbereiche vordringen und diese 'besetzen'. Die Bedeutung der neuen Informationstechniken liegt vielmehr darin, daß sie "auf der logischen und syntaktischen Ebene der Symbolmanipulation" operieren: "Abstrakte Symbole werden hinzugefügt, gelöscht oder verschoben, d.h. formale

Entscheidungsverfahren - Algorithmen genannt - werden abgearbeitet. Dadurch ist der Computer offen für alle Probleme, die sich durch Übersetzung in entsprechende formale Symbolsysteme erfassen lassen" (Rammert 1990a, 19).

Damit ist nun weniger eine 'Eigenart' des Technischen angesprochen, wonach Technik als Vergegenständlichung, als Materialisierung von Sozialformen gesehen werden muß. Vielmehr geht es um eine technisch ermöglichte Art und Weise der Umformung von Kommunikationsprozessen, d.h.

> „die sozialen Räume des Alltagslebens werden mit weiteren materiellen Artefakten ausgestattet und durch technische Infrastrukturen der Versorgung und der Zirkulation miteinander verkoppelt. Wesentlich wichtiger ist in diesem Fall die Technisierung im Sinne einer 'Methodisierung' von Kommunikationsabläufen, d.h. ihre Umformung in Sequenzen rein formaler Aussagen, die von anderen Sinnbezügen entlastet sind und die nach Operationsregeln eindeutig und automatisch verarbeitet werden können" (Rammert 1990a, 20).

Darin schwingt die Vorstellung mit, 'technisierte' Kommunikationsabläufe ließen sich nach einem mathematischen 'Einheitsgesetz' gestalten und dekomponieren. 'Technisierte' Kommunikation ist eine 'formal organisierte', mithin unpersönliche, informations- statt verständigungsorientierte, zweck- statt wertgerichtete Kommunikation[53].

Vor diesem Hintergrund läßt sich - in beinahe klassischer Manier - die Methodisierung, Formalisierung und Standardisierung von Kommunikationsprozessen durch die neue Technik von den sozialen Kommunikationssituationen des Alltagslebens, die auf Interaktion, wechselseitige Einbindung und offene Diskussion ausgelegt sind, deutlich unterscheiden. Zwar mündet diese Sichtweise nicht, wie in der Kritischen Soziologie, in eine Kritik der fortschreitenden 'Kolonisierung der Lebenswelt' (Habermas) durch technische Artefakte und technisierte, nach mathematischen Gesetzen funktionierende Kommunikation, doch bewegt sich die Interpretation in dem gleichen Bezugsrahmen - zwischen 'Modernisierungsvisionen' (Haefner 1982, Haefner u.a. 1987) und 'Modernisierungskritik' (Mettler-Meibom 1987). Rammert (1990a) tendiert in seiner Beschreibung der neuen Technik und ihrer Effekte zu einer Sichtweise, die - gerade unter dem Eindruck der neuen Technik - die Bedeutung des kulturell geprägten Alltagslebens, die Vielfalt verständigungszentrierter Kommunikationen, die 'offenen Diskurse', die für den Aufbau sozialer Bindungen, Gemeinschaften und die soziale Identität des einzelnen wichtig sind, besonders hervor-

---

53 Daß diese Sichtweise der einseitigen Formalisierung der Kommunikation durch den Computer zunehmend brüchig wird, insbesondere wenn es um die Organisation bzw. Selbstorganisation der Kommunikation in Computernetzwerken geht, zeigen Wetzstein u.a. (1995), indem sie etwa die vielfältigen Variationen des Kommunikationsstils, das Aufkommen impliziter Kommunikationsregeln in der Form einer 'Netikette' sowie die Verwendung von sogenannten 'Emoticons', d.h. Zeichen, die die emotionalen Stimmungen der Beteiligten in der Netzwerkkommunikation symbolisieren, aufzeigen. Die von Wetzstein u.a. detailliert beschriebene 'Kultur der Computernetze' hat mit der Annahme von computertechnisch erzeugten 'sterilen', 'methodisierten' Kommunikationsverhältnissen kaum noch etwas zu tun.

hebt. Hier, in den alltäglichen Prozessen des sozialen Umgangs mit Technik, so Rammert sinngemäß, 'stecken' die Potentiale, die den Vereinheitlichungstendenzen zunehmender Technisierung deutliche Grenzen setzen können.

Mit Blick auf die (noch) 'nicht-technisierte', soziale Kommunikation der Alltagswelt gewinnt die Technik eine neue Bedeutung als das formbare, plastische Medium der Gestaltung, das sich in gewissem Sinne den sozialen Prozessen der *Organisierung des Technischen* fügt. Für Rammert ist diese Seite des sozialen Umgangs mit Technik ein Indiz dafür, daß die Verbreitung der neuen Technik nicht per se als 'Verdrängung' verständigungsorientierter Kommunikation begriffen werden muß, sondern ebenso als Anlaß zur sozialen Gestaltung und Einbindung von Technik angesehen werden kann. In diesem Sinne kann Technik auch als Moment der Entlastung von Alltagskommunikationen in Erscheinung treten, das funktioniert, ohne die 'bunte Mischung konkreter Lebensformen', zu überlagern oder zu verdrängen. M.a.W. so wie die 'Technisierung' gesellschaftlicher Kommunikation durch künstliche Systeme, z.B. durch die Schrift, aber auch durch Geld oder Recht, Alltagskommunikationen nicht einfach ersetzen konnte, so ist auch die neue Technik offen für die verschiedenen Formen ihrer sozialen Einbindung, mehr noch: "Je mehr Kommunikationsprozesse formal organisiert und technisch integriert werden, desto höher steigen die Ansprüche an die sozialen Bindungskräfte und die wechselseitige Abstimmung in den kulturellen Milieus des Alltagslebens" (Rammert 1990a, 35).

Die von Rammert vorgeschlagene Form der Auseinandersetzung mit Technik macht deutlich, daß Technisierung nicht als ein einlinearer Prozeß der zunehmenden Substitution 'natürlicher' verständigungsorientierter Kommunikation zu begreifen ist. Vielmehr bildet der alltägliche Umgang mit der Technik, die Verwendung der Technik den zentralen Ausgangspunkt für die soziale Bedeutung, die die Technik in Sozialsystemen gewinnt. Erst mit Blick auf diese alltäglichen Prozesse, in denen sich Individuen und sozale Zusammenhänge in Relation den neuen Techniken setzen, wird erkennbar, als was sich diese im Sozialen, letztlich in der Gesellschaft sedimentieren. Obgleich damit die Gefahr einer Dominanz technisch intergrierter, formal organisierter Sozialzusammenhänge nicht ausgeschlossen ist (vgl. Rammert 1990a,36), werden in dieser Perspektive Möglichkeiten aufgezeigt, Technisierung als einen, in den verschiedenen Sozialsystemen immer auch *gewählten* und geformten Prozeß zu begreifen, womit die Nichtselbstverständlichkeit durchgehender Technisierung herausgestellt wird.

Der hier vorgestellte Ansatz führt die neue Technik zunächst in grundsätzlicher Übereinstimmung mit anderen technikwissenschaftlichen Disziplinen (Informatik, Ingenieurwissenschaften) sowie mit neueren industriesoziologischen Vorstellungen (vgl. etwa Braczyk 1989) vor. Die neue Technik speichert und verknüpft Informationen nach Maßgabe abstrakter mathematischer Regeln und stellt somit ein System dar, das zwar auf Kommunikation bezug nimmt, doch ohne den 'sozialen Sinn' der Kommunikation, die zwischenmenschliche Verständigung, mit aufnehmen zu können. Insofern wird technisierte Kommunikation als ein eigenständiger Bereich vorgestellt, der spezifisch sozialen, gemeinschafts- und identitätsbildenden Kommunikationsusammenhängen gegenübergestellt wird. Von hier aus läßt sich - differenzierter zwar, als dies in der Industriesoziologie möglich ist - über Technisierungsprozesse reden, doch bleibt dem Beobachter der Eindruck nicht verwehrt, als werde hier das bekannte Prinzip der Durchdringung ehemals 'nicht-technisierter' sozialer Zusammenhänge durch technische Systeme lediglich aufgelockert, nicht aber aufgelöst[54]. Damit verlagert sich das Interesse der soziologischen Technikforschung letztlich wiederum auf die Vernunft und die Einsicht des Individuums, das durch sein Handeln Prozesse der Technisierung entweder befördern oder begrenzen kann.

Speziell in bezug auf die neue Technik wird allerdings zunehmend deutlicher herausgestellt, daß die, in der Techniksoziologie noch weitgehend zugrundegelegten von Souveränitätsvorstellungen des Menschen gegenüber der Technik brüchig werden (vgl. Kap. I). Vor diesem Hintergrund wird die 'Verankerung' von Technikdeutungen und - interpretationen allein im handelnden Subjekt problematisch. Statt dessen beginnt sich eine Sichtweise auf Technik herauszuschälen, die die Technik nicht nur als 'Objekt' für die bedeutungsstiftenden Leistungen von Subjekten positionieren, sonder auch als eine Art eigenständiges 'Agens', das die sozialen Deutungs- und Interpretationsprozesse auch empfindlich 'stören' kann. Dies berücksichtigend müßte die Techniksoziologie auch berücksichtigen könne, daß die Technik nicht nur Moment und Mittel sozialer Ordnungsbildung ist, sondern aufgrund ihrer Komplexität und 'Eigendynamik' auch zur Entstehung sozialer Unordnung' beitragen kann. Gefragt ist eine techniksoziologische Perspektive, die auch die bedeutungsunterminierende und des-orientierende Kraft der Technik herauszustellen vermag.

Zudem erscheint es angesichts der 'kommunikativen' Potentiale der Technik, d.h. ihrer Möglichkeiten, an der 'Außenseite', dem Bildschirm, über Sprache zu operieren, notwendig, die bislang übliche Trennung von 'technischer' und 'menschlicher' Kommunikation theoretisch zu überwinden (vgl. Tholen 1994). Die Umstellung auf eine Perspektive, die sowohl technische wie auch menschliche Kommunikation als gleichermaßen konstitutiv für die Herausbildung von Kommunikationsverhältnissen einbezieht, kann helfen, die sich unhintergehbar bemerkbar machenden Möglichkeiten der Herausbildung von technischen Informationsnetzwerken, die das Bild des Sozialen ebenso prägen, wie die tradierten Sozialformen des persönlichen Gesprächs stärker als bisher in Betracht zu ziehen. Damit meldet sich zugleich der Bedarf an einer neuen erkenntnistheoretischen Fundierung der Technik an. Gefragt ist eine Theorie, die 'reale' kommunikative Leistungen nicht nur dem Subjekt, sondern auch der Technik zugesteht, die eine Ebene des Sozialen anzugeben vermag, die sich nicht mehr ausschließlich auf den Menschen zurückgeführt werden muß.

Wir haben somit Anknüpfungspunkte benannt, von denen aus wir die in der Techniksoziologie entfaltete Vorstellung der sozialen Konstruiertheit von Technik

---

54 Zweifellos kann auch diese Verknüpfung von 'nicht-technisierter' Kommunikation und Alltag heute zunehmend der Kritik ausgesetzt werden. Man braucht nicht sofort an an neuartige Formen der Computer-Kommunikation im Alltag zu denken, um zu sehen, wie die Unterscheidung zwischen 'technisierter' Organisationswirklichkeit und 'sozialer' Alltagswirklichkeit' brüchig wird. Auch Telefon, briefliche Kommunikation bis hin zum nächtlichen 'Tele-Shopping' am Fernsehbildschirm werfen die Frage auf, ob und inwiefern die Teilung der Welt in 'technisierte' und 'soziale' Bereiche heute überhaupt noch plausibel ist.

weiterführen wollen. Zur Klärung der Frage nach veränderten erkenntnistheoretischen Grundlagen der soziologischen Technikforschung wenden wir uns im Folgenden an die Ansätze einer Denkrichtung, die sich unter dem Titel 'Konstruktivismus' vorstellen.

IV. Konstruktivistische Denkmodelle

Konstruktivistische Denkmodelle sind keineswegs neu[55], doch drängen sie heute, im Kontext der zunehmenden Verunsicherung gesellschaftlich relevanter Gewißheits- und Sicherheitsvorstellungen, mehr denn je auf ihre Beachtung. Konstruktivistische Denkmodelle lassen sich weder einzelnen Schulen zuordnen, noch sind sie als Beiträge zu betrachten, die zusammengenommen das ergeben, was unter Konstruktivismus verstanden werden kann. Sie orientieren sich vielmehr an einem *erkenntnistheoretischen Konzept*, das die traditionelle epistemologische Frage nach Inhalten oder Gegenständen von Wahrnehmung und Bewußtsein durch die Frage nach dem 'Wie' der Erzeugung von Wissen ersetzt. Der in den verschiedenen theoretischen Modellen aufscheinende Konstruktivismus stellt sich als eine besondere Art zu denken vor, die die Annahme einer natürlichen, 'objektiven' und vom erkennenden Subjekt unabhängigen Wirklichkeit aufgibt und das *kognitive wie das soziale Gemachtsein von Wirklichkeit* postuliert.

Vertreter einer "reflexiven Soziologie" (Gouldner 1974) haben immer schon betont, daß in wissenschaftlichen Wirklichkeitsbeschreibungen eine Redeform gepflegt wird, die nicht mehr erkennen läßt, in welcher Weise und in welchem Ausmaß der Redner mitbestimmt, was gesagt wird und wie etwas gesagt wird. Gegenstand der Kritik war und ist das wissenschaftliche Credo der 'objektiven Realitätsbeschreibung', das dazu führt, daß subjektive Voreingenommenheiten und individuelle Idiosynkrasien ausgeschlossen werden, daß der Beschreiber der Realität quasi unter der Hand verschwindet und letztlich die von ihm selbst mitkonstruierte, begrifflich 'geglättete' Wirklichkeit als *die* Wirklichkeit schlechthin erscheint. Wie grundsätzlich diese Kritik aber verstanden werden kann, schält sich erst mit dem Aufkommen einer Denkrichtung heraus, die sich als 'radikaler' Konstruktivismus vorstellt. Der 'radikale' Konstruktivismus formuliert die Frage nach dem Verhältnis von Erkenntnis und Erkenntnisgegenstand neu, genauer: er ersetzt die in älteren konstruktivistischen Denkmodellen zugrundegelegte Frage: wie ist Erkenntnis möglich, *obwohl* sie keinen von ihr unabhängigen Zugang zur Realität außer ihr selbst hat? durch die empirische Feststellung: Erkenntnis ist nur möglich, *weil* sie keinen Zugang zur Realität außer ihr selbst hat (vgl. Luhmann 1988b, S.8 f.). Mit diesem Schritt von der Problematisierung subjektabhängiger Erkenntnis zum *Postulat* beobachtungsabhängiger Erkenntnis kann die traditionelle Wissenschaftskritik, die auf den 'Mißbrauch' des wissenschaftlichen Anspruchs auf Objektivität abstellte, weitergetrieben

---

55 Konstruktivistische Grundzüge trägt bereits z.B. das Höhlengleichnis bei Platon. Wollte man die Geschichte des Konstruktivismus zurückverfolgen, so müßte man des weiteren Philosophen, wie Hume (1982, origin. 1744), Kant (1966, origin. 1787) und Nietzsche (1982, origin. 1886) nennen, sowie Vertreter der Gestaltpsychologie, etwa Metzger (1953) und Köhler (1958, origin.1929), den Experimentalpsychologen Piaget (1975) und soziologische Klassiker, wie Simmel (1958) und Schütz (1974), symbolische Interaktionisten, wie Mead (1973) und Goffman (1972) und nicht zuletzt Ethnomethodologen, wie etwa Garfinkel (1980).

werden: Die Objektivität wissenschaftlicher Aussagen selbst kann als ein - erkenntistheoretisch unhaltbar gewordener - Anspruch betrachtet werden. Der 'radikale' Konstruktivismus unterstützt die Vorstellung, daß Wissenschaft selbst dann, wenn sie sich selbst zu ihrem Gegenstand macht, als ein *fremdreferentielles* Unternehmen betrieben wurde und wird, als ein Reden über etwas anderes als sich selbst, nämlich über 'äußere' Realität! Was aber heißt wissenschaftliche Wissensproduktion, wenn der wissenschaftliche Beobachter nicht nur als konstitutiver Bestandteil wissenschaftlicher Wirklichkeitserfassung begriffen, sondern grundsätzlich als Wirklichkeitskonstrukteur *konstruiert* wird?

In den folgenden Abschnitten sollen einige konstruktivistische Denkmodelle und ihre Art und Weise der Interpretation von Wirklichkeit als Konstruktion vorgestellt werden. Wir folgen dabei der Einteilung konstruktivistischer Ansätze, wie sie von Bardmann (1994) vorgenommen wird.

1. Ein Vorläufer: Karl Marx

Die im Marxismus aufscheinende konstruktivistische Denkweise wird in der Soziologie als ein Indiz dafür gelesen, daß konstruktivistische Vorstellungen in der Soziologie bereits seit langem kursieren (vgl. Knorr-Cetina 1989, Bardmann 1994). Die von Marx entworfene Theorie der Entstehung und Entwicklung sozialer Ordnung orientiert sich zwar an der Vorstellungen von Welt als einer 'objektiven' Realität, doch verweist die Formulierung 'Menschen machen ihre eigene Geschichte' auf die Wahrnehmung der sozialen Wirklichkeit als eine durch die Bewegung von Kräften, Aktionsrichtungen und Interessen von Menschen hervorgebrachte, mithin veränderbare Realität. Mensch und Gesellschaft stehen bei Marx in einem dynamischen Wechselverhältnis, das Kiss (1977, 139) wie folgt zusammenfaßt:

> "Ebenso könnte man sagen, daß der Mensch nicht der gleiche bleibt, da er doch im wesentlichen ein Produkt der sozialen Verhältnisse ist, die sich ständig ändern. Diese Behauptung muß aber dialektisch gedacht werden: daß der Mensch Produkt seiner sozialen Umwelt ist, schließt nicht aus, daß er gleichzeitig Geschichte 'machen' kann: er ist ein Wesen, das sich selbst erst zu dem machen muß, was es ist. Er ist also gleichzeitig auch ein aktiver Teil seines sozialen Milieus."

Die Annahme der ständigen Veränderung distanziert sich von Wirklichkeitsbeschreibungen, die das Gegebensein, die Tatsächlichkeit und auch die Naturgegebenheit gesellschaftlicher Verhältnisse betonen, die von der apriorischen einseitigen Determination des Einzelnen durch die gesellschaftlichen Verhältnisse ausgehen. Stattdessen wird der Umstand berücksichtigt, daß sich die Wahrnehmung sozialer Ordnungen - gleich welcher Couleur - immer nur auf soziale *Erscheinungen* bezieht, die das *Sein* möglicherweise vermitteln, es aber nicht notwendigerweise abbilden. Die Unterscheidung von Erscheinung und Sein läßt gesellschaftliche Verhältnisse kritisch hinterfragbar werden. Ein marxistisch orientierter Beobachter mag hieran anschließend der Frage nachgehen, ob und wie Verhältnisse bzw. 'Tatbestände' als von Menschen produzierte anzusehen sind und welche Prozesse dazu führen, daß sich die Unterstellung gegebener Verhältnisse als Wirklichkeit in den Köpfen der Menschen festsetzt und funktioniert. Die Möglichkeit des Erkennens der wahren Verhältnisse wurde bereits von Marx als problematisch angesehen, denn er sah das erkennende subjektive Bewußtsein als immer schon durch die gesellschaftlichen Verhältnisse, mitbestimmt, geformt und somit tendenziell unfähig, die quasi 'hinter' den sozialen Erscheinungen liegende 'eigentliche' Wirklichkeit zu erkennen. Mit dieser Vorstellung operiert etwa das Konzept des 'falschen Bewußtseins' (bzw. der Entfremdung, bzw. des Verblendungszusammenhangs), das die subjektiven Darstellungs- und Interpretations- bzw, Konstruktionsleistungen gegenüber der Vorstellung der 'Objektiven Verhältnisse' fast vollständig zum Verschwinden bringt. In dieser Form gewinnt die marxistische Wirklichkeitsauffassung eine, wie Knorr-Cetina (1989, 87) es formuliert, "entschieden ontologische Färbung". Mit der Formulierung 'das gesellschaftliche Sein bestimmt das Bewußtsein' scheint die Vorstellung der Produktion gesellschaftlicher Wirklichkeit ihre Grenzen zu markieren. Doch zeigt Marx einen Weg auf, aus dem Teufelskreis einer selbst mitgeschaffenen und nun auf seine Erzeuger restringierend zurückwirkenden objektiven Wirklichkeit auszubrechen: Die kritische Reflexion. Insofern stellt sich die marxistische Perspektive als eine Theorierichtung vor, die wie Bardmann (1992, 33 f.) es formuliert, "in der Erkenntnis der 'wahren' gesellschaftlichen Verhältnisse [...] sich über die Verhältnisse zu erheben und eine Praxis anzuleiten [vermag], die die Gesellschaft revolutioniert und das Sein schließlich nach Plan zu gestalten [vermag]." D.h. es wird zugleich davon ausgegangen, daß die Wirklichkeit *der Theorie* zugänglich ist, daß sie theoretisch angemessen beschrieben werden kann und daß sie, nicht zuletzt mit den Mitteln eben dieser Theorie in ihrer Entwicklung gesteuert werden kann. Zugleich ist hiermit aber auch die fremdreferentielle Ausrichtung der Theorie angezeigt. Das die 'wahren' Verhältnisse erkennende Bewußtsein erscheint als ein aus den gesellschaftlichen Verhältnissen herausgehobener, allen 'systemischen Zwängen' entzogener Beobachter. Eine sich in dieser Perspektive herausbildende Forschung läuft Gefahr, zu vergessen, daß auch sie sich nur *in* der Gesellschaft als ein die Gesellschaft beobachtendes System etablieren kann und demzufolge auch sich selbst als ein Produkt eben dieser Gesellschaft begreifen muß.

2. Wissenssoziologie: Peter L. Berger und Thomas Luckmann

Der von Berger und Luckmann (1966) entwickelte Sozialkonstruktivismus[56] vermeidet zwar die Rede von 'wahren' und 'falschen' Bewußtseinsleistungen, doch erscheint die Wirklichkeit - ähnlich wie bei Marx - als eine analytisch Zweigeteilte: Auf er einen Seite werden die subjektiven Erlebniswelten, Deutungs- und Interpretationsleistungen verortet, auf der anderen Seite werden die objektive Sozialordnung, die institutionale Welt sowie variable kulturelle Ausdrucksformen lokalisiert. Die objektive Sozialordnung erscheint im Sozialkonstruktivismus als Ergebnis andauernder Erzeugung durch den Menschen. Ihr wird also nicht mehr eine von den Subjekten unabhängige Existenz zugeschrieben, sondern sie erscheint als von Menschen gemeinsam geschaffen bzw. konstruiert und damit als sozial. Hiervon ausgehend spitzt der Sozialkonstruktivismus das Verhältnis von Wissensstatus und Realitätskonstruktion auf die Frage hin zu, wie es dazu kommen kann, daß die "selbstproduzierte Sozialordnung von deren Teilnehmern gleichzeitig als 'objektive', 'äußerliche' und quasi 'naturgegebene' erfahren wird" (Knorr-Cetina 1989, 87; vgl. auch Berger/Kellner 1984). Die Beantwortung dieser Frage erfolgt in drei Schritten anhand der Begriffe Institutionalisierung, Objektivierung und Legitimierung.

Institutionalisierung bezeichnet dabei die Habitualisierung und Typisierung von Verhalten, d.h. das Einschleifen von Verhaltensweisen durch Wiederholung und deren Abstraktion von sich verhaltenden Subjekten. Von Institutionen sprechen Berger und Luckmann dann, wenn "habitualisierte Handlungen durch Typen von Handelnden reziprok typisiert werden." (Berger/Luckmann 1982, 58), so etwa in sozialen Rollen. Institutionen stehen nach Berger und Luckmann (1982, 59) "am Anfang jeder gesellschaftlichen Situation, die ihren eigenen Ursprung überdauert." Institutionen sind zum einen mit Sanktionsmechansimen ausgestattet, die das menschliche Handeln unter Kontrolle halten, zum anderen stehen Institutionen stets unter der Kontrolle der handelnden Subjekte. Dieser Begriff von Institutionen als Subjekte kontrollierende und zugleich von Subjekte kontrollierte soziale Phänomene erscheint als die zentrale Bedingung für das 'Funktionieren' der institutionalen Welt.

Die Bedeutung der Institutionen sehen die Autoren darin, daß sie der gesellschaftlichen Ordnung eine relative Stabilität garantieren. Institutionen werden über Generationen hinweg vermittelt und erhalten so ihre eigene Geschichte und ihre eigene *Objektivität*. In diesem generationsüberschreitenden Prozeß der Objektivierung wird den sozial geschaffenen Institutionen die Eigenschaft, ein Produkt menschlicher Selbstentäußerung zu sein, entzogen. Gleichzeitig entsteht damit aber auch das Problem der abnehmenden Verständlichkeit und Verbindlichkeit von Institutionen. Da sich die Anerkennung von Institutionen eher auf Tradition als auf die eigene Er-

---

[56] Der Sozialkonstruktivismus á la Berger und Luckmann (1982) kann in der Tradition von Max Scheler, Karl Mannheim und Max Weber betrachtet werden. Sie beschäftigten sich in der Abgrenzung von Marx mit der Frage nach dem Verhältnis von menschlichem Denken und Erkennen und kulturellen Figurationen, historischen Konstellationen und sozialen Zusammenhängen und plädierten für eine "von philosophischen Interessen unbelastete Theorie des Wissens" (Plessner 1982, XII).

innerung stützt, steigen die Möglichkeiten der Abweichung von institutionell 'programmierten' Handlungsabläufen. Dafür spricht die alltägliche Erfahrung, denn "man weicht eher von Programmen ab, die andere aufgestellt haben, als von solchen, an deren Aufstellung man selbst beteiligt war" (Berger/Luckmann 1982, 66). Um sich also dauerhaft und auch ohne den ausdrücklichen Bezug auf ihren ursprünglichen Sinn etablieren zu können, müssen Institutionen gegenüber dem Individuum den Anspruch auf Autorität stellen, und dies "ungeachtet des subjektiv gemeinten Sinns, den der Einzelne mit einer Situation verbindet" (Berger/Luckmann 1982, 67). Dies wiederum bedarf weiterer Prozesse, die die institutionellen Prozesse und ihren Autoritätsanspruch erklären und gegenüber denjenigen rechtfertigen, für die diese Prozesse nicht selbstverständlich sind, weil sie an ihrer Produktion und Erfahrung nicht beteiligt waren: Institutionen erhärten und verfestigen ihren Charakter der Objektivität über *Legitimationsprozesse*. Legitimation hat eine erklärende Funktion; sie schreibt dem in der institutionellen Ordnung objektivierten Sinn eine kognitive Gültigkeit zu, d.h. sie "rechtfertigt die institutionale Ordnung dadurch, daß sie ihren pragmatischen Imperativen die Würde des Normativen verleiht" (Berger/Luckmann 1982, 100). Legitimationen umfassen sowohl komplexe theoretische Systeme als auch 'vortheoretische' Interpretationen in Form eines "Sammelsuriums von Maximen, Moral, Sprichwortweisheit, Werten, Glauben, Mythen [...]" (Berger/Luckmann 1982, 70). Das in dieser Sammlung angelegte Wissen bezeichnet nach Berger und Luckmann das Wissen über die institutionale Ordnung, das jedem zur Verfügung steht und das "im Verlauf der Sozialisation erworben wird und dem Bewußtsein des Einzelnen die Internalisierung der vergegenständlichten Strukturen der sozialen Welt vermittelt" Berger/Luckmann 1982, 70). Hier zeigt sich die sozialkonstruktivistische Vorstellung einer 'fundamentalen' Dialektik der Gesellschaft: Das Wissen über die Gesellschaft wird als *Verwirklichung* im doppelten Sinne des Wortes verstanden, als "Erfassen der objektivierten gesellschaftlichen Wirklichkeit und das ständige Produzieren dieser Wirklichkeit in einem" (Berger/Luckmann 1982, 71).

Das hier skizzierte konstruktivistische Denkmodell operiert mit der Vorstellung, daß die soziale Wirklichkeit als 'Objektive' erfahren und internalisiert wird, *weil* andere Menschen sie in ihren Externalisierungen (vornehmlich über die Sprache) objektivieren, *weil* sie ihr Wissen von der Welt als gültige Wahrheiten über die Welt begreifen (rationalisieren) und begreiflich machen (andere erziehen und sozialisieren) und jene bedrängen (soziale Kontrolle ausüben), die ihren Wirklichkeitssinn stören. Es eröffnet Einsichten in die 'innere' Verfaßtheit sozialer Ordnung und betont ihr Gemachtsein als eine "Wirklichkeit, die dem Menschen als äußeres, zwingendes Faktum gegenübersteht" (Berger/Luckmann 1982, 62).

Hier wird eine gewisse Verwandtschaft zu Marx deutlich, denn auch der Sozialkonstruktivismus beschreibt soziale Wirklichkeit als gefestigt durch ein Wechselverhältnis von Internalisierung und Externalisierung, von 'objektiver' sozialer Welt und subjektiv gemeintem Sinn. Wie Marx betont auch der Sozialkonstruktivismus die Möglichkeit, dieses Verhältnis aufzubrechen, indem sich das Bewußtsein der verobjektivierenden und verdinglichenden Effekte der Wechselwirkung bewußt wird und aufhört, menschliche Produkte zu behandeln "als wären sie etwas anderes als menschliche Produkte: Naturgegebenheiten, Folgen kosmischer Gesetze oder Offenbarungen eines göttlichen Willens" (Berger/Luckmann 1982, 95). Erst in der Reflexion wird erkennbar, was im alltäglichen Handeln nicht erkannt wird: Der Mensch schafft die Gegenständlichkeit der gesellschaftlichen Welt, ihre Verdinglichung als äußerster Schritt der Objektivation zwar selbst, aber er ist nicht in der Lage, diese selbstproduzierte objektive Welt als ein menschliches Unterfangen zu begreifen. Er sieht sich nicht als Schöpfer seiner Welt, sondern er erlebt eine verdinglichte, außermenschliche Welt, die "als nicht humanisierbare, starre Faktizität fixiert wird" (Berger/Luckmann 1982, 95). Die Theorie hingegen kann die Beziehung zwischen dem Menschen und seiner Welt offenlegen, sie kann die Welt der Institutionen als menschliche Eigenleistung kenntlich machen und mithin den Menschen zur Selbstbefreiung und zum Ausbruch aus verhärteten Verhältnissen verführen.

Der Sozialkonstruktivismus eröffnet eine Alternative zu marxistischen Ansätzen, indem er die Prozesse der Verfestigung und Härtung sozialer Ordnung nachvollzieht und die Reflexion als zentrale Bedingung für sozialen Wandel aufzeigt ohne auf die Klassenkampfambitionen marxistischer Ansätze zurückzugreifen. Hier scheint die, wie bereits in bezug auf Marx erwähnte, Fremdreferentialität des Ansatzes durch, die es dem Beobachter sozialer Wirklichkeit erschwert, wenn nicht sogar unmöglich macht, sich selbst als Konstrukteur seines Beobachtungsgegenstandes mitzubeobachten. Die Vorstellung der sozialen Konstruiertheit von Wirklichkeit wird in diesem Modell als Voraussetzung für die Existenz und Erfahrung einer sozialen Ordnung behandelt, an die der Sozialkonstruktivismus mit einer Theorie der 'Festigung' dieser sozialen Ordnung anschließt[57]. Der 'Konstruktivismus' macht sich hier als mehr als theoretische Prämisse, denn als Denkrichtung bemerkbar[58].

Man kann das Postulat der Konstruiertheit sozialer Wirklichkeit aber auch als eine Anregung verstehen, den sich fortlaufend reproduzierenden Erkenntnis- und Konstruktionsprozessen nachzuspüren, über die die Wirklichkeit ihren Tatsächlichkeitscharakter erhält, danach zu fragen, in welcher Weise Individuen die Wirklichkeit überhaupt wahrnehmen, wie sie das konstruieren, was sie Wirklichkeit nennen möchten[59]. Von hier aus kann man darauf schließen, daß auch das eigene Tun als

---

57 Notierenswert ist, daß diese Theorie die Prozesse der Objektivierung und insbesondere die Bedeutung der hier wirksam werdenden Medien, wie etwa Sprache, sprachliche Verknüpfungen (Geschichten, Legenden, Theorien und Symbole) besonders eingängig und plausibel herausarbeitet.

58 Vgl. hierzu auch die Kritik von Knorr-Cetina (1989, 88), die das Problem des Sozialkonstruktivismus darin sieht, daß er einen "Nachweis der Konstruiertheit sozialer Wirklichkeit liefert", nicht aber die Prozesse des Konstruierens selbst kritisch in den Blick nimmt. Luhmann (1988b, 8) spricht derartige theoretische Selbstbeschränkungen als "Rückzieher" an: Sie sind "nur Symptome für eine unzureichend erfaßte Problematik", was nicht zuletzt auf die Art und Weise der Problematisierung des Verhältnisses von Erkenntnis und Erkenntnisgegenstand zurückzuführen ist.

59 Es sei darauf hingewiesen, daß die Frage nach dem 'Wie' subjektiver Erkenntnis hier nicht im Kontext der klassischen Subjekttheorie betrachtet wird, d.h. nicht als ein Problem der Welterkenntnis durch Introspektion gefaßt wird, sondern darauf zielt, die *"Abkopplung* je eines erkennenden Systems [z.B. Bewußtsein, d. Verf.] als *Bedingung* der Erkenntnis zu denken" (Luhmann 1988b, 10).

Konstruktion von Wirklichkeit begriffen und als solche behandelt werden kann. Doch diesen Schritt scheint gerade die soziologische Forschung in ihrem Festhalten an tradierten Vorstellungen von Wissen und Wissenschaft bis heute kaum zuzulassen[60].

Anstöße für eine 'Radikalisierung' konstruktivistischer Ansätze in der Soziologie liefern neuere Forschungsergebnisse aus dem Bereich der Neurobiologie und Kognitionspsychologie. Sie stellen heraus, daß die äußere Realität, was immer sie sein mag, prinzipiell kognitiv unzugänglich ist - und lassen so die Vorstellungen von der 'Objektivität' der Wirklichkeit selbst als Konstruktionen erscheinen.

3. Die „Radikalen": Humberto Maturana, Francisco Varela und andere

Der sich in den letzten Jahren immer stärker zu Wort meldende "radikale Konstruktivismus" (Schmidt 1987) verabschiedet die in älteren Denkmodellen mitgeführte Annahme, man könne den Erkenntnisvorgang auf - wie auch immer geartete - fundamentale oder elementare Objekte oder Prozesse, etwa psychologischer oder sensualistischer Art fixieren. Aus dem Blickwinkel des 'radikalen' Konstruktivismus wird Wirklichkeit als Produkt oder als Resultat subjektiver Entwürfe über die Welt gefaßt. Mehr noch: Gerade weil sich Subjekte, genauer: Bewußtseine gegen die Umwelt schließen, ist Erkennen möglich. Die Wirklichkeitsbetrachtung und Wirklichkeit werden im 'radikalen Konstruktivismus' nicht mehr als voneinander getrennte Gegenstände der Erfahrung konzipiert, sondern sie fallen konzeptionell in einer Einheit zusammen. Die theoretische Denkfigur des 'radikalen' Konstruktivismus bildet das Konzept der autopoietischen Systeme, das insbesondere in der Neurobiologie und in der Kognitionspsychologie entwickelt wurde[61]. Das Konzept der autopoietischen Systeme setzt bei den Prozessen des Wahrnehmens an.

Autoren, wie Maturana u.a. (1982), Roth (1987) und v. Foerster (1985) betonen, daß selbst unsere Sinneswahrnehmungen nicht als 'direkte' Aufnahme einer 'äußeren' Realität anzusehen, sondern vielmehr auf kognitive Leistungen eines personalen Be-

---

60 Die Soziologie leistete es sich nicht, die Fabrikation von Erkenntnis' (Knorr-Cetina 1984) als soziale Tatsache in den Blick zu nehmen und an der hier gepflegten 'grandiosen Illusion, nämlich Wissen über die Wirklichkeit aneignen zu können' (vgl. Rusch 1987, 219) zu rütteln. Sozialwissenschaftliche Forschungen zielen bis heute a) auf eine möglichst 'vollständige', 'umfassende' oder 'tiefgreifende' Ent-deckung, Ent-schlüsselung der Realität und b) auf die Begründung einer wissenschaftlich erzeugten Epistemologie mit universellem Geltungsanspruch (vgl. Luhmann 1980, 102; vgl. Ceruti 1991). Sie beziehen sich, scheinbar 'blind' gegenüber den selbsterzeugten Prämissen, auf die 'äußere' Realität als Richtschnur und Rückhalt der wissenschaftlichen Wissensproduktion, sie versuchen m.a.W. immer noch, am Gegenstand Halt zu finden. Daß die Soziologie - trotz ihrer Sensibilität gegenüber dem Konstruktcharakter gesellschaftlicher Realität - sich wissenstheoretischen Revisionen gegenüber verschloß, ist angesichts der Tatsache, daß ihr vordringliches Bemühen der Etablierung eines anerkannten wissenschaftlichen Status ihrer Disziplin galt, verständlich, keineswegs aber theoretisch begründet.
61 Anwendungsbezogene Ausformulierungen findet dieses Konzept etwa in der Psychologie Watzlawicks (1981).

obachters zurückzuführen sind, der Reize oder Signale aus der Umwelt - die 'Klick, Klick, Klicks' der elektrischen Impulse im Nervensystem (v. Foerster 1985) - über die Einführung von Differenzen (etwa warm/kalt, süß/sauer, hell/dunkel, laut/leise etc.) erst zu sinnhaften Wahrnehmungen transformiert. Neurobiologen sprechen hier von sensorischen Reizen, die die Sinnesorgane und auch das Nervensystem aktivieren. Umweltreize stellen zunächst nichts weiter als unspezifische Signale dar, die von Sinnesrezeptoren registriert und in elektrische Impulse 'übersetzt' werden. Nur in dieser übersetzten Form registriert das Gehirn Veränderungen, Reize oder Störungen, die seine Operationsweise aktivieren. Das gesamte Nervensystem besteht "aus zellularen Elementen verschiedener Arten, die je nach Ansicht des Beschreibenden sensorische oder effektorische Bestandteile enhalten können" (Maturana 1987, 97). Unter neurobiologischen Gesichtspunkten kann das Nervensystem als ein Netzwerk von interagierenden Neuronen verstanden werden, "in dem jeder Zustand relativer neuronaler Aktivität in einer geschlossenen Weise zu einem anderen Zustand relativer neuronaler Aktivität führt" (Maturana 1987, 98). Das Nervensystem operiert als ein geschlossenes System, als ein in sich geschlossenes (organisiertes) Netzwerk interagierender Neuronen. Als solches erzeugt es aufgrund von Nervenimpulsen nur Zustände neuronaler Aktivität, Interaktionszustände zwischen neuronalen Bestandteilen. M.a.W., das Gehirn versteht nur seine eigene 'Sprache'. Die Signale, die dem Gehirn zugeführt werden 'informieren' demnach nicht über die Ursachen der Erregung bzw. über die Qualität eines Reizes, sondern sie erzeugen einen Erregungszustand der Nervenzellen, die ausschließlich die Intensität des Reizes bzw. der Störung wiedergeben. Das, was im Gehirn 'ankommt', was es 'versteht', ist ein bedeutungsneutrales 'Klicken' (v. Foerster), dem in den enstprechenden Gehirnteilen erst eine Bedeutung zugewiesen wird. Die 'Sprache' des Gehirns ist demnach 'undifferenziert codiert' (vgl. v.Foerster 1987, 137 ff.). Damit wird die Vorstellung, das Nervensystem sei durch Input-Output-Beziehungen gekennzeichnet, aufgegeben. Vielmehr wird zugrundegelegt, daß das Gehirn keinen direkten Zugang zur Welt hat und als Teil des Nervensystems kognitiv und semantisch abgeschlossen ist - und erst dadurch Informationen *erzeugen* kann. Ein Wahrnehmungsinhalt wird in diesem Verständnis nicht als Abbild eines Sinneseindrucks zu begreiflich, sondern als ein im Gehirn über neuronale Prozesse kreiertes, er-dachtes, er-wirktes, erzeugtes, er-kanntes Konstrukt. Die Annahme der operativen Geschlossenheit des Nervensystems unterstellt den Bruch zwischen den Sinnesorganen als Umweltrezeptoren und dem sensorischen Verarbeitungssystem im Gehirn und mithin die *kognitive Unzugänglichkeit der Welt*. Sie verweist zugleich auf die freie, nicht kausal gebundene, Übersetzbarkeit von Reizen und die dadurch ermöglichte Vielfalt der Erfahrungswelt.

Wahrnehmung wird als ein Prozeß der prinzipiell freien Zuweisung von Bedeutungen zu bedeutungsfreien neuronalen Prozessen vorgestellt. Wahrnehmung ist danach immer auch als Konstruktion und Interpretation von Informationen zu begreifen. Diese Konzeption von Wahrnehmung läßt das Erkennen, die Wahrnehmung der Welt über die Sinnesorgane und das Gehirn, als einen hochgradig vermittelten und zugleich rekursiv angelegten Prozeß erscheinen. Das Problem des Erkennens wird nicht mehr - wie in den bereits genannten Denkmodellen marxistischer und sozialkonstruktivistischer Provenienz - auf die 'äußeren', gesellschaftlichen Bedingungen des Erkennens bezogen, sondern grundsätzlicher, als ein Problem der Verarbeitung von Reizen gefaßt: Sinne verfahren immer selektiv, d.h. sie nehmen etwas aus der Welt auf und lassen anderes beiseite. In diesem Verständnis wird das Erkennen prinzipiell als gefiltert und gebrochen betrachtet, wobei die Bedingungen des Erkennens im Erkennen selbst aufgesucht werden müssen. Damit ändert sich die Frage nach dem Verhältnis von Wissensstatus und Wirklichkeitsproduktion grundlegend: Für die konstruktivistische Kognitionstheorie ist Wirklichkeit immer als ein Produkt ausschließlich interner Prozesse gegeben. Was als Wirklichkeit wahrgenommen wird, ist als "ein Ergebnis der Verrechnung der von den Rezeptoren gelieferten Signale" (v.Foerster 1985, 48) zu verstehen. Unser Wissen über die Welt erzeugen wir demnach selbst in kognitiven Prozessen und deren Vernetzung, über Attribution und Interpretation und schließlich - in bezug auf eine wie auch immer geartete Außenwelt - gewissermaßen 'blind'. Die Umwelt stellt keine Informationen bereit, die einzuholen und zu verarbeiten wären; vielmehr müssen wir davon ausgehen, daß die Welt ist, wie sie ist und alle "Informationen über die Welt [...] in einem Organismus durch seine Interaktion mit der Welt erzeugt" werden (v.Foerster 1985, 47). Kognitive Systeme lassen sich in diesem Sinne als energetisch offen im Hinblick auf Umweltbeziehungen *und* informationell geschlossen im Hinblick auf die Wahrnehmung begreifen. Das Verhältnis von Wirklichkeit und Wissen kann damit auch so ausgedrückt werden: "Die Umwelt, die wir wahrnehmen ist unsere Erfindung" (v.Foerster 1985, 25, 112).

Der kognitionstheoretische Konstruktivismus 'radikalisiert' die Vorstellungen des Erkennens dahingehend, daß ausnahmslos jedes Erkenntnissystem System nur 'seine' Wirklichkeit erkennen kann, daß alles Erkennen quasi im 'Blindflug' geschieht und daß Erkennen weniger auf ein wechselseitiges 'Anpassen' zwischen (Kognitions-)System und Umwelt ausgerichtet ist, als vielmehr auf die (überlebensnotwendige) Erzeugung der Umwelt mit Hilfe eigener Konstruktionen, die es *systemintern* miteinander abzustimmen, zu vereinbaren gilt: "Während die traditionelle Auffassung in der Erkenntnislehre sowie der kognitiven Psychologie das Verhältnis stets als eine mehr oder weniger bildhafte (ikonische) Übereinstimmung oder Korrespondenz betrachtet, sieht der radikale Konstruktivismus es als Anpassung im funktionalen Sinn" (Glasersfeld 1981, 19). In dieser Sicht ist Wissen nicht als ein Abbild der Wirklichkeit zu verstehen, sondern als kognitiver Prozeß, als das ständige Erschließen und Abstimmen von Wahrnehmungen. Was 'Wirklichkeit' genannt wird, ist damit "nicht eine ontische, eine ontologische Wirklichkeit, sondern es beruht auf den Vereinbarungen, die wir getroffen haben. Es beruht auf den Übereinstimmungen unseres Erlebens, unserer Erlebnisse" (Glasersfeld 1987, 404 f.). Konsequent weitergeführt, meint dies: Auch die Konzeption einer prinzipiell beobachterabhängigen Wirklichkeit und die Annahme der operativen Geschlossenheit von Erkenntnissystemen ist eine Konstruktion. Eine 'konstruktivistische' Beobachtungsperspektive kann insofern nicht mehr 'blind' gegenüber den eigenen Prämissen operieren. Sie ist letztlich immer auf die selbst eingeführten Unterscheidungen und deren Beobachtung im Sinne ihres permanenten Abgleichs, ihrer Abstimmung und Vereinbrung verworfen. Der kognitionstheoretische Konstruktivismus drängt auf die Revision des Verständnisses von Erkennen und Wissen. Er provoziert ein neues Selbstverständnis gerade der wissenschaftlichen Wirklichkeitsbetrachtung als eine Konstruktion. Problematisch wird die 'Radikalität' des Ansatzes allerdings, wenn es darum geht, nicht nur kognitive, sondern soziale Prozesse in den Blick zu nehmen.

Die Vorstellungen der operativen Geschlossenheit von kognitiven Systemen verunsichern die gängigen Vorstellungen von Sozialität grundlegend. Sie lassen insbesondere die Annahme, Sozialisation sei nur durch die Vermittlung von Wissensinhalten und -beständen, durch die Übertragung von Sinn und schließlich durch Kommunikation als Austauschprozeß *zwischen* Individuen möglich, fraglich werden. Der Ausgangspunkt einer konstruktivistischen Kommunikationstheorie ist die Vorstellung, daß Kommunikationspartner durch die Äußerungen des jeweils anderen perturbiert und irritiert, niemals aber informiert und instruiert werden können. Die Beteiligten der Kommunikation reagieren, wenn sie reagieren, nur auf sich selbst bzw. auf Veränderungen ihres eigenen kognitiven Operationsbereiches. Kommunikation im Sinne einer 'gelungenen' Übertragung von Botschaften wird hier nicht als Normalität sondern als Problem begriffen. Es stellt sich die Frage, wie Kommunikation - angesichts der Unwahrscheinlichkeit ihres Gelingens - dennoch mit hohen Erwartungssicherheiten funktionieren kann.

Die Frage nach dem Zustandekommen von Kommunikation wird im kognitionstheoretischen Diskurs als eine Art Analogiebildung begriffen (vgl. v. Glasersfeld 1985; Heijl 1987, 1990). Es wird behauptet, daß es zur Ausbildung 'konsensueller Bereiche' kommen kann. Dies meint die (unwahrscheinliche) Konstruktion von gemeinsam verfügbaren Interaktionspotentialen. Anders ausgedrückt: Wenn sich zwei oder mehrere Kommunikationspartner gleichzeitig und gemeinsam 'einreden', daß sie interagieren und verstehen, konstituieren sie eine Kommunikationssituation und können auf eine genauere Prüfung des Gesagten, auf Rückfragen und Zusatzerklärungen verzichten. Sie verpflichten sich in gewisser Weise der gemeinsamen und doch höchst individuellen Konstruktion 'Kommunikation'. Ein solches Kommunikationsverständnis läßt zwar Vorstellungen von überindividuellen, sozialen oder kulturellen Codes, so etwa das Vertrauen auf Absprachen mitschwingen, doch gerät die Kommunikation als ein eigenständiges System, als ein analytisch getrennt zu beobachtender Erkenntnisgegenstand, nicht in den Blick. Mit der Zurechnung von Kommunikation auf Subjekte bzw. Bewußtseine reiht sich die kognitionstheoretische Konzeption in die Tradition handlungstheoretisch fundierter Kommunikationsmodelle (vgl. Kap. VIII, 1).

Eine Alternative zu kognitions- und handlungstheoretisch fundierten Beobachtungsmodi sozialer Phänomene eröffnet die moderne Systemtheorie mit ihrem Vorschlag einer Kommunikationstheorie.

4. Systemtheorie: Niklas Luhmann

Die Kommunikationstheorie Luhmanns (1984) löst die Figur autopietischer Systeme aus dem kognitionstheoretischen Diskurs heraus. Damit verabschiedet er zugleich die Vorstellung von Kommunikation als Inter-Subjektivität, da sie die Einheit dessen, was mit dem Begriff gemeint ist, nicht bezeichnen kann (Luhmann 1986, 50). Stattdessen wird vorgeschlagen, Kommunikation als die Operation zu betrachten, die die Einheit des Sozialen produziert und reproduziert. Kommunikation erscheint als die elementare Basisoperation sozialer Systeme[62]. Damit erschließt Luhmann eine soziologische Perspektive, in der das Soziale nicht mehr vom Individuum, sondern eben auch und vor allem von der Kommunikation aus gedacht werden kann. In dieser Perspektive erscheint Verhältnis von Kommunikation und Individuum in einem anderen Licht erscheinen: Kommunikation wird nicht mehr als das Produkt bzw. als das Resultat individuellen Handelns begriffen, sondern als ein selbstselektiver Prozeß, dem individuelle Äußerungen quasi als Rohmaterialien zum Aufbau eigensinniger Kommunikationsstrukturen dienen. Damit werden *Individuen* (bzw. Subjekte, bzw. Menschen) als mögliche Ausformulierungen der kommunikativ hervorgebrachten Form *Person*[63] begreiflich und können als beobachtbare soziale Konstrukte an einer anderen Stelle der Theoriebildung wieder eingeführt werden (vgl. Luhmann 1991a). Entsprechend betont Luhmann (1988c) das *Bewußtsein* nicht mehr als den privilegierten 'Sitz' für die Konstitution sozialer Zusammenhänge. Der Kommunikation ist das Bewußtsein vielmehr ein eigendeterminiertes Medium, durch das sie Kommunikation sowohl Begrenzungen wie auch Reize für weitere Kommunikation erfährt.

Um Kommunikation als einen selbstselektiven Prozeß entfalten zu können, unterscheidet Luhmann (1984, 194 ff.), zwischen Information, Mitteilung und Verstehen, um sie je als besondere Selektionen betrachten zu können, die allerdings zu Synthese kommen müssen, um das soziale 'Phänomen' Kommunikation hervorzubringen. Information bezeichnet das Ereignis einer Differenzerfahrung, setzt also einen abgrenzbaren Raum von Kontingenzen voraus; Mitteilung meint Selektion zwischen Äußerung und Zurückhaltung, zwischen Reden und Schweigen; Verstehen markiert

---

62 Hierzu sei bereits angemerkt, daß die Übertragung des Autopoiesekonzepts von kognitiven auf soziale Systeme nicht als einfach als Übersetzung zu verstehen ist, da die Bedingungen kognitiver und kommunikativer Selbstreproduktion unterschiedlich sind: Es macht einen Unterschied, ob man über lebende Systeme und Kognitionen oder soziale Systeme und Kommunikation redet, weil die Grenzen des Lebens und die der Kommunikation unterschiedlich sind, weil das, was dem Leben schaden oder es gar zerstören kann, die Kommunikation noch lange nicht zum Erliegen bringen muß, im Gegenteil: gerade die Schädigung, Zerstörung, Vernichtung etc. des Lebens (sei es pflanzlich, tierisch oder menschlich) ist der Kommunikation und mithin der Gesellschaft, immer wieder Anlaß, sich selbst zu beobachten und zu beschreiben.

63 Personen bezeichnen hier kommunikativ hervorgebrachte Adressen für und von Mitteilungen. Personen sind in diesem Verständnis kommunikativ geformte und auf die Reproduktionsbelange der Kommunikation 'zurechtgeschnittene' Formen, über die sich die Kommunikation selbst in eine anschlußfähige Form bringt.

einen Unterschied zwischen der Information als Selektion aus einem Horizont von Möglichkeiten und der Mitteilung, ebenfalls aus einem Horizont von Möglichkeiten. Aus dieser Unterscheidung ergeben sich die Möglichkeiten, sich für das Mitteilen oder Zurückhalten von Informationen, für die eine oder die andere Auswahl von Inhalten und schließlich für das Annehmen oder Ablehnen der mitgeteilten Information zu entscheiden.

Der Startpunkt einer systemtheoretisch fundierten Kommunikationstheorie ist demnach nicht mehr das Handeln von Individuen, die Informationen mitteilen, übertragen und austauschen, sondern die Unterstellung der sich selbst erzeugenden und reproduzierenden Kommunikation, in der und über die das erzeugt wird, was wir als das Handeln von Individuen und schließlich als Sozialität wahrnehmen (vgl. Luhmann 1984, 191). Erst die Teilnahme an Kommunikation ist es, die es sinnvoll macht, mit der Unterstellung eines anderen kommunizierenden Individuums, eines alter egos zu operieren. Kommunikation meint eine "autopoietische Operation eines autopoietischen Systems. Sie kommt nur vor, wenn es Systeme gibt, die mit Hilfe dieser elementaren Operation, genannt Kommunikation, ein Netzwerk der Reproduktion eben dieser elementaren Operation bilden und reproduzieren" (Luhmann 1987, 5). Kommunikation bezieht sich immer nur auf Kommunikation, sie orientiert sich in ihrem Fortgang immer nur an den selbsterzeugten Sinngehalten. Schließlich kann alles, was über etwas gesagt wird, als Resultat sich selbst konstituierender und reproduzierender Kommunikationsprozesse, als Kommunikation betrachtet werden.

In dieser Perspektive lassen sich die Verständigungsprobleme, die die Kommunikation für sich zu lösen hat, von den Verstehensproblemen des einzelnen Bewußtseins analytisch trennen. Anders als manchen Individuen geht es der Kommunikation nicht um Verständigung im Sinne einer korrekten Übertragung von Botschaften, eines geglückten Austausches von Sinngehalten oder um die Herstellung von Konsens - der Kommunikation geht es darum, daß Mitteilungen angenommen werden, daß sich an Mitteilungen weitere Mitteilungen anschließen, kurz: daß sich die Kommunikation in Gang hält. Das Bezugsproblem der Kommunikation ist ihr eigener Fortgang im Sinne der permanenten Selbsterzeugung, denn nur so kann sie sich als ein 'wirkliches Geschehen in der Welt' etablieren. Ob und inwieweit sich die Kommunikation bei der Bearbeitung des Problems der Selbstreproduktion an die Kommunikation von Konsens oder an die Kommunikation von Dissens bindet, ob und inwieweit sie auf die Stimmigkeit, Begründbarkeit, Rationalität oder Wahrheit von Beiträgen pocht oder nicht, bleibt dabei der Kommunikation überlassen - sie selbst bringt die Kriterien, nach denen sie Informationen, Mitteilungen selegiert und nach denen sie über das Annehmen bzw. Ablehnen von Kommunikationsangeboten entscheidet, hervor. Die Autonomie und Selbstreferentialität der sozialen Kommunikation liegt gerade darin, daß sie sich auch angesichts von Mißverständnissen, Abschweifungen, Ablehnungen und Widersprüchen etc. als 'gelungen' begreifen kann.

Kommunikation bezieht sich immer nur auf Kommunikation, die konstituiert sich als ein Reden über Reden. Diese Vorstellung der operativen Geschlossenheit der Kommunikation läßt *Sprache* als ein eigenständiges System, als einen autonomen, d.h. analytisch vom Gehirn zu unterscheidenden 'Wirklichkeitsgenerator' erscheinen.

Die Sprache wird nicht länger als ein Vehikel zur Informationsübertragung begriffen, sondern als ein Medium, das - wenn auch nur vorläufig - die Reduktion des Wahrnehmens auf ein sozial verarbeitbares Maß ermöglicht. Über Sprache wird kein wechselseitiges 'intersubjektives' Verstehen erzeugt, sondern mittels Sprache kann der *Eindruck* des übereinstimmenden Verstehens erzeugt und als Voraussetzung für weitere Kommunikationen verfügbar gemacht werden - ungeachtet wie brüchig dieser Eindruck zustande gekommen sein mag (vgl. Luhmann 1981, 28). Die Sprache bleibt jedoch universell negierbar und vermag insofern Kommunikationssituationen nicht hinreichend zu limitieren. Deshalb greift die Kommunikation nicht nur auf Sprache, sondern auch auf sogenannte symbolisch generalisierte Kommunikationsmedien zurück, die die Wahrscheinlichkeit des Annehmens von Kommunikationsangeboten - sei es in der Form von Anerkennung, sei es in der Form von Protest - erhöhen. Kommunikationsmedien, wie etwa Geld, Macht oder Wahrheit, orientieren die Kommunikation, d.h. sie normalisieren die Umwahrscheinlichkeit kommunikativer Verständigung und tragen so zur Ausdifferenzierung gesellschaftlicher Subsysteme bei. Wenn von Kommunikationssystemen die Rede ist, so meint dies ein Kommunikationsnetzwerk, dem es gelingt, die Umwahrscheinlichkeit der Kommunikation ins Wahrscheinliche zu transformieren (vgl. Luhmann 1981, 30). Wir wollen an dieser Stelle nicht weiter in die Medientheorie Luhmanns einsteigen, sondern skizzieren, welche Konsequenzen sich hieraus für die Beobachtung von Kommunikationssystemen ableiten lassen.

Kommunikationssysteme werden als sich selbst erzeugende, im Rekurs auf die eigenen Strukturen operierende Kommunikationsnetzwerke begriffen. In diesem Verständnis schließen sich Kommunikationssysteme gegen ihre Umwelt, d.h. sie koppeln sich als eigenständig konstruierende, ihre Umwelt beobachtende und beschreibende Zusammenhänge vom Gegenstand der Beobachtung ab. Die operative Schließung wird hier als Voraussetzung für Umweltoffenheit begriffen, d.h. Kommunikationssysteme unterhalten ihre Beziehungen zur Umwelt, nicht *obwohl* sie von der Umwelt abgekoppelt sind, sondern gerade *weil* sie in ihrem Lauf eine Differenz von System und Umwelt generieren, über die die Umwelt als etwas anderes als das beobachtende und beschreibende System selbst wieder eingeholt werden kann. Kommunikationssysteme beobachten bzw. beschreiben ihre Umwelt in der und über die Kommunikation, wobei davon ausgegangen wird, daß die "gesamte Welt der sozialen Kommunikation darauf eingerichtet [ist], daß Monotonie ausgeschlossen ist und man nur kommunizieren kann, indem man Themen und Beiträge wechselt" (Luhmann 1984, 99) oder abstrakt formuliert: weitere Differenzen bzw. Unterscheidungen einführt. Die Reproduktion von Kommunikationssystemen etabliert sich als ein fortlaufendes Unterscheidungsgeschehen. Entsprechend teilt die Kommunikation die Welt nicht mit, sie teilt sie ein. Im Moment ihrer Reproduktion aktiviert sie die bezeichnenden Begriffe, die zugleich das durch sie Unterschiedene abblenden und ausschließen. Was kommunikativ aktualisiert und mitgeteilt sind zumeist die Begriffe oder auch Themen, beschränkt sich also auf die eine, genauer: die bezeichnende Seite der Unterscheidung von Bezeichnung und Unterscheidung. Entsprechend wird die andere Seite der Unterscheidung latent gehalten, d.h. daß zur begrifflichen Beschreibung der Welt eine Unterscheidung eingeführt wurde, bleibt unbeobachtet. In ihrem Fortgang schließt die Kommunikation m.a.W. die Beobachtung ihres Unterscheidungsgebrauchs aus - selbst dann, wenn sie sich selbst thematisiert (vgl. Luhmann 1990b, 16)[64]. Kommunizieren konstituiert sich insofern als ein 'blindes' Prozessieren von Unterscheidungen. Soweit wir dies als grundsätzlichen Modus der Sinnproduktion annehmen, also anerkennen, daß Sinnerzeugung nur über die Einführung von Unterscheidungen möglich ist, dann verrät das, was kommuniziert wird, nichts über die Realität, sondern nur etwas über den Unterscheidungsgebrauch eines Beobachters, sprich: der Kommunikation[65].

In diesem systemtheoretischen Kommunikationsverständnis wird die konstruktivistische Prämisse eingeholt, daß soziale Kommunikationssysteme - wie kognitive Systeme - in einer selbsterzeugten, letztlich unbegreifbaren Umwelt leben, ohne direkten Weltkontakt. Das, was in sozialen Zusammenhängen als 'Realität' in Erscheinung tritt, verweist immer auf kommunikative Prozesse der Einführung und Vermittlung von Unterscheidungen[66]. Die Umwelt spielt dabei insofern eine Rolle, als daß sie die Kommunikation, soweit die genügend Eigenkomplexität besitzt, zu reizen, zu irritieren oder zu stören vermag und die Kommunikation so zu neuen Beiträgen stimulieren kann[67]. Niemals aber kann die Umwelt direkt in die Kommunikation eingreifen, dazwischenreden, mithin die Kommunikation limitieren oder determinieren. Die Kommunikation etabliert sich als ein ständiges Prozessieren von Sinn, ein oszillierendes System, das Reize aus der Umwelt wahrnimmt und sie in Informationen und Mitteilungen 'übersetzt'[68]. Die hier angenommene Selbstisolierung der Kommu-

---

64 Der Beobachter ist quasi das 'Nicht-Beobachtbare'. Der Beobachter sieht, was er sieht und wie er sieht. Daß er sieht, ist nur möglich, indem er zwischen sich und der Welt, die er sieht, unterscheidet. Er produziert eine Unterscheidung, die er zur Bezeichnung der einen einen Seite ('Welt') benutzt; er erzeugt einen 'blinden Fleck'. So ist auch unsere Beobachtung des Beobachtens eine Beobachtung erster Ordnung, die ihren 'blinden Fleck' produziert. Sobald wir versuchen, das zu beobachten, was wir nicht mehr sehen können, beobachten wir schon und sehen wiederum nur, was wir sehen, eventuell sogar sehen, was wir nicht sehen.

65 "Geht man aus konstruktivistischer Sicht davon aus, daß wir faktisch nicht *in* der Welt, die wir von uns selbst (von unserem Körper) als unsere Umgebung unterscheiden, sondern daß wir *mit* dieser Welt leben, zu der schließlich auch das gehört, was wir unser Selbst, unseren Körper nennen, dann verliert die traditionelle Dichotomie von Subjekt und Objekt ihren angestammten Sinn. Damit verändert sich zugleich auch der Stellenwert all der erkenntnis- und wissenschaftsphilosophischen Arbeiten, die von der Subjekt-Objekt-Dichotomie ausgegangen sind und entsprechende Vorstellungen von unserem Wissen, unserer Erkenntnis und von den Verfahren des Wissenserwerbes (der Erkenntnis der Wahrheit) entwickelt haben. Zu diesen Vorstellungen gehört auch ein Empiriebegriff, der über Beobachtung im weitesten Sinne an eine bestimmte, an der Weltkenntnis orientierte Vorstellung von der Wirklichkeit gebunden ist. Und mit diesem Empiriekonzept ist wiederum eine Wissenschaftstheorie und Methodologie verbunden, deren Dreh- und Angelpunkt das Ziel der Wirklichkeitserkenntnis ist" (Rusch 1987, 218).

66 Wir können auch sagen: über die Einführung von Inhalten, Distinktionen, Beschreibungs- und Symbolsystemen.

67 Dabei kann gerade das Bewußtsein in seiner medialen 'Störerfunktion' der Kommunikation vorgeführt werden kann (vgl. Luhmann 1988c).

68 Wir gehen davon aus, daß jede Übersetzung vom Gegenstand, den sie übersetzt, abweicht und ihre eigenen Unschärfen, ihr eigenes 'Rauschen' produziert. Es geht also nicht nur um ein 'loss

nikation führt - die sei betont - gerade *nicht* in eine Beliebigkeit der dadurch ermöglichten Wirklichkeits- bzw. Technik-Konstruktionen. Vielmehr ist davon auszugehen, daß Kommunikationszusammenhänge in ihrem Lauf begriffliche Formen und Bestände, so etwa ein spezielles Sprachsystem, hervorbringen und reproduzieren, die die Möglichkeiten dessen, was im Kommunikationszusammenhang anschlußfähig ist und was nicht, einschränken.

Was vor dem Hintergrund eines systemtheoretisch fundierten Kommunikationsverständnisses deutlich gemacht werden kann, ist einmal der Umstand, daß neben Personen nun auch die Kommunikation als ein beobachtendes, konstruierendes System begriffen werden muß und weiterhin, daß sich die Kommunikation in die Form von in der Welt eingeschlossenen, sich aus der Welt ausschließenden Systemen produziert und erst dadurch für andere Beobachter erkennbar wird. Dies schließt insbesondere auch die wissenschaftliche Beobachtung und Wissensproduktion ein (vgl. Kap.VIII, 2).

Vor diesem veränderten Theoriehintergrund wird die bisherige soziologische Technikforschung neu lesbar. Speziell die Industriesoziologie kann als ein Kommunikationszusammenhang vorgestellt werden, der durch seine Art der Beobachtung die betriebliche Wirklichkeit und die in ihr eingefahrenen, eingelebten Denk- und Handlungsweisen stören, in Unruhe versetzen möchte. Als Beobachterin organisatorischer Wirklichkeit zersetzt die Industriesoziologie herrschende Selbst- und Fremdbeschreibungen in Organisationen, indem sie das dort Bezeichnete auflöst, differenziert und umdefiniert. Zugleich wird aber auch deutlich, daß sich die industriesoziologische Technikforschung bei ihren Beobachtungen aus den Verstrickungen der eigenen Sichtweise nicht herauszulösen vermag. Was sie beobachtet und wie sie betriebliche Wirklichkeit beobachtet, legt sie mit ihren Begriffen und Unterscheidungen selbst fest. Sie konturiert den Gegenstand den sie beschreibt, sie limitiert ihren Blick - und dies, wie bereits erwähnt, in einer Art und Weise, die heute Gegenreden provoziert (vgl. etwa Ortmann 1994, Rammert 1992a). Zwar beginnt die Industriesoziologie zu akzeptieren, "daß ihre 'Wahrheit' die Dinge nicht 'zum Tanzen' bringt" (Bardmann 1990a, 185), doch bleibt abzuwarten, ob und inwiefern sie dabei die unvermeidbaren Begrenzungen der eigenen Sichtweise mit in den Blick zu nehmen und mit ihnen umzugehen vermag.

Ähnliches gilt auch für die Techniksoziologie. Zwar wird hier von der Konstruiertheit sozialer Wirklichkeit ausgegangen, doch hält man sich dabei zumeist an die 'ontologisch gefärbten' grundlagentheoretischen Vorgaben des Sozialkonstruktivismus. Die Technik wird als ein soziales Konstrukt begriffen, doch bezeichnet dies entweder das Resultat vorangegangener Interpretationen und interaktiven Aushandlungsprozessen oder das 'Medium', auf das sich soziale Interaktions- und Aushandlungsprozesse beziehen. In beiden Fällen ist 'das Soziale' der Technik ausschließlich auf die Menschen bzw. die Subjekte zurückzuführen, die sich mit ihrem Handeln auf den 'Gegenstand' Technik beziehen und dabei eine 'intersubjektiv' verfügbare

---

of translation', sondern auch um die Erzeugung von Störungen und Irritationen, die die soziale Kommunikation in Bewegung bringen, etwa indem Erklärungen, Rationalisierungen, Umschreibungen etc. gefordert werden.

Übereinkunft erzielen, was als Technik behandelt werden soll. Gerade diese Möglichkeit der Herstellung einer von allen Beteiligten 'wirklich' gemeinsam geteilten Wirklichkeit aber, stellen der 'radikale' Konstruktivismus, wie auch die Systemtheorie Luhmanns als höchst unwahrscheinlich heraus. Übereinkünfte sind in konstruktivistischer Sicht, wenn überhaupt, nur auf symbolischer Ebene, d.h. in der Kommunikation und nur in der Kommunikation zu erreichen. Mit diesen konstruktivistischen 'Einsichten' geraten, wie im Folgenden zu zeigen ist, in der soziologischen Technikforschung neue Sichtweisen in Sicht.

V. Ein neues Technikverständnis

Ein neues soziologisches Technikverständnis, wie es im Folgenden umrissen werden soll, stellt in Rechnung, daß sich mit dem Eindringen der neuen Technik in alle Bereiche des alltäglichen Lebens weder 'technische Paradiesvorstellungen' bewahrheitet, noch 'kulturelle Untergangsbeschwörungen' bestätigt werden. Die neue Technik enttäuscht beides: Weder ist mit der neuen Technik die Lösung von Kommunikationsproblemen angezeigt, noch bringt die neue Technik kulturell eingelebte Ausdrucks- und Sozialformen einfach zum Verschwinden, wie es manche Kulturpessimisten befürchten. Dennoch ist mit dieser Erkenntnis keineswegs eine 'Beruhigung' der Diskussion um die neue Technik angezeigt. Vielmehr schält sich zunehmend heraus, daß die neue Technik in allen Bereichen der modernen Gesellschaft zu einem unverzichtbaren Bestandteil sozialer Wirklichkeit avanciert und daß im Zuge dessen tiefgreifende Veränderungen der Wirklichkeitserfahrung und -produktion in Aussicht gestellt sind, die uns auf noch unabsehbare Zeit beschäftigen werden.

In diesem Kontext gilt es, eine soziologische Betrachtungsweise zu entwickeln, die kenntlich machen kann, daß und wie sich in der modernen Gesellschaft mit Hilfe der neuen Technik eine „eigentümliche Sphäre der Gesellschaftlichkeit" (Gilgenmann 1994, 3) bzw. des Sozialen zu entwickeln beginnt. Des weiteren darf eine solche Perspektive auch die damit aufbrechenden Ungewißheiten und Unbestimmtheiten nicht aus den Augen verlieren. Es geht also um ein soziologisches Technikverständnis, das sowohl die bedeutungsstrukturierende wie auch die bedeutungsunterminierende Kraft der Technik herausstellen und so eine Forschung anzuleiten vermag, die sich an der Zentralfrage des kommunikativen Umgangs mit Technik orientiert.

1. Unbegreifliche Technik

Überblickt man die derzeitig interdisziplinär geführte Diskussion um die neue Technik, so stellt man fest, daß der Computer als deren zentraler Baustein die gewohnten Beschreibungen und Bilder, die eingeschliffenen Formen des Redens grundsätzlich verunsichert. Der Computer erscheint als eine Technik, die nicht nur hinsichtlich ihrer Entwicklung und Auswirkungen ambivalent bleibt, sondern zugleich die gängigen Vorstellungen von Technik selbst zersetzt. Die dem Computer allenthalben zugeschriebene Komplexität, Multifunktionalität, Variabilität, Flexibilität, Immaterialität und enorme Entwicklungsgeschwindigkeit lassen ihn als eine weder strukturell noch in bezug auf seine Operationen einsehbare Technik erscheinen (vgl. etwa Winograd/Flores 1989). Der Computer wird im Rückgriff auf Heinz von Foerster[69],

---

[69] Nach Heinz von Foerster (1985, S.44) ist eine triviale Maschine ist eine, die bei demselben Input immer denselben Output produziert, also vorhersagbar und vom Kontext wie vom eigenen

in einer zwei-Seiten-Form als 'triviale Maschine' und als 'nichttriviales Medium' beobachtbar (vgl. Esposito 1993), was auch und vor allem den Gedanken impliziert, daß der Computer als Medium auch dann, wenn er überraschende, unerwartete und irritierende Effekte zeitigt, also im klassischen Sinne fehlerhaft bzw. nicht funktioniert, als Maschine durchaus funktionieren kann. Der Computer unterläuft demnach seine technologische Form, indem er sich nicht mehr umstandslos nach der Unterscheidung von Funktionieren/Nichtfunktionieren im Hinblick auf seine Reparatur oder Ersatz (vgl. Luhmann 1990e, 21) beobachten läßt. Funktionieren wie Nichtfunktionieren werden am Computer als jeweils gewählte Zurechnungen beobachtbar, ohne daß damit sein 'wirklicher' Zustand beschrieben wäre.

Zudem transportiert die Kennzeichnung des Computers als 'triviale Maschine' eine weitere, tiefgreifende Veränderung in sich mit: Im Kontext der neuen Technik bezieht sich der Maschinenbegriff nicht mehr wie selbstverständlich auf die 'harten', materiell fixierten und greifbaren 'Teile' des Computers. Die 'Maschine' bezeichnet - zumindest im Verständnis der Computerwissenschaften und KI-Forschung - vielmehr eine Ebene „der Programme, der Software, mit deren Hilfe Eingaben (als Daten) 'verarbeitet' werden" (Gilgenmann 1994, 8). Damit wird selbst die ehemals eindeutige Positionierung der Maschine in der 'außersozialen' Dingwelt brüchig. Ob die Maschine wie bisher üblich das Gerät, die Apparatur bezeichnet oder eine spezifische Funktionsweise bzw. 'Maschinensprache' (vgl. Winograd/Flores 1989) läßt sich damit weniger an der Technik selbst 'ablesen', sondern vielmehr am Kontext innerhalb dessen die Technik thematisch gemacht wird.

Vor diesem Hintergrund beginnt die Vorstellung von Technik als der für Technikbeschreibungen notwendigen Voraussetzung an Plausibilität einzubüßen. Wie immer die neue Technik beschrieben wird, welche 'Identität' man ihr auch verleiht, die Beschreibungen der Technik werden nurmehr als Zuschreibungen eines Beobachters ersichtlich, der sich die Technik begrifflich zu machen versucht. In diesem Verständnis kann auch und gerade die von Industrie- und zum Teil auch von Techniksoziologen (vgl. etwa Joerges 1989) propagierte Vorstellung von einer materiell fixierten, gleichbleibenden 'Realtechnik' als eine mögliche Zuschreibung begriffen werden, die weniger am Gegenstand der Technik 'Halt' findet, sondern vielmehr in bestimmten Traditionen und Konventionen der Beobachtung und Beschreibung technischer Artefakte begründet ist.

Dieser Annahme kommen die Überlegungen des Konstruktivismus entgegen, die 'gegebene' Welt als Basis der Realitätserkenntnis bestreiten. Danach kann auch der Technik eine, wie auch immer geartete 'letzte' Realität zugestanden werden, die allerdings dem Beobachter unzugänglich bleibt. Technik ist, als was immer sie in sozialen Kontexten in Erscheinung tritt, eine letztlich *unfaßbare, unbegreifliche Technik* (vgl. Bardmann/Dollhausen/Kleinwellfonder 1992, 1993). In dieser Perspektive unterstellt man der Technik keinen 'letzten' Sinn, kein 'eigentliches' Ziel und keinen 'immanenten' Zweck, kein Funktionieren und auch kein Nichtfunktionieren.

---

vergangenen Verhalten unabhängig ist. Eine nichttriviale Maschine reagiert dagegen auf denselben Input an verschiedenen Zeitpunkten anders. Sie orientiert sich an ihrem inneren Zustandund ist deshalb unvorhersagbar.

Statt dessen betont man die strukturelle Plastizität, Undurchschaubarkeit und Unvorhersagbarkeit der Technik. Technik wird als ein gestaltloses, formloses, sinnloses, entgrenztes Etwas oder, wie Glanville (1988) es formuliert: eine 'Black Box'[70] begriffen. Dies heißt natürlich nicht, daß man sich kein Bild von der Technik machen kann. Im Gegenteil: Die soziale Relevanz der Technik fußt ja gerade darauf, daß man sich ein Bild von ihr macht, daß sie begründet wird und daß sich Vorstellungen, Hoffnungen wie Befürchtungen, Visionen wie Untergangsutopien an sie heften. Prekär und womöglich sogar riskant wird es allerdings, wenn die Bilder der technischen Wirklichkeit als die Wirklichkeit der Technik schlechthin behandelt werden bzw. wenn die in jeder Vorstellung, jeder Begründung und Vorhersage eingeschlossene Unbegreiflichkeit der Technik einfach ausgeschlossen wird.

Es ist mit Blick auf die zugrundegelegten konstruktivistischen Prämissen leicht einzusehen, daß sich die hier vorgeschlagene Kennzeichnung der Technik als eine letztlich unbegreifliche, unfaßbare Technik bzw. als eine 'Black Box' weder als eine 'den Tatsachen enstprechende' noch als eine, dem alltagsweltlichen Konstruieren von Technik 'entsprechende' Konstruktion begreifen kann. Vielmehr ist diese 'Des-Identifikation' der Technik als ein - erkenntnistheoretisch begründeter und ermöglichter - methodischer 'Trick' zu begreifen, mit dessen Hilfe die Aufmerksamkeit der soziologischen Technikforschung verlagert und neu einjustiert werden kann. Die entscheidende Frage lautet dann nämlich nicht mehr: Welche sozial generierten Bedeutungen 'stecken' im technischen Artefakt, sondern: Wie wird mit der neuen Technik im Sinne eines in der Umwelt der Kommunikation neu auftauchendes Moment, das keine Orientierung, keine Regel, keinen Sinn mehr vorgibt, kommunikativ umgegangen? Das Interesse der Forschung richtet sich ma.W. nicht mehr auf die Re-Konstruktion vorangegangener Konstruktionsprozesse, sondern auf die Beobachtung des sozialen Konstruierens von Technik selbst.

Vor diesem Hintergrund erscheint der Computer als eine ausformulierte zugleich aber auch immer wieder neu auszuformulierende Adresse der Kommunikation. Auf welche Art und Weise die Kommunikation den Computer thematisch macht, welche Selektions- und Verknüpfungsleistungen sie im alltäglichen Umgang mit dem Computer erkennbar werden läßt, ist somit keineswegs durch den Computer vorgegeben, sondern der Kommunikation selbst geschuldet. Erst in der Kommunikation und nur in der Kommunikation gewinnt das Medium Computer seine Form.

---

70 "Die interaktive Verbindung der Black Box mit ihrem Beobachter kann dazu führen, daß eine Beschreibung des 'Verhaltens' angefertigt wird (der Beobachter macht die Black Box für sich weiß, während sie für jeden anderen Beobachter schwarz bleibt), aber diese Beschreibung, die zwischen dem Beobachter und der Box existiert, hat nur historische Richtigkeit - genau wie jenes Konzept, das wir für ein 'konstantes Objekt' entwickeln. Dies erlaubt uns, mit Ignoranz zu beginnen und dennoch innerhalb von Interaktionen eine Vorstellung von einem Verhalten entwickeln zu können, ohne uns auf einen Versuch einlassen zu müssen, entdecken zu wollen, was die Black Box zu verbergen hat" (Glanville 1988, 10 f.).

2. Die kommunikative Formung von Technik

Im konstruktivistisch-systemtheoretischen Verständnis erscheint die Kommunikation als basaler Prozeß der Sinnkonstitution von sozialen Systemen. Soziale Systeme bringen sich selbst in eine Differenz zur Umwelt und sie organisieren sich, indem sie die selbsterzeugten Sinngrenzen in der und mittels Kommunikation beobachten, d.h. Sinngehalte und Bedeutungen generieren die sie entweder sich selbst oder der Umwelt zuordnen. In diesem Verständnis gewinnen Erfahrungen, Vorstellungen, Einstellungen, Werthaltungen, kurz: alle zur Wirklichkeitskonstitution sozialer Systeme 'brauchbaren' Beiträge nur 'wirkliche' soziale Bedeutung, solange sie in in eine kommunikative Form gebracht werden. D.h. um etwas sozial wirksam werden zu lassen, muß es kommuniziert werden. Nur die Kommunikation ist der Prozeß, über den allein auszumachen ist, was in einem Sozialsystem 'Sinn und Bedeutung' haben soll. Entsprechend gewinnt auch die Technik in sozialen Systemen nur soweit an Bedeutung, wie sie als *Thema* der Kommunikation in der Kommunikation erscheint.

Technik betrachten wir als ein *Konstrukt*, das durch das Reden und Theoretisieren über Technik erzeugt wird. Es ist davon auszugehen, daß sich im 'Erreden' der Technik in sozialen Zusammenhängen spezifische Bahnen der Thematisierung bzw. Erzählflüsse etablieren, in denen das, was als Technik beobachtet und behandelt werden soll, fortlaufend generiert, zitiert und rezitiert, kommentiert, elaboriert und 'materialisiert' wird. Damit ist die Technik nicht mehr nur - wie speziell in der kulturtheoretisch orientierten Techniksoziologie Hörnings (1989) - als ein der Kommunikation vorausliegendes 'Ding' zu begreifen, das die Kommunikation auszuformulieren und mit Bedeutungen 'aufzuladen' hat. Vielmehr wird die Technik als Basis der kommunikativen Erzeugung von Technik bestritten und behauptet: Im Erreden der Technik erschafft sich die Kommunikation Begriffe, Unterscheidungen, Orientierungen, Normen und Regeln, mit deren Hilfe sie ihr Bild von Technik entwirft und für ihre Reproduktionszwecke anschlußfähig macht. In diesem Sinne sind technische Apparaturen und Geräte, Maschinen und schließlich auch Computer gewissermaßen in der Kommunikation 'geborene' und zu Materie gewordene Konstrukte, denen stets eine gewisse Vorläufigkeit anhaftet, denn: Die Kommunikation 'läuft' weiter, und dabei kann sie die Bedingungen der Möglichkeit spezifischer Artefakte sowohl erhärten wie auch verändern oder sogar untergraben[71]. Das Erreden der Technik, ihre Formung in der und mittels Kommunikation hat somit im technischen Artefakt keinen 'Kulminationspunkt', keinen 'absolutes' Ende, selbst dann, wenn die Technik in den sozialen Kontexten ihrer Verwendung als 'fixiert' und 'unverrückbar' gegeben erscheint. Die Kommunikation kann ihren Fortgang prinzipiell ändern, andere Verlaufsrichtungen einschlagen, sie kann immer auch andere Orientierungen und Werthaltungen entwickeln sowie Veränderungen in der Umwelt zufällig aufzugreifen und so das, was bis dahin als 'brauchbare' Technik erschien, als eher 'unbrauchbar' erscheinen lassen. Welche kommunikativen Ordnungsleistungen

---

71 Für letzteres liefert etwa die aktuelle Diskussion um die 'Risikotechnologien' genügend Anahaltspunkte (vgl. Krücken 1990, Luhmann 1991).

auch immer an die Technik geheftet werden, es sind stets in den Lauf der Kommunikation eingebundene, selbsterzeugte, tradierte und immer wieder neu erfundene 'Einredungen' technischer Wirklichkeit[72].

Die Technik selbst liefert keine Informationen über ihre Identität, sondern sie gewinnt in den Kontexten ihrer Beobachtung und Beschreibung allenfalls 'Signalwirkung', die in der Kommunikation und mittels Kommunikation erst zu Informationen transformiert und diese wiederum zu sinnhaften Formen und Ausformulierungen der Technik verknüpft werden. In dieser Perspektive wird beobachtbar, wie die Kommunikation die Technik begreiflich zu machen versucht und dabei zum Teil hoch divergente Technikformen entstehen läßt (vgl. Dollhausen/Hörning 1996).

3. Die Formung der Kommunikation durch Technik

Technik ist nicht nur ein prominentes Thema der Kommunikation, sondern - speziell im Fall der neuen Technik - auch ein komplexes, eigenständig operierendes Artefakt. Dabei beteiligt sich die Technik auch auf ihre Art an der Kommunikation, die ihn hervorbringt. Die Technik 'mischt sich ein', sie 'mischt mit'. Vor allem die Einführung des Computers in immer mehr Bereichen des alltäglichen Lebens legt dies offen. Computer haben neue Formen der Selbstbeobachtung und Selbstbeschreibung von Kommunikation entstehen lassen, indem sie mit ihren Operationen in die Operationsweise der Kommunikation einzugreifen vermögen. Mit Hilfe von Computern lassen sich Informationen parallel generieren, speichern und verarbeiten, es besteht die Möglichkeit, Räume und Bewegungen elektronisch zu erzeugen und die Kommunikation in den 'Cyberspace' zu verlagern. Kommunikation bezeichnet heute nicht mehr nur die zwischenmenschliche Interaktion, sondern sie umfaßt ein weites Spektrum möglicher 'Kommunikationsweisen' (vgl. Luhmann 1989), bis hin zur 'virtuellen Gemeinschaft' im Computernetzwerk (vgl. Rheingold 1992). Die Kommunikation nutzt Technik heute nicht mehr nur als ein Medium, mit dessen Hilfe sie die Welt darstellen und 'stofflich verändern' kann, sondern als einen 'Generator' möglicher Kommunikationsuniversen. M.a.W. die neue Technik spiegelt nicht nur unser Verständnis von 'Sprache' (bzw. Zeichen, Symbole etc.), sie eröffnet gleichzeitig neue Möglichkeiten des 'Sprechens' und 'Zuhörens'. Indem sie Möglichkeiten der neuen Technik nutzt, erzeugt sich die Kommunikation als ein immer komplexer werdendes Netz von Informationen, Mitteilungen und Verstehensmöglichkeiten und als eine kontingente, d.h. immer auch anders mögliche soziale Wirklichkeit.

Mit dieser Entwicklung ist nicht nur eine enorme Erweiterung von Kommunikationmöglichkeiten angezeigt. Die kommunikative Formung technischer Artefakte tendiert dazu, immer komplexere und 'unüberschaubarere' Verhältnisse und Beziehungsgeflechte zu schaffen, bis dahin, daß die Technik durch ihr Operieren eine solche Komplexität aufbrechen läßt, die das kommunikativ verarbeitbare Maß über-

---

72 Dies betrifft auch und vor allem die Vorstellung vom Computer als einem 'Interaktionspartner', die sich auf Funktionseigenschaften der neuen Technik bezieht und diese als ein 'intelligibles Verhalten' vorführt (vgl. Geser 1989).

schreitet. Dies ist etwa dann der Fall, wenn der 'Hintergrundbezug' der Kommunikation, etwa ein kausal-rationalistisch geformtes Weltbild, eine an sequenzielle Darstellung gebundene Sprache oder eine an Ethik und Moral interessierte Haltung nicht mehr hinreicht, um technische Operationen 'verständlich' zu machen. Beispiele hierfür sind Fälle, in denen sich technische Operationen nicht mehr als isolierte 'einfache' Ketten darstellen lassen, sondern eine Vielzahl gleichzeitig ablaufender Kausalvorgänge in Betracht kommen kann, wenn die Erkenntnis der Multifunktionalität von Technik die Frage der Rationalität und/oder Ethik des Technikgebrauchs unentscheidbar werden läßt oder auch, wenn wahrgenommen werden muß, daß die zur Steuerung komplexer Abläufe eingesetzte Technik selbst zu einem nicht mehr kontrollierbaren Bereich geworden ist. In diesem Bereich läßt sich nicht einfach sagen, die Technik funktioniere nicht, sie funktioniert schon, sie funktioniert nur in einer Weise, daß sie die gegebenen Kommunikationsmöglichkeiten überstrapaziert und Kommunikationsprozesse notwendig werden, die diese 'offene' Situation schließen.

Wo es der Kommunikation gelingt, die Technik hinreichend zu 'trivialisieren' (v. Foerster 1985), d.h. ihr Sinn und Bedeutung(en) zuzuweisen, gewinnt nicht nur die Technik eine spezifische Form. Auch die Kommunikation verändert sich, indem sie den selbsterzeugten Entwurf der Technik in den Dienst der kommunikativen Reproduktion stellt. So etwa könnte man in dieser Perspektive beobachten wie die Kommunikation die Technik nutzt, wie sie die Technik ihren Vollzug einbindet, ihr Energien, Aufmerksamkeiten, Zeiten und Mittel zugesteht, ohne daß dies thematisch würde. Technik mischt sich in diesem Sinn nicht nur in soziale Kommunikationszusammenhänge ein, wo sie 'unverständlich' und 'undurchsichtig' wird, wo sie im Sinne Serres (1984) 'stört'. Die Technik mischt sich auch und gerade dann ein, wenn ihre Komplexität in Begriffe gefaßt ist, ihre Operieren als 'Funktionieren' verstanden wird und ihre Präsenz als 'alltäglich' und 'normal' erscheint. Als ein in der Kommunikation eingeschlossenes und zugleich aus dem Aufmerksamkeitsbereich der Kommunikation ausgeschlossenes artifizielles Arrangement ist die Technik Bezugspunkt für Vorstellungen der Wiederholung und Routine. Als solche 'schluckt' die gewissermaßen die Gelegenheiten und Möglichkeiten ihrer Thematisierung und Problematisierung und wird im Sinne einer 'Geräuschkulisse', vor der sich Kommunikation in Gang hält, wirksam. Gerade hier aber verändert die Technik unter der Hand die sie erzeugende Kommunikation, bis dahin, daß selbst im Umgang mit hochkomplexen Informationssystemen, vom PC bis hin zu großtechnischen Anlagen neue 'Alltagswelten' entstehen, die mitunter geradezu als 'banal' erfahren werden (vgl. Hörning/Dollhausen/Kleinwellfonder 1995, Hörning/Ahrens/Gerhard 1994).

4. Zirkuläre Technikentwicklung

Eine konstruktivistische Beschreibung der Technik setzt an die Stelle der Vorstellungen von Linearität, Intentionalität, Finalität, Kausalität, Rationalität etc. die Idee der Zirkularität. D.h. es wird davon ausgegangen, daß die Kommunikation Technik hervorbringt, wie auch umgekehrt, die Technik zur Hervorbringung von Kommunikation und Kommunikationsverhältnissen beiträgt.

Technik ist ein kommunikatives Produkt und als solches grundsätzlich an die sozialen Prozesse ihrer Erzeugung gebunden, die wiederum nur auf Kommunikation, d.h. auf selbstgenerierte Erzählflüsse, selbst erwirkte und erredete Bilder und Entwürfe von Technik zurückgreifen können. Der Prozeß der kommunikativen Formung von Technik ist insofern nicht als ein permanentes Neuschöpfen zu begreifen, sondern als eine Entwicklung, in deren Verlauf die Kommunikation die ihr zur Verfügung stehenden 'Bestände', d.h. vor allem auch kulturell eingeschliffene Deutungs- und Interpretationweisen nutzt, reaktualisiert, neu kombiniert und dabei neue Bedeutungen von Technik hervorbringt. Damit ist jedoch nicht nur eine Formenvielfalt, eine Pluralität von Technikbildern angezeigt. Zugleich werden mit der fortlaufenden Hervorbringung von Technik die Bedingungen des Fortgangs der Kommunikation verändert: Die kommunikative Erzeugung der Technik ist eingebunden in soziale Systeme, die - in systemtheoretischer Sicht - dazu tendieren, ihre Binnenkomplexität qua Differenzierung zu steigern und so die eigenen Reproduktionschancen zu erhöhen. Damit steht der Prozeß der kommunikativen Formung von Technik sowohl im Kontext von Differenzierung, d.h. der Herausbildung eines eigenständigen, andere Kommunikationen entlastenden Operationsbereichs, als auch im Kontext der Komplexitätssteigerung, d.h. der Steigerung von technischen Möglichkeiten unter Inkaufnahme der gleichzeitigen Steigerung technischer Komplexität (vgl. Gilgenmann 1994).

Im Prozeß der wechselseitigen, zirkulären Hervorbringung von Technik und Kommunikation nimmt die Technik eine höchst ambivalente Position ein, die verschiedene 'Entwicklungspfade' des Verhältnisses von Technik und Kommunikation denkbar werden läßt. Im Folgenden sind drei, dem Technikdiskurs entnommene, mögliche 'Typen' von Relationierungen vorgeführt, die zusammengenommen die zirkuläre Entwicklung von Technik und Kommunikation verdeutlichen:

1) Einmal erscheint die Technik, speziell die neue Technik, als eine an- und aufregende Erscheinung, die die Kommunikation, ihre eingefahrenen Bahnen der Thematisierung sowie ihre kulturell eingeschliffenen symbolischen Ausformulierungen von Technik verunsichert. Wir beobachten heute, wie die lange Zeit geläufigen Assoziationen zur Technik 'Präzision', 'Zuverlässigkeit' und 'Effizienz' brüchig werden, wie das Bild weithin funktionierender Technik verblaßt und das kulturell tradierte 'Vertrauen in Technik' (Wagner 1994) zunehmend problematisch wird. Mit der neuen Technik verbindet sich eine neue Sensibilität für 'Unzulänglichkeiten', für 'Unvorhersagbarkeit' und 'Ungewißheit', die in der sozialwissenschaftlichen Diskussion unter dem Stichwort „Risikodiskurs" (vgl. Kleinwellfonder 1995) zum Ausdruck gebracht wird. Vielgrundsätzlicher noch torpediert die neue Technik die kulturell eingefahrenen Wirklichkeitseinteilungen, so etwa die Unterscheidung zwischen Dingewelt und Verhalten, Geist und Technik, bis hin zur Vorstellung einer gegebennen Wirklichkeit überhaupt: Die durch die neue Technik ermöglichten Realitätskonstruktionen sind „so gut an unsere Primärwahrnehmung angepaßt [...], daß wir sie mit der Wirklichkeitswahrnhemung verwechseln, die durch unser Sensorium di-

rekt zugänglich ist. Da eine entsprechende Naturalisierung und Sozialisierung [...] noch nicht gegeben ist, erscheint sie als Auflösung von Wirklichkeitswahrnehmung schlechthin" (Gilgenmann 1994, 14).

2) Zugleich tritt die neue Technik aber auch als ein alltäglich gewordenes, kaum mehr Aufmerksamkeit abforderndes Phänomen in Erscheinung. Beinahe überall wird heute die neue Technik benutzt und dabei werden ihr die verschiedensten Bedeutungen zugeschrieben. Die Technik wird zum alltäglichen Unterhaltungsmedium, zum Lern- und Lehrmittel, zum Arbeitsgerät und nicht zuletzt zu dem zentralen Medium, mit dessen Hilfe Kommunikationen weltweit vernetzt werden. Die Technik, so kann an sagen, hat sich in das Kommunikationssystem Gesellschaft 'eingenistet', sie ist zu einem unverzichtbaren und alltäglichen Bestandteil gesellschaftlicher Wirklichkeit geworden (vgl. statt anderer: Joerges 1988).

3) Die im alltäglichen Prozessieren von Informationen und Mitteilungen kaum mehr wahrgenommene Zentralität der Technik birgt zugleich ein ungeheures Irritations- und Störpotential, was erst erkennbar wird, wenn Diskrepanzen zwischen Funktionserwartungen und tatsächlichem Verhalten der Tehcnik auftreten. Hier bricht die Komplexität und Eigendynamik der Technik auf und nicht selten verbinden sich mit diesen Situationen Vorstellungen des Chaos und des Zusammenbruchs der Kommunikation. Andererseits gewinnt gerade in diesen Situationen aber auch die Vorstellung an Kontur, daß das Funktionieren der Technik zunehmend elaborierte Formen Kommunikation voraussetzt (vgl. Schimank 1986). D.h. die Irritation der Kommunikation durch Technik provoziert Situationen, in denen es notwendig erscheint, neue Möglichkeiten des Weiterrredens zu eröffnen, Möglichkeitsspielräume für neue Formen der Interpretation nicht nur der Technik,. sondern auch des Kommunikationssystems, in dem die Technik in Erscheinung tritt, zu schaffen. Hier wird die Technik nicht obwohl, sondern gerade *weil* sie kulturell eingeschliffene Wirklichkeitsorientierungen und Erwartungen sowohl an Technik wie auch an Kommunikation 'stört' und verunsichert zu einem besonderen Anreger der kommunikativen Neuordnung (vgl. Dollhausen/Hörning 1996).

Hiermit sollte deutlich gemacht sein, daß sich die Kommunikation mit der Technik einen 'Knotenpunkt' schafft, der eine Vielzahl von Verweisen, wie Technik in sozialen Zusammenhängen beobachtet und beschreiben, behandelt und benutzt wird, offen hält. Technik setzt in der hier vorgeschlagenen Sicht stets Interpretationsprozesse voraus und regt diese in der Form eines Kommunikation irritierenden Artefakts zugleich an. Dabei bleibt es letztlich der Kommunikation überlassen, wie sie das Konstrukt 'Technik' formt, wie sie es in sich integriert und wie sie sich durch die Technik in ihrem Fortgang 'stören' bzw. zur Neuordnung anregen läßt.

Mit diesen Überlegungen ist zugleich die Frage aufgeworfen, wie ein solches Technikverständnis auf organisatorische Kontexte der Technikbenutzung angewandt werden kann und vor allem: wie die Organisationswirklichkeit gedacht werden muß, um das hier vorgeschlagene zirkuläre Verhältnis von Technik und Kommunikation anwenden zu können. Im Folgenden wenden wir uns hierzu an die Überlegungen der neueren soziologischen Organisationsforschung.

VI. Kommunikationskontext „Arbeitsorganisation"

Im Vergleich zur Techniksoziologie, die sich erst in den letzten Jahren aus dem Schatten der Industriesoziologie herausbewegen und als eigenständige Disziplin etablieren konnte, hat die nicht-industriesoziologische Auseinandersetzung mit dem Thema Organisation Tradition. Schon ein kurzer Blick auf die Geschichte der Organisationsforschung[73], kann zeigen, daß man hier bereits seit langem an der 'Entmythologisierung' der Vorstellung arbeitet, Organisationen ließen sich als rational geplante, strukturierte und erwartbar funktionierende Mittel begreifen.

Gegenwärtig wird in der Organisationsforschung die forcierte Loslösung von den tradierten Thematisierungsweisen des Gegenstandes 'Organisation' beobachtbar. Verunsichert durch die Effekte, die neben den neuen Informationstechniken gesellschaftliche Modernisierungs-, Differenzierungs- und Individualisierungsprozesse in modernen Arbeitsorganisationen zeitigen, betonen Organisationsforscher die Notwendigkeit der Verlagerung des Blickwinkels von Funktionalität und Rationalität auf die 'kulturelle Verfaßtheit' von Organisationen. Organisationen werden nicht mehr als strukturierte, transparente, planbare, machbare Ordnungen vorgeführt, sondern als gewachsene, eigendynamische 'Sinnkulturen', die über die Deutungs- und Interpretationsleistungen der in ihnen lebenden Menschen hervorgebracht und reproduziert werden. Organisationswirklichkeit ist danach nicht mehr unabhängig von den in ihnen handelnden Subjekten zu denken. Vielmehr muß das, was in Organisationen Sinn und Bedeutung haben soll, von den Organisationsmitgliedern in täglicher Deutungsarbeit geschaffen und und ausgehandelt werden. In diesem Verständnis von Organisationswirklichkeit ist den klassischen Ambitionen der Fremdsteuerung menschlichen Verhaltens, des 'social engineering', der Boden entzogen. Wie die Organisationsforschung ihren Gegenstand formuliert und entfaltet, wollen wir folgenden nachvollziehen.

1. Von der Struktur zur Kultur

Organisationen wurden und werden in der Organisationsforschung in ihrem Doppelcharakter als zugleich festschreibbare Resultate von Organisationsprozessen wie auch als Prozesse des Organisierens gefaßt (vgl. Kieser/Kubicek 1976). Damit rückt das Organisieren als grundlegender und zentraler Prozeß der Erzeugung von Organisationen in den Blick. Organisieren bezeichnet im gängigen Verständnis eine zur

---

[73] Wir sprechen hier von Organisationsforschung, womit wir bewußt auf eine eindeutige Zuordnung des Diskurses entweder zur Betriebswissenschaft oder zur Soziologie verzichten. Zentrales Anliegen ist es, Organisationsbeschreibungen ausfindig zu machen, die sich auf andere grundlagentheoretische Annahmen stützen als die Industriesoziologie. Die Frage, welcher Disziplin sich die einzelnen Ansätze zuordnen und wie sie entsprechend auf ihre grundlegenden Annahmen 'aufbauen' ist dabei zweitrangig.

Aufgabe des Gestaltens gehörende Tätigkeit. Organisieren definiert etwa Probst (1987, 10) als ein "Entwerfen von sinnvollen Strukturen zur dauerhaften Selbsterhaltung der Institution als handlungsfähige Ganzheit unter wechselnden Umweltbedingungen und zum effizienten Arbeitsvollzug." Das Organisieren bezeichnet hier als ein auf die Planung, Lenkung und Führung, oder kurz: auf Einflußnahme ausgerichtetes strukturgestaltendes menschliches Handeln.

Dieses Verständnis des Organisierens, das die Organisation als ein starres, rational geplantes, funktionales Struktur- und Ordnungsgebilde, als ein lebloses Produkt seiner Macher vorführt, war und ist in der Organisationsforschung umstritten. So hat man vor allem in der entscheidungstheoretisch fundierten Organisationsforschung stets betont, daß "Menschen nicht alle Handlungsalternativen und -konsequenzen übersehen, geschweige denn konsequent und konsistent bewerten können und sich deshalb mit habituellem Verhalten, eher vereinfachten inneren Modellen der Umwelt, selektiven Wahrnehmungen und zufriedenstellenden (statt optimalen) Lösungen begnügen müssen" (Becker u.a. 1988, 91). Unter dem Stichwort 'bounded rationality' (Simon 1957) wurde und wird die organisierte Realität als begrenzt, vielfach gebrochen, bisweilen sogar anarchisch und chaotisch herausgestellt (vgl. Cyert/March 1959, 1963; March 1990). Es wurde und wird darauf hingewiesen, daß Prozesse des Organisierens immer auch unvermeidbare Rationalitätsdefizite, ja sogar 'Rationalitätskämpfe' (Crozier, Friedberg 1979, 226) 'einkalkulieren' müssen und die begrenzte Rationalität' von Subjekten sowie deren eigensinnige, alltägliche Kleinkriege und Machtspiele zu berücksichtigen haben. Becker u.a. (1988, 90 ff.) nennen insgesamt sechs Problempunkte, die "der schlüssigen organisationstheoretischen Ausarbeitung funktionaler Rationalität zu schaffen machen:

„- erstens die so offensichtlich begrenzte Rationalität menschlicher Individuen,
- zweitens die Vielfalt von Zielen und Interessen der Organisationsmitglieder,
- drittens eine gewisse Anarchie organisationaler Entscheidungsprozesse,
- viertens machtpolitische Beeinträchtigungen der Effizienz von Problemlösungen,
- fünftens die Vielfalt kulturell bedingter Weltdeutungen und Wahrnehmungsweisen und
- sechstens - und in gewisser Weise dadurch ausgelöst und dies alles zusammenfassend - die systemtheoretische Frage nach der Funktion von Zwecken in Organisationen und den Grenzen des Denkens in Kategorien von Zweck und Mittel überhaupt."

Die genannten Problempunkte zeigen, daß die in der Organisationsforschung lange Zeit gepflegte Vorstellung einer durchgängigen organisatorischen Rationalität als ein Mythos zu betrachten ist und daß Organisationen vielmehr abverlangt wird, ihre Rationalitätsansprüche zu begrenzen, wenn nicht - in Anbetracht eines alltäglichen 'muddling through' (Lindblom 1959) - erst im Nachhinein die Rationalität in das bereits Entschiedene und Geschehene hineinzulesen[74].

Die Einsicht in die immer schon begrenzte und gebrochene, ja sogar nachträglich konstruierte Rationalität von Organisationen öffnet den Blick dafür, daß Ziele, Mittel, Erfolgskriterien, Strategien, Problemdefinitionen und -wahrnehmungen in Organisationen nicht gegeben, sondern Gegenstand alltäglicher, insbesondere mikropolitischer Auseinandersetzungen sind. Zugleich wird die Entscheidungssituation als 'Kern' des Organisierens zu einem "wirren Knäuel [...], an dem alle Beteiligten nur noch in alle möglichen Richtungen ziehen und zerren" (Becker u.a. 1988, 94), bis dahin, daß das, was die Organisation kennzeichnen sollte - Rationalität und Funktionalität - kaum noch auffindbar ist. Damit stellt sich der Organisationsforschung unhintergehbar die Frage nach einer alternativen Beschreibungsform, d.h. einer Art und Weise der Betrachtung organisatorischer Zusammenhänge, die die Komplexität des organisatorischen Geschehens theoretisch abzudecken vermag. Mit der Einführung des Kulturbegriffs als Metapher zur Beschreibung von komplexen Organisationen scheint diese Alternative angezeigt zu sein.

Einer der Auslöser der betriebswirtschaftlich orientierten Diskussion um Organisationskultur war die Publikation von Peters und Waterman (1983), die bei ihrer 'Suche nach Spitzenleistungen' auf Unternehmen stießen, die die bis dahin gängigen Formen des Organisierens mit einer Alternative konfrontierten. Was sie zu exzellenten Leistungen befähigte, war auf einen groben Nenner gebracht, das Erfolgsrezept: *Unternehmenskultur.*

Hieran anschließend propagierte man in weiten Teilen der betriebswirtschaftlich orientierten Organisationsforschung Organisations- bzw. Unternehmenskultur[75] als

---

[74] Die Betonung des Rationalitätsbegriffs in der Organisationsforschung wurde auch von Hirschmann (1967) scharf angegriffen. Es sei als eine 'ignorance of ignorance' anzusehen, wenn so getan wird, als gebe es eine 'äußere' Rationalität, die das organisatorische Geschehen leite: "Menschen ignorieren auch ihre Ignoranz - und sie tun gut daran. Daß nicht nur eine unsichtbare, verborgene, sondern auch eine verbergende Hand uns Menschen in unserem Handeln leitet, eine schützende Unwissenheit, die geradezu Bedingung neuer Unternehmungen ist, *weil* sie drohende Schwierigkeiten vor und verbirgt und so den nötigen Glauben an Erfolg rettet, erläutert er [Hirschmann, d. Verf.] anhand von Entwicklungsprojekten der Weltbank. Projekte scheiterten, gemessen an ihrer ursprünglichen, 'synoptischen' Planung, wurden umgelenkt, umdefiniert und wurden so doch noch zu einem - zunächst ungewollten - Erfolg: späte nachträgliche, wie von einem weisen Schicksal gerettete Rationalität. Diese Rettung verdankt sich allerdings, genau besehen, dem von der Gunst der Gelegenheiten abhängigen Wechsel der ursprünglichen Projektzwecke. Dieser Opportunismus kann höhere Ziele oder einfach die Überlebensfähigkeit oder das Wachstum einer Organisation retten; jedenfalls kommt er in Wirklichkeit von und *stellt die Zwecke zur Disposition.* Auch über eben noch höchste Zwecke kann - und muß oft genug - entschieden werden, und offensichtlich nicht immer nach Maßgabe nächsthöherer Ziele in einer gegebenen Zielhierarchie. Die Entthronung des Zweckbegriffs wirft ihre Schatten voraus" (Becker u.a. 1988, 91 f.).
Die hier genannten Aspekte verdeutlichen, daß die Rede von der Rationalität organisatorischer Entscheidungen eben nicht nur auf eine rationale Ordnung verweist, sondern vor allem auf die Prozesse des Sich-Abgenzens, des 'Versteckens' eigener Irrationalitäten. Rationalität ist m.a.W. ohne ihre 'Kehrseite', ohne Zufälle, Gelegenheiten, ohne Mitläufertum, Opportunismus, ohne die Veränderung von Zielen und Zwecken und ohne das spontane 'Umschalten' von Organisationsprogrammen und deren Inhalten nicht denkbar.

einen geeigneten Ansatzpunkt zur Beschreibung, Gestaltung und schließlich Steuerung moderner Unternehmen (vgl. statt anderer Heinen 1987). Anstatt eines Wertepluralismus wird hier die Vorstellung zugrundegelegt, daß die gelebten Muster gemeinsamer Wahrnehmungen und Überzeugungen einen entscheidenden Faktor für den *Unternehmenserfolg* darstellen. Diese Annahme einer *kulturellen Organisationssteuerung* geht davon aus, daß die organisatorische Kontrolle nicht mehr durch formale Strukturen, sondern primär durch gemeinsam akzeptierte Werte und Normen erfolgt. Im Mittelpunkt der Bemühungen steht die Frage, wie es gelingen könnte, die Kultur einer Organisation als Organisationsprogramm zu nutzen. Man setzt voraus, daß die Normen, Werte und möglicherweise sogar Grundannahmen organisatorischer Gruppen[76] in Übereinstimmung mit den Normen und Zielen der Managementstrategie gebracht werden können. Man geht davon aus, daß ein normatives Einverständnis geschaffen werden kann, auf dessen Grundlage sich die Mitglieder selbst umfassend zum Zweck der Erfüllung der Unternehmensziele steuern und kontrollieren (vgl. Dill/Hügler 1987, 181 ff.).

Obwohl darauf hingewiesen wird, daß sich 'Kultur' im wesentlichen in den Köpfen der Menschen abspielt, also im Bereich der Kognitionen und Gefühle anzusiedeln und als objektiv vorgegebene Realität kaum faßbar ist, versucht man sich immer wieder an der Darstellung von Organisationskultur als eine beobachtbare Einheit, als eine Form von 'Corporate Identity' (vgl. Kilmann 1985). Man betont, daß die 'Stärke' einer Kultur entscheidenden Einfluß auf die Leistungsfähigkeit und den Erfolg einer Organisation hat. Eine sich hieran anschließende Forschung zielt darauf ab, die positiven bzw. negativen Effekte von Organisationskulturen auf den betrieblichen Innovationsprozeß zu erfassen (vgl. Wilkins/Ouchi 1983, Kieser 1984, Gussmann 1988, Schnyder 1988). Es wird zu zeigen versucht, daß der Einfluß der Unternehmenskultur mehr oder weniger intensiv sein kann und daß deshalb die Unterscheidung von 'starken' und 'schwachen' Kulturen von zentraler Bedeutung ist[77]. Je

---

75 Eine Definition des Organisations- bzw. Unternehmenskulturbegriffs, die die in der Diskussion genannten zumeist genannten 'Kulturmerkmale' zusammenführt, findet sich etwa bei Ebers (1988, 25): "Organisationskultur umfaßt damit die kognitiven, evaluativen und affektiven Orientierungsmuster, die von der Gruppe der Organisationsmitglieder als fraglos gültig akzeptiert werden, ihre Art, Erfahrungen zu ordnen, die Organisation und ihre Umwelt wahrzunehmen und zu interpretieren. Organisationskulturelle Orientierungsmuster manifestieren sich symbolisch in Artefakten: symbolisch z.B. in bestimmten Formen sozialer Interaktion (etwa in Zeremonien und Riten), in Sagas, Geschichten, Mythen und Ideologien; als Artefakt z.B. in der Technik, der Aufmachung von Geschäftsberichten, der Gestaltung von Werk- und Büroräumen oder in formalisierten Regelungen."
76 Eine solche Ebenenunterscheidung zur Beschreibung von Organisationskulturen nimmt Schein (1985) vor. Normen bezeichnen hier Verhaltensvorschriften, Spielregeln und Verbote, die im Alltagshandeln durch Erzählungen, Rituale und Routinen institutionalisiert werden. Werte und Grundannahmen bilden die weitgehend unbewußte Tiefenstruktur einer Organisationskultur. Sie werden von einer organisatorischen Gruppe aufgrund gemeinsamer Problemlösungsverfahren bei der Anpassung an die Organisationsumwelt bzw. bei der internen Integration entwickelt.
77 Die 'Stärke' einer Kultur bemißt hier nach zwei Kriterien, ihrer Konsistenz und ihrer Verankerungstiefe. Je nachdem, wie konsistent die Orientierungsmuster sind, wie prägnant Visionen,

nachdem, inwieweit die kulturellen Orientierungsmuster einer Organisation von den Mitgliedern internalisiert und zum selbstverständlichen Bestandteil ihres Handelns geworden sind, kann in dieser Perspektive von einer 'gelebten' Kultur und mithin von Stabilität der Organisation, von Vertrauen und Selbstverständlichkeit im täglichen Umgang der Mitglieder die Rede sein (vgl. Heinen 1987a, 27 ff., vgl. Gussmann/Breit 1987, 121 ff.).

In dieser Argumentationsrichtung wird mit der Einführung des Kulturbegriffs das Repertoire an Beschreibungsmöglichkeiten der Organisationssteuerung und des Organisationserfolges zwar erweitert und kann der traditionellen Kritik[78] ein 'weiches' Konzept und eine 'weicher' werdende Praxis der Unternehmensführung entgegengesetzt werden, zudem eröffnet sich ein begrifflicher Rahmen, der auch die Undeutlichkeiten, Unbestimmtheiten und Unübersichtlichkeiten thematisieren kann, die klassische Bürokratie- und Matrixmodelle der Organisation ausschließen mußten - dennoch: kaum übersehbar ist, daß ein derartiges Verständnis von Organisationskultur kaum eine grundlegend veränderte Wahrnehmung der Organisation vorstellt, sondern vielmehr 'Variationen und Kombinationen des bestehenden Steuerungsinstrumentariums' (vgl. Sandner 1988, 54). Hier stellt sich, wie Wollnik (1988, 52) kritisch bemerkt, "die Organisationskultur wie die Organisationsstruktur als ein kollektiver, von Einzelpersonen weitgehend unabhängiger, in verschiedenen Bereichen variierender Komplex von Erscheinungen dar, der verhaltensprägende Kraft entfaltet, stark vom oberen Management beeinflußt wird, als Instrument der Unternehmungs- bzw. Verhaltenssteuerung in Anspruch genommen werden kann und so zu einem potentiellen Erfolgsfaktor wird." Der Gedanke an eine hier betriebene

---

    wie klar organisatorische Zielsetzungen formuliert und vermittelt werden können, werden die Organisationsmitglieder 'besser' oder 'schlechter' befähigt, schnell und flexibel auf veränderte Situationen zu reagieren (vgl. Wilkins/Ouchi 1983).

78 Sie stellt die Defizite der Organisationsteuerung heraus, die als ein unpersönliches, technokratisches und allein auf die Funktionalität organisatorischer Strukturen ausgelegtes Unternehmen begriffen wird. Das ausgesprochene Ziel der Kritik war und ist insbesondere Webers Bürokratiemodell, das die Effizienz eines rationalen Verwaltungsapparats in den Vordergrund rückt (vgl. Weber 1976, 128). Aufbauend auf der Annahme des Gerichtetseins sozialen Handelns und der Zweckrationalität als grundlegendem Handlungsinteresse stellt die idealtypische Organisation nach Weber einen nach den Prinzipien legaler bürokratisch rationaler Ordnung angelegten Herrschaftsverband dar, wobei die formalen Strukturen der Organisation der Orientierung der Mitglieder dienen, welche zu nichts anderem angehalten sind, als den vorgegebenen Strukturen Folge zu leisten. Weber sieht die legale Ordnung bürokratischer Organisationen und mithin die Dauerhaftigkeit von Herrschaft in Abhängigkeit von bestimmten Voraussetzungen: Sie verwirklicht sich durch Gehorsam, der eine dauerhafte 'Einstellung' der Gehorchenden voraussetzt (vgl. Weber 1976, 124). Diese Einstellung bildet sich meist nicht punktuell oder ad hoc. Dies hat die Kritik immer wieder dazu verleitet, in Max Webers Idealtypus der bürokratischen Organisation ein 'Gehäuse der Hörigkeit' zu sehen. Man betonte, daß die strukturellen Merkmale bürokratischer Herrschaft vor allem dazu tendieren, sich gegenüber den Zwecken, zu denen sie geschaffen wurden, zu verselbständigen (vgl. Merton 1968, Crozier 1964, Kieser/Kubicek 1978).

"Entwicklung der Psycho- und Sinnmaschinerie des Unternehmens" (Sandner 1988, 55, vgl. Sandner 1982) liegt nahe[79].

Dennoch ist die betriebswirtschaftlich orientierte Auseinandersetzung mit der Organisationskultur zumindest ein - soziologisch ernstzunehmendes - Signal für den Versuch, mit einer Organisationswirklichkeit, die sich zunehmend als komplex, unübersichtlich und ungewiß vorstellt, organisatorisch umzugehen. Man dokumentiert eine komplexitätsbejahende und sinnkonstruierende Haltung, die Akzeptanz einer zwiespältigen und widersprüchlichenOrganisationswirklichkeit, die Orientierung an Freiräumen für ein Unternehmertum im Unternehmen sowie die Anerkennung des Menschen im Mittelpunkt und eines sichtbar gelebtens Wertesystems im Unternehmen. Anstelle der alten Idealvorstellung eines detailliert 'durchorganisierten' Unternehmens, das Mitarbeiter mehr oder weniger die 'Rädchen im Getriebe' behandelt und einbindet, öffnen die Protagonisten der Unternehmenskultur den Blick für die Sinnhaftigkeit des Unternehmens und entsprechend für ein Management, das Organisieren auch als *Sinnarbeit* an einer an einer 'offenen Kommunikationskultur' (vgl. Ch. Lutz 1986) versteht. Es gilt, mit 'alten' funktionalistischen Gewißheiten und Sicherheiten organisatorischer Gestaltung und Führung zu brechen und statt dessen die Flexibilität, Kreativität, Individualität, Selbstorganisation, die Wertgebundenheit und Symbolik im Unternehmen zu betonen. Bardmann und Franzpötter (1990) fas-

---

[79] Das reduktionistische Kulturverständnis, das dem Interesse an einer 'kulturellen' Steuerung des Unternehmens zugrundegelegt wird ruft zurecht die Kritik auf den Plan: In der Orientierung an dem klassisch marxistischen Ausbeutungsparadigma werden die Bemühungen um die Belebung der Organisationskultur als geschickte Strategien des Managements zur Verbesserung der Chancen zur Kapitalverwertung und mithin zur Ausbeutung und Kontrolle der Arbeiter angesehen (vgl. Volpert 1974, Burawoy 1985, Müller- Jentsch 1986, 1989). Die soziologische Kritik behauptet, daß die Betonung der Organisationskultur weniger als Erneuerung, sondern vielmehr als die Erweiterung des organisatorischen Repertoires von Vereinheitlichungs-, Befriedungs- und Harmonisierungsstrategien zu betrachten ist. Die 'Kultivierung' Organisation ziele im Kern darauf ab, das bereits von Taylor formulierte Ideal eines reibungslos funktionierenden Organisationsgeschehens zu erreichen. Dies, so die Kritiker, ruhe fest auf den Selbstverständlichkeiten einer 'kapitalistischen Kultur' (vgl. Claessens/Claessens 1979). Ihre Kernthese lautet, "daß der industrielle Kapitalismus sein 'kulturelles Organisationsdefizit' nur durch Instrumentalisierung traditionaler, vorkapitalistischer Bestände ausgleichen [könne], das heißt durch den Rückgriff auf Werte, Traditionen, Gesellschaftsgruppen und Institutionen, die er selbst nicht hervorgebracht hat" (Müller-Jentsch 1989, 225). Organisationskultur wird damit als Versuch des Kapitals verstanden, die Folgen der Industrialisierung zu kompensieren.

Die Kritik macht deutlich, daß die betriebswirtschaftlich orientierte Organisationsforschung von ihren tradierten Beschreibungsformen des Erkenntnisobjekts 'Organisation' kaum abweichen, daß sie darauf verzichtet, die Vielfalt, Offenheit und Ambiguität organisatorischen Geschehens, auf die der Begriff der Organisationskultur verweist, zum Ausgangspunkt ihrer Argumentation zu machen. Die betriebswirtschaftliche Organisationsforschung stellt darauf ab, die 'Organisationskultur' unter dem Aspekt ihrer Eignung als Instrument zur normativen Einbindung und Verhaltenssteuerung der Beschäftigten besonders hervorzuheben. Sie beharrt damit auf der Vorstellung, die Organisation könne als ein 'störungsfreies', harmonisches Miteinander von Management und Mitarbeitern gestaltet werden - und handelt sich damit den Vorwurf der Kritik ein, sie propagiere eine subtile Version betrieblicher Befriedungs-, Ausbeutungs- und Kontrollstrategien.

sen die in der betriebswirtschaftlichen Literatur immer wieder genannten Praxisformen, mit denen sich ein solches, 'postmodernes' Management vorstellt, unter den Schlagworten 'Fehlerfreundlichkeit', 'Nonkonformismus' und 'Individualismus', 'Transparenz der Kommunikation', 'Institutionalisierung von selbstorganisierenden Prozessen' und 'Diskursivität manageriellen Handelns'. Sie machen deutlich, daß man in Organisationen, in den ehemaligen 'Hochburgen der Sachlichkeit und Rationalität', eine neue Haltung zu entwickeln beginnt, die deutlich auf die Abkehr von 'alten' Führungskonzepten abstellt und die Anerkennung der Komplexität des Alltagsgeschehens in Organisationen betont. Man sieht, daß Organisationen kaum ausreichend beschrieben, mithin defizitär geführt sind, wenn sie als 'leblose', maschinengleich funktionierende Strukturgebilde vorgeführt werden. Man sieht, daß man an subjektiven und sozialen 'Eigensinnigkeiten', an individuellen wie auch kollektiven Ansprüchen auf Werterealisierung und schließlich auch an technologischen Ungewißheiten nicht mehr vorbeischauen kann (vgl. Bardmann 1992, 266 f.).

Diese Beobachtungen schließen eine vorschnelle Kritik der Unternehmenskultur-Konzepte ebenso aus wie die leichtfertige Übernahme von betriebswirtschaftlichen Unternehmenskultur-Konzepten in die Soziologie. Vielmehr steht mit den neueren Entwicklungen im Gegenstandsbereich speziell soziologischer Organisationsforschung der Bedarf an einer eigenständigen soziologischen Beschreibungsform organisatorischer Wirklichkeit an, die - in Anerkennung des Erkenntniswertes der Kulturperspektive - die unhintergehbare Komplexität und Eigendynamik organisatorischer Wirklichkeitskonstruktion thematisiert und problematisiert.

Eine vielversprechende, theoretisch und erkenntnistheoretisch weitgetriebene Variante der soziologischen Beschreibung von Organisationkulturen wird möglich, wenn der Ausgangspunkt des Redens über Organisationskulturen anders arkiert wird, d.h. wenn mit der Behauptung gestartet wird, daß Organisationen nicht nur Kultur *haben*, sondern daß Organisationen Kulturen *sind*.

2. Organisationskultur als Analysekonzept

Mit der Behauptung, daß Organisationen als Kulturen zu begreifen sind, verändert sich der Blickwinkel grundlegend. Von hier aus werden der Kultur nicht mehr Einheits-, Planungs- und Steuerungsinteressen 'vorgeschaltet', sondern es wird kenntlich gemacht, daß Vorstellungen des Planens und Steuerns organisatorischer Zusammenhänge als kulturabhängige Konstrukte, als Formen des Umgangs mit organisatorischer Wirklichkeit zu begreifen sind (vgl. Meyer/Rowan 1991). Es geht, vereinfachend gesagt, um die Umkehrung des Verhältnisses von Organisation und Kultur. Nicht mehr wird die Kultur durch das theoretische Nadelöhr der Organisation bzw. des Organisierens betrachtet, sondern wird die Organisation durch das theoretische Nadelöhr der Kultur betrachtet[80]. In dieser Perspektive zielen Organisationsbe-

---

[80] Vor allem in der amerikanischen Diskussionwurde und wird der Kulturbegriff auch zur soziologischen Beschreibung und Analyse von Organisationen entfaltet (vgl. Frost u.a. 1985, 1991,

schreibungen auf die auf die Herausarbeitung der 'komplexen Sinnhaftigkeit' des Handelns und Erlebens im Kulturzusammenhang 'Organisation'[81]. Damit verknüpft stellt sich zugleich die Frage nach der kulturellen Hervorbringung des Zusammenhangs Organisation selbst.

Organisationskultur wird dabei zunächst als 'root metaphor' (vgl. Smircich 1983). Kultur erscheint hier als eine *Interpretationsfolie*, vor deren Hintergrund deutlich gemacht werden kann, "daß Organisationen nicht hinreichend erfaßt sind, wenn man sie nur als technokratisch verwaltbare, formal programmierbare und rational beherrschbare Systeme ansieht [...]" (Bardmann 1992, 245). Der Kulturbegriff 'erinnert' daran, daß Organisationen Sinnzusammenhänge sind, die über die Deutungs- und Interpretationsleistungen der in ihnen handelnden und kommunizierenden Menschen erzeugt und reproduziert werden. Organisationskultur ist eine 'gemachte', 'erfundene', 'ausgehandelte', 'erschaffene', 'konstruierte' Wirklichkeit (vgl. Ulrich/Probst 1988). Sie steht für einen gewachsenen und sich entwickelnden Sinnzusammenhang (vgl. Morgan 1980, 1986).

Die hier schlagwortartig belichtete Blickrichtung knüpft an ein Kulturverständnis an, das in der soziologischen Theorie wie auch in der Ethnologie bereits ausgearbeitet wurde.

> Kultur, so Weber (1973, 180) ist ein "vom Standpunkt des Menschen aus mit Sinn und Bedeutung bedachter endlicher Ausschnitt aus der sinnlosen Unendlichkeit des Weltgeschehens." Kultur wird geschaffen als ein Bündel unterschiedlicher, sinnhafter, kommunikativ vermittelter Weltdeutungen und -interpretationen. Sie ist ein von Menschen selbstgesponnenes Bedeutungsgewebe, ein Netz auslegbarer Zeichen und Symbole, in dem soziale Ereignisse verständlich gemacht werden (vgl. Geertz 1983).

Dobbin 1994). In der deutschen Diskussion finden sich dagegennur vereinzelte soziologische Ansätze zu einer kulturanalytischen Betrachtung von Arbeitsorganisationen.

81 Sie knüpft damit in gewisser Weise an eine in der Soziologie entwickelte alltagstheoretische Perspektive an, die ihre grundlegenden Annahmen vor allem aus der Phänomenologie Alfred Schützes bezieht (vgl. Alheit 1983). Die Beschäftigung mit dem Organisationsalltag zeigt bereits die Grenzen des normativ orientierten Organisationsverständnisses klassischer Ansätze auf, indem deutlich gemacht wird, daß es gerade die informellen Bereiche, die alltags- und lebensweltlichen Deutungen sind, die für die Gewährleistung organisatorischer Operationen eine besondere Bedeutung haben. Die Arbeitserfahrung im Sinne der subjektiven Deutung der Arbeitswelt wird hier zum Gegenstand der Untersuchung, was den Blick für die in der Organisation auftretende Heterogenität von Deutungen, Meinungen, Interessen, Werten, Normen etc. öffnet. Aus dieser Sicht wird eine strukturalistische Betrachtungsweise der Organisation abgelöst durch ein Organisationsverständnis, welches die Organisation nicht mehr als ein von der Umwelt abgeschlossenes System formaler Prinzipien und Regeln betrachtet, sondern als ein relativ offenes System, das über die Deutungsleistungen der Organisationsmitglieder mit seiner Umwelt verbunden ist. Es sind nicht mehr nur die festgelegten Strukturen, über die sich die Organisation identifiziert, sondern auch die 'kleinen Konstruktionen' der Organisationsmitglieder, die das vorgängig formale Gebilde 'mit Leben füllen' und dynamisieren.

An diese grundlegende Annahme knüpft insbesondere das von Bardmann (1992, 1994) entwickelte Analysekonzept der Organisationskultur an. Es macht zum einen deutlich, daß Organisationskulturen nicht 'umfassende' Zusammenhänge sind, sondern Welt- bzw. Wirklichkeitsausschnitte darstellen. Damit ergibt sich das Bild eines Sinnzusammenhanges, der nur innerhalb der selbstgesetzten Grenzen 'sinnhaft' ist. Wie Kultur, so gründet auch Organisationskultur nicht in irgendeinem 'äußeren' Sinn. Vielmehr verliert jeder Sinn am Horizont (Husserl) bzw. an den 'Rändern' der Kultur seine Kontur. Damit sind Beobachter von Organisationskulturen zunächst dafür sensibilisiert, daß sie es mit Wirklichkeitsausschnitten zu tun haben, die jenseits ihre selbstgezogenen 'Sinngrenzen' keine 'Verankerung' etwa in 'höchsten' Zwecken, ja nicht einmal in der 'Natur' finden. In dieser Sicht muß die 'letzte Realität' der Organisationskultur "sinnlos gedacht werden" (Luhmann 1990c, 51).

Anders als Kulturen, die sich aus der 'Unendlichkeit des Weltgeschehens' heraussoperieren, sind Organisationskulturen über den Bezug auf Welt und über den Bezug auf Gesellschaft gekennzeichnet. Organisationskulturen finden sich *eingeschlossen* in eine Gesellschaft, sie sich ihrerseits gegenüber der Welt abgrenzt, und zugleich *ausgeschlossen* aus der Gesellschaft. Organisationskulturen sind in der Gesellschaft eingeschlossene, aus der Gesellschaft ausgeschlossene endliche Wirklichkeitsausschnitte. Damit wird deutlich, daß sich Organisationskulturen weder beliebig, noch durch die gesellschaftliche Umwelt determiniert herausbilden. Vielmehr konstituieren sich Organisationskulturen im Unterschied zu einer Umwelt, auf die sie zugleich bezug nehmen.

> "Der 'sinnhafte Ausschnitt', das sind die systemeigenen Entwürfe ihrer eigenen Identität, der Identitäten anderer Systeme in der gesellschaftlichen Umwelt, der Differenzen zwischen beiden sowie schließlich der Gesellschaft als des umfassenden Systems des eigenen Agierens, das sind die 'erfundenen' Bilder und selbstgesponnenen Deutungsschemata, mit derern Hilfe Organisationen ihre Beziehungen zu einer ihnen letztlich unbekannt bleibenden Außenwelt aufbauen und unterhalten. Die Schließung ist also Bedingung für Umweltoffenheit" (Bardmann 1992, 271 f.).

Mit diesem Ausgangspunkt setzt der soziologische Organisationskulturansatz allen Vorstellungen von einer 'gegebenen', 'absoluten' und 'wahren' Organisationswirklichkeit, allen Annahmen, die auf die 'natürliche' 'Zwangäufigkeit' und 'Zweckgebundenheit' von Organisationen abstellen, deutliche Grenzen. Statt dessen postuliert er die prinzipielle *Kontingenz* organisatorischer Wirklichkeitskonstitution und kann von hier aus danach fragen, wie Organisationskulturen vormalige Sinnlosigkeit in handhabbare Sinnhaftigkeit transformieren. Während Autoren wie Weick (1985, 1995) oder Luhmann (1988a) an dieser Stelle Information bzw. Entscheidung als die Ereignisse herausstellen, die in Organisationen zur Erzeugung organisatorischer Identität benutzt und miteinander verflochten werden, plädiert der Organisationskulturansatz allgemeiner für die etonung von *Deutungsleistungen*. Sie werden als die Elemente herausgestellt, mit deren Hilfe in Organisationskulturen Sinn erzeugt und prozessiert wird. Danach können Organisationskulturen als Zusammenhänge begriffen werden, die sich - sich selbst und die (Um-)Welt deutend - aus der Welt herausarbeiten und sich dabei zugleich als identifizierbare Sinnzusammmenhänge in die Welt einschreiben. Mit der Betonung von Deutungsleistungen als 'Letztelementen' der Hervorbringung organisatorischer Wirklichkeit gewinnen organisatorische Prozesse und Ordnungen einen 'künstlichen', besser: einen symbolischen Charakter. D.h. alle menschlichen, strukturgestaltenden wie auch strukturverletzenden Tätigkeiten, alle Ordnungs- wie auch Unordnungsprozesse werden als soziale Formen der Deutung begriffen, mit deren Hilfe "die allem zugrundeliegende Sinnlosigkeit verschüttet und verdeckt wird und an ihre Stelle eine nicht weiter hinterfragte Normlität tritt, die wie selbstverständlich mit einer Reihe attraktiver Chancen, aber auch mit unausweichlichen Zwängen aufzuwarten weiß" (Bardmann 1992, 272). Organisationen gewinnen danach ihren Tatsächlichkeitscharakter erst durch alltagsweltliche Deutungs- und Interpretationsleistungen, sie konstituieren sich als Sinn- und Bedeutungszusammenhänge, in denen das Manifeste, Augenscheinliche für etwas anderes steht, also auf "weitere bzw. tiefere Bedeutungsebenen verweist, [und mithin] lediglich einen verschwindend geringen Teil der Komplexität des organisatorischen Sinnetzes vorstellt", das es interpretativ zu rekonstruieren gilt (Bardmann 1990b, 7).

Der soziologische Organisationskulturansatz fahndet nach den *eigenproduzierten* Bedeutungsstrukturen und symbolischen Ausdrucksformen in Organisationen, nach der *Selbst*organisation von Organisationskulturen. Auf der Grundlage konstruktivistisch-systemtheoretischer Annahmen wird die Selbstorganisation von Organisationskulturen wie von Kulturen allgemein nicht mehr vom Standpunkt des Menschen aus, sondern *vom Standpunkt der Kommunikation aus* in den Blick genommen. D.h. es wird zwar betont, daß die Hervorbringung des Bedeutungsgewebes, der Kultur, immer auch abhängig ist von Menschen, ihren Bewußtseinsleistungen und Äußerungen, doch kann es nicht auf diese zurückgeführt werden. Organisationskulturen entstehen und bringen sich dadurch in Form, daß sie kommunikative Gebärden und Äußerungen miteinander verknüpfen, sie verweben und dabei eine Wirklichkeit erzeugen, die von einem menschlichen Beobachterstandpunkt nicht mehr vollkommen zu begreifen, vollständig zu denken oder zu lenken ist. Mit Blick auf die sich permanent weiterspinnenden, menschliche Äußerungen selektiv aufgereifenden und verarbeitenden kommunikativen Webmuster wird die Selbstorganisation von Organisationskulturen im Grundsätzlichen verortet: Organisationskultur wird als ein 'von der Organisationskultur selbst gesponnenes Bedeutungsgewebe' begriffen[82].

Zur Beobachtung von Selbstorganisationsprozessen führt der soziologische Organisationskultur-Ansatz eine Reihe von analytischen Begriffen ein, die kenntlich

---

82 Von hier aus werden theoretische Modelle, die Organisationskulturen 'in den Köpfen der Menschen' begründen oder sie als Resultate gemeinsam geteilter Orientierungen vorführen möchten, mit einer Alternative konfrontiert. Der ier vorgestellte Organisationskultur-Ansatz "geht nicht mehr vom 'subjektiv gemeinten Sinn' oder von der 'individuellen Bedeutung' aus, sondern von eben den Bedeutungen, an denen sich die Kommunikation in ihrem faktischen Ablauf orientiert. Diese Bedeutungen entstehen unaufhörlich in der laufenden Kommunikation und können nun nur mit den entsprechenden 'Übersetzungsverlusten' in den Bewußtseinen 'repräsentiert sein" (Bardmann 1992, 282 f.)

machen, daß es der Beobachtung von Organisationen nicht mehr um die Feststellung unverrückbar gegebener Gesetzmäßigkeiten des Handelns in Organisationen geht, sondern um die Identifikation von *Sozialformen*, mit deren Hilfe sich das organisationskulturelle Sinngeflecht nach selbstgesetzten Vorgaben reproduziert. Bardmann (1992, 1994) nennt etwa *Rituale* als Formen des gleichzeitigen Aufzeigens und Verbergens 'inmitten der gebändigten Komplexität und Sinndichte einer jeweiligen Orgnisationskultur'. Insbesondere werden dabei die *Rituale der Fremdorganisation* hervorgehoben, so z.B. Rituale der Steuerung, der Macht und des Erfolgs, "in denen man die 'illusion of control' pflegt, ohne jeweils umhin zu kommen, die Gegenseiten explizit anzusprechen oder implizit anzudeuten. Subtil, doch erkennbar, werden in und mit den Ritualen der Fremdorganisation die Gefahren wie auch Chancen der Selbstorganisation angezeigt und damit [...] beobachtbar" (Bardmann 1992, 277). Des weiteren werden typische *Figuren* als Formen genannt, die Organisationskulturen ausbilden und zu ihrer Reproduktion nutzen, so etwa Geschichtenerzähler, Priester, Souffleure, Klatschmäuler und Spione. Sie erscheinen als kulturspezifische Schnittmuster von 'Personen', die für höchst eigenwillige Umdeutungen persönlicher Informationen oder organisatorischer Absichten sorgen. Schließlich können auch spezielle *Kommunikationsformen* ausgemacht werden, mit deren Hilfe sich Organisationskulturen 'in Form' bringen. Bardmann (1992, 289 ff.) nennt den Bluff, die Intrige, die Schikane und den Klatsch als Beispiele für typische, in Organisationen tagtäglich erzeugte und erlebte Kommunikationsformen.

Mit diesem - erweiterungsfähigen - Inventar analytischer Begriffe wird die besondere Sichtweise auf Organisationen veranschaulicht: Es wird zunächst deutlich, daß Organisationskulturen *selbstreferentiell* sind, d.h. daß sie Ereignisse ausschließlich durch interne, von außen uneinsichtige Transformationsprozesse als Ereignisse bestimmen. Die genannten Sozialformen markieren hierbei nur die Positionen im organisatorischen Geschehen, an denen Transformationsprozesse wahrscheinlicher sind als anderswo. Sie lassen das 'wie' der Selektion und Transformation, d.h. des Aufgreifens und Umdeutens von Ereignissen offen. Des weiteren ist die *Komplexität* von Organisationskulturen angezeigt. Es wird deutlich, daß das, was in Organisationen geschieht, nicht vorab bestimmt, vorhergesagt werden kann. Angesichts der mit den genannten Sozialformen angedeuteten Vielschichtigkeit von Kommunikationsprozessen wird die Unwahrscheinlichkeit erkennbar, daß man voraussagen könnte, zu welchem Ergebnis Interventionen bzw. die Eingabe von Informationen in das alltägliche Organisationsgeschehen führen. Schließlich ist auf die *Autonomie* von Organisationskulturen verwiesen. Sie besteht darin, daß die Beziehungen und Interaktionen, über die sich die Organisation identifiziert und als Einheit etabliert, als organisationsinterne, organisationseigene Beziehungen und Interaktionen gelesen werden. D.h. die Transformation bzw. Aus- und Umdeutung organisatorischer Wirklichkeit geschieht in der Orientierung an organisations- bzw. kulturspezifisch ausgebildeten Strukturen. Organisationskulturen differenzieren sich mit eigenen Deutungsleistungen als Zusammenhänge aus, die auf eigene und nicht etwa auf fremde, in der Umwelt verortete Deutungsleistungen bezugnehmen. Organisationskulturen sind Sinn- bzw. Deutungszusammenhänge, die ihre Grenzen selbst ziehen und beobachten.

Die Betonung der Selbstreferenz, Komplexität und Autonomie von Organisationskulturen stellt die Beobachtung organisatorischer Wirklichkeit auf die *Zirkularität der Wirklichkeitsproduktion* ein, wobei diese - so sehr die auch auf Transparenz, Bestimmbarkeit, Fremdorganisation etc. abstellen mag - immer auch für Intransparenzen, Unbestimmbarkeiten und eigendynamische Prozesse in Organisationen sorgt. Organisationskulturen erscheinen aus diesem Blickwinkel als 'sperrige', Einsichten eher verhindernde als gewährende Gegenstände: "Selbstorganisationsprozesse in komplexen Organisationen verweigern sich der rationalen Durchdringung und vollständigen Erfassung. Sie sind mit den Mitteln der Vernunft nicht endgültig zu begreifen" (Bardmann 1992, 276).

Wir haben damit den Grundgedanken eines soziologischen Organisationskultur-Ansatzes vorgestellt, der sich deutlich von den gängigen Versuchen, organisatorische Wirklichkeit zu beobachten und zu beschreiben, unterscheidet. Die Auseinandersetzung mit Organisationen die zugleich Kulturen sind, markiert eine grundsätzlich veränderte Herangehensweise an den Gegenstand und eröffnet damit zugleich neue Möglichkeiten der Thematisierung des sozialen Konstrukts Technik in Arbeitsorganisationen.

3. Technik als Medium der Kulturproduktion in Arbeitsorganisationen

Die theoretische Konzeption von Technik als einem kommunikativ geformten und zugleich Kommunikation formenden Konstrukt und von Arbeitsorganisationen als kommunikativ hervorgebrachten, komplexen Bedeutungsgeweben, legt eine Betrachtungsweise von Technik in Arbeitsorganisationen nahe, die die *verwickelte Vernetzungsstruktur* von technischer und kultureller Wirklichkeit in Arbeitsorganisationen herausstellt. Damit kann zugleich eine soziologische Forschung anvisiert werden, die speziell die Rolle, die die neue Technik beim Er- bzw. Ausschließen kommunikativer Möglichkeiten und beim Erweitern bzw. Einengen des Kommunikationsuniversums spielt, beleuchtet.

Unter dem Gesichtspunkt, daß die Technik ein kommunikativ auszuformulierendes Konstrukt darstellt, d.h. als ein Artefakt, das erst durch die kommunikative Einführung von Begriffen und Unterscheidungen in eine sinnhafte Form gebracht wird, rückt zunächst die Art und Weise der Thematisierung von Technik in Arbeitsorganisationen in den Blick. Dabei geht es nicht nur um die Berücksichtigung von organisatorischen Entscheidungen und Maßnahmen, die die Technik als einen zentralen Bestandteil des organisatorischen Funktionszusammenhangs ausweisen. Die Kulturperspektive öffnet den Blick auch für die Thematisierung und Problematisierung von Technik im alltäglichen Kommunikationsgeschehen. So werden auch all jene Mitteilungen als Technik formende Kommunikationsbeiträge berücksichtigt, die in der soziologischen Technik- und Organisationsforschung lange Zeit unterbelichtet blieben. Dazu gehören Begriffe, Metaphern, Floskeln, Phrasen, Sprüche, Witze, Jargons, Stories, Erzählungen, Berichte, Erklärungen, Aushänge, Poster u.ä.m., in denen und mittels derer die Technik thematisch gemacht wird. Daneben spielen für die kommunikative Formung in Arbeitsorganisationen auch die Verhaltensweisen bzw. die Selbstdarstellungen von Personen in bezug auf die Technik eine besondere Rolle. Gestik, Mimik, Körperhaltung wie auch Körperdekorationen können unter kommunikationstheoretischen Gesichtspunkten als Mitteilungen begriffen werden, die die sprachlich vermittelte Kommunikation kommentieren, d.h. ebenso unterstützen, verstärken wie auch konterkarieren und ablehnen können. Schließlich tragen zur kommunikativen Formung der Technik auch das Hinzuziehen bzw. Weglassen weiterer Artefakte bei. In einer Kultur sind Dinge, vom Füllfederhalter bis hin zur Architektur des Unternehmensgebäudes immer auch als 'Träger' von symbolischen Bedeutungen anzusehen, die wiederum andere Artefakten, so auch die neue Technik in einen kulturspezifischen Bedeutungshorizont stellen.

Sprachliche, verschriftete, in Bilder gefaßte, körperliche wie auch 'objektsprachliche' Kommunikationen - sie alle tragen in einer Organisationskultur zur Generierung von Bildern der Technik bei, die wiederum für die Herausbildung und den Fortgang weiterer Kommunikationen entscheidend sein können. Ob die Technik dabei in den Bedeutungshorizont von Erleichterung, struktureller Transparenz, Funktionalität und Effizienz oder aber in den Sinnkontext von Störung, Belastung, Routine, Anonymität und Disfunktionalität gestellt wird (vgl. Hörning/Dollhausen/Kleinwellfonder 1995), bleibt der jeweiligen Organisationskultur überlassen, in der die Technik verwendet wird. Wichtig ist vor allem eines: In der kommunikations- und kulturtheoretischen Perspektive wird erkennbar, daß rationalistische und funktionalistische Engführungen die Bedeutung des symbolischen Handelns hinsichtlich der sozialen Konstruktion von Technik in Arbeitsorganisationen unterschätzen. Im hier vorgestellten Ansatz kann den Rationalisten und Funktionalisten entgegengehalten werden, daß die Technik in Arbeitsorganisationen immer auch Gegenstand alltäglicher Kommunikationen mit inszenatorischem Charakter ist, daß sie im Alltagshandeln der Organisationsmitglieder, Managern wie Arbeitern, dargestellt, symbolisch präsentiert und rituell ausformuliert wird.

Damit ist zugleich eine Vielzahl von Deutungen, Interpretationen und Darstellungen der Technik in Organisationen in Aussicht gestellt. D.h. es kann nicht mehr davon ausgegangen werden daß die Technik in Arbeitsorganisationen eine von allen Beteiligten gleichmaßen anerkannte Bedeutung gewinnt. Die kommunikative Formung von Technik impliziert nicht nur Prozesse, die auf Vereinheitlichung und Einigung abstellen, sondern auch die Bildung von Konfliktlinien und Frontstellungen, in denen unterschiedliche Technikbilder gegenübergestellt, gegeneinander auf- und ausgespielt werden, in denen die Technik m.a.W. als ausgezeichneter Bezugspunkt von Auseinandersetzungen über ihren symbolischen Gehalt in Erscheinung tritt.

Die Technik wird in Organisationen aber nicht nur jeweils kulturspezifisch geformt, sie formt umgekehrt auch die Kommunikation, in die sie eingebunden ist. Unter diesem Problemaspekt rücken vor allem die Veränderung organisationskulturell eingeschliffener Wirklichkeitseinteilungen, Codes und Leitunterscheidungen, der Wechsel von Themen und Problemen, die Veränderung der Bezugnahme auf und

Inanspruchnahme von Personen, die Verschiebung von Aufgaben- und Abteilungen, die Veränderung der räumlichen und sachlichen 'Gegebenheiten' und - darin eingeschlossen - die Auflösung und Neubildung von normativen Orientierungen und Werthaltungen in den Blick. Es wird unausweichlich, danach zu fahnden, welche Effekte das selbsterzeugte Konstrukt Technik in der organisatorischen Wirklichkeit zeitigt, wie die Kommunikation auf das von ihr selbst geformten, symbolisch ausformulierten und in Szene gesetzten Artefakt 'antwortet'.

Hinweise darauf, wie dies geschehen kann, liefert sowohl die derzeit geführte Diskussion um die neue Technik wie auch die betriebswirtschaftlich orientierte Beschäftigung mit der Organisationskultur. In beiden Kommunikationskontexten entwickelt sich - im Anschluß an die Konstruktion der Technik bzw. der Organisation als komplexe, eigendynamische, durch Ambivalenzen und Widersprüche gekennzeichnete Gebilde - eine Haltung, die von 'alt-modernen' Sicherheits- und Gewißheitsvorstellungen Abschied nimmt und die zumindest andeutungsweise die zirkuläre Grundstruktur der Wirklichkeitskonstruktion ins Auge faßt. Man beginnt zu sehen, daß sich weder Technik noch Organisation umstandslos steuern und kontrollieren lassen und neue 'Grammatiken' erforderlich werden, die den Umgang mit Technik wie auch die Gestaltung der Organisationswirklichkeit orientieren.

Von hier aus kann gesagt werden, daß die neue Technik in Arbeitsorganisationen sowohl als ein thematischer Knotenpunkt beobachtet werden kann, wie auch als ein kulturspezifisch hervorgebrachtes Konstrukt, das die kulturell eingeschliffene Organisationswirklichkeit immer auch tangiert, deformiert, irritiert und so zu deren Selbstveränderung beiträgt. Technik ist, was immer sie in Organisationen ist - ein ausgezeichnetes Medium der Kulturproduktion in Arbeitsorganisationen.

VII. Zusammenfassender Ausblick

Am Anfang unserer Beobachtungen stand die Überlegung, daß die neue Technik neuartige Probleme und Fragen hinsichtlich ihrer Bedeutung speziell in Arbeitsorganisationen aufwirft. Mit Blick auf die Multifunktionalität, Variabilität und die scheinbar prinzipielle Unvollständigkeit der modernen Technik schien uns die Beobachtung der Technik als ein Produktionsmittel in Organisationen, die durch eine kapitalistische Verwertungslogik und eine instrumentelle Vernunft gekennzeichnet ist, als zu kurz gegriffen. Dies belegen zum einen die mit der neuen Technik in Arbeitsorganisationen eröffneten Möglichkeiten und Zwänge zur Neuorientierung und - darin eingeschlossen - zur Abkehr von eingefahrenen Rationalisierungsvorstellungen. Zum anderen wird mit Blick auf die industriesoziologische Argumentation deutlich, wie die Interpretation von Technik als einem kapitalistisch verfaßten, 'rationalen' Produktionsmittel an einer komplexen, uneindeutig und uneinsehbar gewordenen Organisationswirklichkeit zu scheitern droht. Die in der Industriesoziologie heute nicht mehr übergehbaren Hinweise auf Stellen, an denen die Linearität organisatorischer Rationalisierung und Technisierung durchbrochen wird, auf unkontrollierbare 'Lücken' und neuartige Handlungsspielräume im organisatorischen Geschehen zeigen, daß der Einsatz der neuen Technik nicht nur instrumentalistisch und funktionalistisch geprägte Planungs- und Steuerungsprozesse in Organisationen verunsichert, sondern zugleich auch das Reden über sie. Die neue Technik läßt somit in Arbeitsorganisationen wie auch im Reden über sie 'rationalistische' Denktaditionen (Winograd/Flores 1989), Sicherheits- und Gewißheitsvorstellungen sowie hergebrachte Steuerungs- und Kontrollperspektiven brüchig werden.

Die neue Technik macht sich stattdessen als ein ungeheurer Anreger für Technikinterpretationen bemerkbar, mit deren Hilfe versucht wird, die Komplexität und Eigendynamik der Technik in Begriffe zu fassen und in eine kommunikativ verarbeitbare Form zu bringen. Die neue Technik, dies haben unsere Überlegungen gezeigt, ist ohne Kommunikation, ohne die sozialen Prozesse, in denen ihr Funktion und Bedeutung zugeordnet wird, nicht vorstellbar. Diese Vorstellung wird in der Techniksoziologie seit langem entfaltet. Hier wird das soziale Gemachtsein, das Konstruiertsein der Technik hervorgehoben, womit der Instrumenten- und Mittelcharakter der Technik relativiert und der symbolische Gehalt der Technik in den Vordergrund gerückt wird. Allerdings verlagert die Techniksoziologie die Aufmerksamkeit auf die handlungsorientierende und bedeutungsstrukturierende Kraft der Technik und vernachlässigt dabei ihre enormen Stör- und Irritationspotentiale, die sich in der Form von neuen Ungewißheiten und Unbestimmtheiten in sozialen Zusammenhängen, so auch in Arbeitsorganisationen niederschlagen.

Ein konstruktivistisch und systemtheoretisch erweitertertes Technikverständnis kann hingegen auch dies berücksichtigen: Dazu wird von der Annahme einer prinzipiell unbegreiflichen Technik ausgegangen, die in der und mittels Kommunikation erst zu dem gemacht wird, als was sie und wie sie in sozialen Zusammenhängen, mithin in der Organisationswirklichkeit erscheint. Typischerweise stellt die kommunikative Formung von Technik dabei auf die Steigerung der Möglichkeiten kommunikativer Wirklichkeitsproduktion ab. Umgekehrt wird in der hier vorgeschlagenen Perspektive aber auch dem Umstand Rechnung getragen, daß sich die Kommunikation die Technik in einer Art und Weise 'erreden' kann, die die Wahrscheinlichkeit des Fortgangs von Kommunikationsprozessen nicht nur erhöht, sondern auch erschweren, wenn nicht verhindern kann. Die kommunikative Formung von Technik impliziert m.a.W. die Veränderung der Bedingungen, unter denen sich die Kommunikation vollzieht. Soweit dieser Aspekt berücksichtigt wird, kann beobachtet werden, wie sich die Kommunikation, sich 'ihre' Technik errredend und nutzend, zugleich durch das selbsterzeugte Artefakt irritieren und zur Neuformierung anregen läßt. In bezug auf die sie immer wieder neu hervorbringende Kommunikation erscheint Technik als ein thematischer Knotenpunkt und als zentrale 'Schaltstelle' im Prozeß der zirkulären Entwicklung von Technik und Kommunikation.

Legt man diesen Überlegungen zudem ein soziologisches Analysekonzept der 'Organisationskultur' zugrunde, dann wird deutlich, daß die neue Technik in Arbeitsorganisationen eine viel weiterreichende Bedeutung gewinnt, als es die rationalistischen und funktionalistischen Ansätze der Industriesoziologie nahelegen. Mit Blick auf die symbolische Formung des Artefakts Technik sowie deren Effekte auf die sie hervorbringende Kommunikation, kann deutlich gemacht werden, daß die Technik in Arbeitsorganisationen, mithin auch die ihr zugeschriebene Rationalität und Funktionalität, tagtäglich inszeniert, dargestellt, symbolisch präsentiert und rituell ausformuliert werden muß, um 'wirk-lich' zu werden. Umgekehrt provoziert das symbolische Artefakt Technik dort, wo es beobachtet, beschrieben und in Szene gesetzt wird, immer auch spezifische Weisen des Sehens und Verstehens bzw. der Interpretation von Wirklichkeit, die wiederum bestätigen, verändern oder auch irritieren, was als Technik beobachtet, beschrieben und in Szene gesetzt werden soll usw.

Der Anspruch des hier vorgestellten Analysekonzepts besteht darin, die zirkuläre Grundstruktur der Wirklichkeitskonstruktion im Auge zu behalten. Dies betrifft nicht nur die Interpretationen, Darstellungen und symbolischen Inszenierungen von Technik im Gegenstandsbereich. Eine soziologische Technikforschung, die auf konstruktivistische Prämissen rekurriert und die die Zirkularität des Verhältnisses von Kommunikation und Technik herausstellt, kommt nicht mehr umhin, ihren eigenen Beitrag zur Erzeugung des beobachteten Gegenstandes mitanzuzeigen. So, wie in Arbeitsorganisationen die organisatorische, mithin auch die technische Identität im Lauf der Kommunikation ensteht, so ist auch die soziologische Beobachtung von Technik in Arbeitsorganisationen stets als ein selbst miterzeugtes, kommunikativ gemachtes, konstruiertes Bild der Wirklichkeit zu begreifen, das hilft, eine komplexe, vielschichtige, dynamische, noch unbegriffene Wirklichkeit 'in den Griff' zu bekommen.

VIII Zwei Exkurse

1. Kommunikation und kommunikatives Handeln

Die übliche Konzeptualisierung von Kommunikation im alltagsweltlichen wie im wissenschaftlichen Bereich zeigt Kommunikation als zeichenvermitteltes *Handeln* von Akteuren mit dem Ziel der Verständigung[83]. Das Handeln ist ein Mitteilen, d.h. es werden Botschaften gesendet und empfangen, ver- und entschlüsselt. Der Stoff, aus dem die Botschaften gefertigt sind, ist das eindeutige, iterative und allgemeine Zeichen[84]. In diesem Bild von Kommunikation muß man, will man über Kommunikation reden, über die Akteure, über den im Zeichen fixierten Sinn und über das, was zwischen den Akteuren passiert, reden. Der klassische Schlüssel zum Verständnis von Kommunikation lautet hier: 'Who says what in which channel to whom with what effect?' (Laswell 1948, 37)[85]. Im Rahmen dieses Bildes von Kommunikation ist der Akt der Mitteilung im Raum zwischen Kommunikator und Rezipient lokalisiert; es gilt diesen Zwischen-Raum zu überbrücken und der Brückenschlag wird in den Metaphern der Übertragung und des Austausches gedacht[86]. Dieses verbreitete Kommunikationsmodell, das "Kommunikation als Transport von wie auch immer gearteter Materie von einem Raumzeitpunkt zu einem anderen Raumzeitpunkt"

---

[83] Dabei sind zwei differierende Lesarten von Verständigung zu unterscheiden: In der einen Lesart bezieht sich Verständigung auf das Verstehen des Inhalts einer Äußerung, auf das Ankommen der Information beim Rezipienten, auf das korrekte Dekodieren codierter Information (informationstechnische Lesart von Verständigung). Die andere Lesart hingegen setzt auf einen emphatisch aufgeladenen Begriff der Verständigung, wo zudem noch die Akzeptanz der Gültigkeit der Aussage (Konsens) verlangt ist.

[84] Zeichen sind hier eine willkürliche, konventionell vereinbarte Verknüpfung von Inhalts- und Ausdrucksseite. Sie sind 'Namensschilder' für die Realität, für die Dinge und Sachverhalte der Welt, die von ihnen bloß (abbildend) repräsentiert werden. Zeichen sind 'Stellvertreter' der Realität, und indem sie dies sind, haben sie eine, nämlich ihre Bedeutung, sind in ihrer Bedeutung als identische beliebig wiederholbar und drücken für jeden dieselbe Bedeutung aus.

[85] Die in der sogenannten Laswell-Formel vorgeführte Dekomponierung des Kommunikationsprozesses ist weithin gebräuchlich. Dabei sind für die vier Zentralkomponenten auch folgende Bezeichnungen üblich: *Who:* Quelle, Sender, Kommunikator, *Says What:* Nachricht, Aussage, Mitteilung, Botschaft, *In Which Channel:* Kanal, Medium, *To Whom:* Empfänger, Rezipient, Adressat, Senke, Publikum. Zur Tradition und Kritik derartiger Kommunikationsmodelle (vgl. Merten 1977, 14ff.).

[86] Die Austauschmetapher erweitert die Übertragungsmetapher insofern als sie nicht mehr von einem einseitig linearen Kommunikationsfluß ausgeht, sondern auf einer wechselseitigen Transmission insistiert. Sie rückt dabei die Prinzipien der Symmetrie und Reziprozität in den Vordergrund. Kommunikation wird hier zu einem Idealtypus des Dialogs stilisiert, woran sich ein emphatisch aufgeladenes Kommunikationsverständnis knüpfen kann. Gemeinsam aber ist beiden Metaphern, daß sie Kommunikation im Sinne eines materialen Substrats behandeln. Es wird suggeriert, daß von einer Seite etwas abgegeben und von einer anderen Seite etwas bekommen wird, wobei Transmissionsverluste einerseits und kommunikative 'Mehrwertproduktion' andererseits als Abnormalität behandelt werden müssen.

(Merten 1977, 43) begreift, ist insbesondere in der mathematischen Informationstheorie ausgearbeitet worden (vgl. Shannon/Weaver 1949) und kann als allgemeines Leitbild von Kommunikation gelten. Von sozialwissenschaftlicher Seite wird dieses Kommunikationskonzept weiterhin eingebunden in eine Theorie gesellschaftlicher Herrschafts- und Machtverhältnisse. Mögliche asymmetrische Beziehungen der Kommunikationspartner werden in der Manier von social-problem-Ansätzen in den Blick gerückt. Es werden Ungleichgewichte herausgestellt, sowohl in den Chancen, Kommunikationsangebote zu machen, als auch in den Möglichkeiten des Verhaltens zum Kommunikationsangebot. Kommunikation wird hier gleichzeitig zum Mittel, Konsens zu erzielen, aufgewertet. An den Kommunikationsbegriff werden somit weitreichende Vorstellungen von Symmetrie, Austausch, Gleichgewicht, Harmonie geknüpft - und das Bestreben richtet sich mit diesem Blickwinkel darauf, dem selbstgefertigten Ideal beidseitiger Verständigung näher zu kommen.

Derartige Beschreibungsversionen blenden aus, daß Verständigung selbst als eine eigenständige Problemstellung ausgearbeitet werden muß. Zwar konstatiert man de facto zahlreiche Mißverständnisse, Störungen, Unklarheiten, Ambivalenzen der Kommunikation, doch die empirisch erfahrenen, von Unbestimmtheiten, Unterbrechungen, Verlusten und Abweichungen gekennzeichneten, kurz 'unsauberen' Kommunikationsverhältnisse werden nicht zum Anlaß genommen, das Konzept von Kommunikation zu revidieren. Vielmehr wird das Scheitern des Ideals in der Realität zum Problem erklärt und auf Verbesserung der Verhältnisse gepocht. Die ständigen Mißerfolge von Kommunikation, letztlich das Nichterreichen von Verständigung, werden kausal erklärt, den technischen Mitteln zugeschoben, oder dem Unwillen oder der Inkompetenz der Akteure zugerechnet. Das Ideal gelingender Verständigung, 'ignoriert' somit die empirisch erfahrbare Realität. Dieses weithin anerkannte Kommunikationsverständnis läßt sich damit soziologisch prägnant als normative Beschreibung charakterisieren. Insbesondere das Ausblenden des Problems der Unwahrscheinlichkeit von Verständigung, wie es in traditionellen Kommunikationstheorien geschieht, ist mit dem Eintritt in die Moderne schlicht unhaltbar geworden. Das Wegfallen eines Verständigung sichernden Rahmens, das Schwinden eines einheitlichen Sinnkosmos, läßt Verstehen als grundsätzliches Problem erfahrbar werden. Die erfahrene Unwahrscheinlichkeit - mindestens Nichtselbstverständlichkeit - des Verstehens macht die Frage, 'wie ist Verstehen möglich?', im Sinnhorizont der modernen Gesellschaft virulent. Mit dem Eintritt in die 'postmoderne Moderne' (Welsch 1987) spitzt sich dieses Problem dramatisch zu, denn die 'Sinn- und Legitimationsgrundlagen von Handlungszusammenhängen müssen nun in den gesellschaftlichen Teilbereichen selbst geschaffen werden und können nicht mehr von *einem Zentrum* her bezogen werden' (vgl. Bardmann/Franzpötter 1990, 427). Vor allem die hermeneutische Sprachtheorie hat die Verständigung als ihr zentrales Bezugsproblem aufgegriffen. Sprachliche Zeichen bilden in diesem Verständnis die 'äußere' Welt nicht ab, sondern sind sozial vermittelt. Der Bezug der sprachlichen Kommunikation wird nicht mehr in einer, jenseits des Sozialen liegenden Welt, sondern im Sozialen selbst aufgesucht. Die Möglichkeit für Verständigung wird an die Vorstellung der Limitierung subjektiver Sinnkonstitution durch die sozial vermittelte Sprache geknüpft[87]. D.h. die subjektive Sinnkonstitution ist nicht beliebig, sondern vollzieht sich mit Bezug auf eine sozial vorgegebene Sprache. Das Verhältnis von Subjektivität und Sozialität erscheint demnach als ein Verhältnis zwischen limitierter subjektiver Sinnkonstitution und limitierender sprachlicher Sinnrepräsentation. Subjektivität meint in in diesem Sinne die sprachlich vergesellschaftete, soziale Subjektivität. Mit diesem Konzept wird das Problem der Unwahrscheinlichkeit von Verständigung durch die Einführung einer Ebene der Inter-Subjektivität latent gehalten bzw. ausgeblendet, weil man von der Intersubjektivität wie von einer Tatsache ausgeht (vgl. etwa Grathoff/Waldenfels 1983) - so lange, bis auffällt, daß hier ein Begriff eingeführt wurde, der die Einheit des Sozialen bezeichnen soll, der aber nicht als Einheit, sondern nur als Zweiheit denkbar ist. Der Begriff der Inter-Subjektivität bezeichnet, was er nicht bezeichnet, er führt etwas ein, "was von einer Theorie aus, die bei der Subjektivität des Bewußtseins ansetzt, nicht gedacht werden kann" (Luhmann 1986, 42). Der von Luhmann vorgebrachte Einwand gegen eine beim Subjekt ansetzende Kommunikationstheorie kann verdeutlicht werden, wenn der Forschungsgegenstand interaktionistischer Ansätze in den Blick gerückt wird. Hier deuten sich - mehr implizit als explizit - Probleme der Rückführung kommunikativer Phänomene auf die subjektive Sinnkonstitution an.

Die grundlagentheoretischen Überlegungen des symbolischen Interaktionismus, wie er von George Herbert Mead und Herbert Blumer vertreten wurde, positionieren das Subjekt in einer symbolisch vermittelten Umwelt. D.h. die Subjekte handeln gegenüber 'Dingen' (physische Gegenstände wie auch Subjekte, Institutionen, Leitideen, Handlungen etc.) auf der Grundlage der Bedeutung, die diese 'Dinge' für sie besitzen. Die Bedeutung der 'Dinge' wird in diesm Verständnis als aus sozialen Interaktionen abgeleitet oder als durch soziale Interaktion hervorgebracht begriffen. Schließlich können die Bedeutungen der 'Dinge' interpretativ benutzt, gehandhabt und geändert werden (vgl. Blumer 1973, 81). Der symbolische Interaktionismus konzipiert das soziale Geschehen als ein fortlaufendes Interaktionsgeschehen, in dessen Verlauf sich die handelnden Subjekte aufeinander beziehen und so die Bedeutungen generieren, die sich das Subjekt interpretativ anzueignen vermag und die sein Handeln im Interaktionsprozeß orientieren und leiten. Mit diesen Annahmen ist der symbolische Interaktionismus zu den in der Soziologie kursierenden 'konstruktivistischen' Denkmodellen zu zählen. Der Unterschied zu 'radikal' konstruktivistischen Ansätzen besteht in der Verwendung des Begriffs der 'symbolischen' Interaktion. Sie bezeichnet speziell die Interaktion *zwischen* Menschen, die die Interpretation von Handlungen mit dem Ziel des Verstehens der Bedeutung der Handlung der

---

[87] Die Vergesellschaftung wird an Sprache delegiert. Sie ist der Bindekitt, der Individuen und Gesellschaft miteinander vermittelt. Sprache wird als Einteilung, nicht Mitteilung der Welt, als Sinnkonstitution und nicht als Sinnrepräsentation entworfen. Die untilgbare Spur von Subjektivität, die in die Sinnkonstitution eingelassen ist, wird limitiert durch eine apriori gesetzte Sozialität, die in Sprache eingelassen ist und mit Sprache vermittelt wird (vgl. Bardmann 1992, 66).

jeweils anderen beinhaltet[88]. Diese Überlegungen des symbolischen Interaktionismus führen Kommunikation im traditionellen Sinn als ein sich zwischen Subjekten vollziehendes Interaktionsgeschehen vor, das sich allerdings unabhängig von den Dingen 'an sich' auf der Grundlage von Bedeutungen als ein interpretationsabhängiges Geschehen konstituiert. Obwohl hier dem Subjekt die Möglichkeit zugestanden wird, die Welt aus einer individuierten Sicht heraus zu betrachten, erscheint nach diesem Konzept das Problem der Vergesellschaftung als eine 'Übernahme' und 'Internalisierung' von Rollen, Positionen etc. Kommunikative Prozesse werden als Sozialisation betrachtet, in der das Subjekt Sinngehalte lernt und in sich aufnimmt. Zugrundegelegt wird - obwohl die *subjektiven Prozesse der Interpretation von Handlungen* berücksichtigt werden - die Vorstellung einer gelungenen Verständigung bzw. einer gelungenen 'Übernahme' und 'Verinnerlichung' kommunizierter Sinngehalte[89].

Einer sich hieran anschließenden empirischen Erforschung sozialer Interaktion geht es vor allem darum, die in Interaktionen interpretativ generierten, symbolischen Bedeutungen aufzuspüren, um über sie zu theoretischen Aussagen zu gelangen, die im laufenden Forschungsprozeß ständig an die soziale Realität zurückzubinden sind. In ihrer empirischen Ausrichtung interessiert sich diese Forschung für die Interpretationen, die *Menschen in interaktiven Aushandlungsprozessen* hervorbringen und mit deren Hilfe sie den 'Sinn' ihres alltäglichen Handelns aufzeigen und herstellen. Dabei ging und geht es der Forschung immer auch um die Offenlegung und Herausarbeitung der den subjektiven Interpretationen zugrundeliegenden komplexen Interpretationsmuster, die als intersubjektiv verfügbare Kontexte subjektiven Handelns begriffen werden. Insofern geht es dieser, sich als 'qualitative Sozialforschung' vorstellenden Forschungsrichtung immer auch um strukturierte soziale Gebilde, um die Analyse der Handlungs*kontexte* von Individuen (vgl. Hopf 1979, 18) - ohne, daß die dabei quasi unter der Hand vorgenommene analytische Trennung von Individuum und Kontext und die sich hieran anschließenden Optionen der Zurechnung von Handlungen theoretisch reflektiert werden. Die hier aufscheinende Nähe zur Systemtheorie, die sich seit langem für soziale Systeme als Umwelten individuellen

---

88 Ein weiteres Charakteristikum der symbolischen Interaktion wird hier deutlich. Mead sah das 'Funktionieren' der symbolischen Interaktion dadurch bedingt, daß die an der Interaktion Beteiligten "notwendigerweise die Rolle des jeweils anderen übernehmen. [...] Solch gegenseitige Rollenübernahme ist das sine qua non von Kommunikation und wirksamer symbolischer Interaktion" (Blumer 1973, 88).

89 Dies ist vor allem im Rahmen der kritischen Soziologie anschlußfähig, denn es bietet Raum, den Prozeß der Vergesellschaftung des Subjekts als zugleich konstitutiv für die Herausbildung eines autonomen Selbst zu interpretieren: "In dem Maße, wie sich im Prozeß der Vergesellschaftung das heranwachsende Subjekt das, was Bezugspersonen von ihm erwarten, zunächst zu eigen macht, um sodann die vielfältigen, auch widersprüchlichen Erwartungen durch Abstraktion zu verallgemeinern und zu integrieren, entsteht ein inneres Zentrum der Selbststeuerung individuell zurechenbaren Verhaltens" (Habermas 1988, 190). Hieran anknüpfend ließe sich wiederum die Frage stellen, inwieweit das hier entstehende Selbst als 'autonom' zu betrachten ist, denn es trägt nicht nur reflexive sondern auch opportunistische Züge im Sinne der Integration, nicht aber Bearbeitung von Widersprüchen.

Handelns interessiert, hat in der soziologischen Methodendiskussion bislang jedoch keine Beachtung gefunden[90].

2. Erkenntnis als Konstruktion

Der 'radikale' Konstruktivismus sowohl kognitionstheoretischer wie auch systemtheoretischer Färbung verabschiedet die in älteren konstruktivistischen Modellen auftauchende Vorstellung, man könne, obwohl von der sozialen Konstruiertheit der Wirklichkeit ausgegangen werden muß, zu 'objektiven' Erkenntnissen über diese Wirklichkeit kommen. Vor dem Hintegrund des 'radikalen' Konstruktivismus erscheinen etwa sozialkonstruktivistische Ansätze als theoretisch 'unentschlossene' Ausgaben des Konstruktivismus, denn sie beschreiben zwar die Konstruiertheit der sozialen Welt, doch gerät das eigene Beschreiben als eine Form des Konstruierens nicht in den Blick (vgl. Luhmann 1988c, 7 f.). Wie konstruiert der Erkenntnisgegenstand auch immer erscheinen mag, die Erkenntnis selbst wird nicht konstruktiv gedacht. Die klassische Unterscheidung von erkennendem Subjekt und Erkenntis-Objekt greift also auch hier.

Die Radikalität der neueren Ansätze kann darin gesehen werden, daß sie keine wie auch immer geartete Subjekt-Objekt-Beziehung voraussetzen, die die Erkenntnis orientieren, limitieren und festlegen könnte. Stattdessen wird die Systemabhängigkeit aller Erkenntnis postuliert, d.h. es wird vorausgesetzt, daß alle erkennenden Systeme in einer realen Umwelt sind, daß es Systeme gibt, die *in* einer Umwelt Erkenntnisse zustande bringen. Erkenntnis ist also nur durch die Einführung der Un-

---

90 Dies mag disziplingeschichtliche Hintergründe haben, die hier jedoch nicht weiter ausgeführt werden sollen. Notierenswert hingegen ist, daß die in der qualitativen Sozialforschung aufscheinende Option, soziale Wirklichkeit entweder vom Individuum her oder vom Handlungskontext her begreifen zu können, nicht als Option gesehen wird - obwohl die grundlegenden Überlegungen hierzu bereits bei George Herbert Mead nachzulesen sind. Er erklärte daß a) alles menschliche Handeln in soziale Kontexte, oder: soziale Systeme, letztlich Gesellschaft, eingebettet und durch sie beeinflußt ist, daß b) alles menschliche Handeln wiederum die sozialen Kontexte mitgestaltet und verändert und arbeitete so Individuen und soziale Kontexte als analytisch unterscheidbare, sich wechselseitig aufeinander beziehende Parameter der Forschung heraus. Diese Zweiheit greift die qualitative Sozialforschung bis heute nicht auf. Anstatt mit dieser selbsteingeführten Unterscheidung zu operieren, verpflichtet sie sich ausschließlich einer Seite, d.h. der Analyse individueller Deutungs- und Interpretationsleistungen. Dabei könnte die Entwicklung einer Methodik zur Analyse sozialer Systeme diese Einseitigkeit auflösen. Zudem kommt dieser noch zu entwickelnden Methode die epistemologische Verunsicherung der Systemtheorie durch konstruktivistische Ansätze entgegen, die die Unterstellung eines erkenntnisunabhängigen Beobachtungsgegenstandes aufgeben und demgegenüber die Abhängigkeit aller Erkenntnisse vom jeweiligen Beobachter betonen. Die soziologische Systemtheorie ist damit auf ein Konzept der Beobachtung zweiter Ordnung verwiesen, d.h. das sachbezogene Beobachten sozialer Systeme ist durch ein beobachtungsbezogenes Beobachten zu ersetzen. Sie muß soziale Systeme als beobachtende Systeme in den Blick nehmen, d.h. auf die Unterscheidungen achten, mit denen letztere die Wirklichkeit erzeugen, in der sie operieren. Sie muß damit eine Methode zur empirischen Erforschung sozialer Systeme generieren, die ihre theoretischen Überlegungen einholt.

terscheidung von System und Umwelt möglich. Erst dadurch, daß ein System "eigene Operationen produziert und im Netzwerk ihrer rekursiven Vor- und Rückgriffe reproduziert" (Luhmann 1988c, 14), kann sich ein System schließen, d.h. als ein System im Unterschied zur Umwelt[91] herausarbeiten. Erst durch die Schließung des Systems wird es möglich, die Umwelt zu beobachten und diese Beobachtungen aufzuzeichnen bzw. zu beschreiben und so Erkenntnisse zu erzeugen. In dieser Perspektive wird die Beziehung zwischen Erkenntnis und Gegenstand nicht mehr vorausgesetzt, sondern als Beobachtungsleistung eines erkennenden Systems bzw. eines *Beobachters* verstanden. Die dem konstruktivistischem Denken zugrundeliegende Figur ist die der Zirkularität von Beobachtungen: Die Beobachtung bzw. Erkenntnis der Welt ist nur als Beobachtung eines Beobachters möglich, der mit seinen Begriffen und Unterscheidungen, das was er beobachtet, erzeugt. Die zur Beobachtung operativ eingeführten Unterscheidungen bleiben unbeobachtet, d.h. im Moment der Beobachtung schließt sich der Beobachter aus und erzeugt so einen 'blinden Fleck'. Erkennen ist in diesem Sinne nur als ein 'blindes' Sehen möglich. Die Einsicht in die eigene Blindheit impliziert den Verzicht auf die "alten Formen der Externalisierung (auf Verweise auf Gottes Schöpfung, die Natur, die Welt 'da draußen', die Realität usw.)" (Bardmann 1991, 32). Es gibt im Konstruktivismus keine 'objektive Wirklichkeit', keinen 'letztendlichen' Grund, keinen 'höchsten' Sinn mehr, der aufgezeigt werden und möglicherweise sogar anderen Beobachtern aufgedrängt werden könnte. Indem er die Erkennbarkeit der 'äußeren' Realität als einen Mythos (vgl. Ceruti 1991) herausstellt, zerschlägt der Konstruktivismus die Hoffnung auf ein reales Fundament von Erkenntnissen - wie brüchig es auch immer sein mag. Was aber vermag der Konstruktivismus Beobachtern mit 'auf den Weg' zu geben?

Vielleicht kann der Konstruktivismus als eine Instruktion gelesen werden, auf normative Ansprüche auf 'richtige' Erkenntnisse zu verzichten und eine Haltung zu entwickeln, die der Kontingenz der Konstruktionen Rechnung trägt, sie als andere mögliche Sinnproduktionen in der Welt ernstnimmt. Vor diesem Hintergrund erscheint Wissenschaftlich produziertes Wissen nicht mehr als Dokumentation der Wirklichkeit, sondern als mögliche Beschreibungsversion von Wirklichkeit. Im konstruktivistischem Verständnis erhält die wissenschaftliche Wissensproduktion nicht mehr das Etikett besonderen Nutzens oder extravaganter Leistungsfähigkeit. Wissensproduktion erscheint vielmehr als das Anfertigen eines Angebotes, zu sehen, was man zu sehen bekommt, wenn man sich auf eine - unter anderen mögliche - Unterscheidung einläßt. In ihrem Verhältnis zur Realität sind alle Beschreibungen derselben gleich 'richtig' oder 'falsch', da sie allesamt Realität nicht abbilden, sondern sie auf ihre spezifische Art und Weise erzeugen. Wissenschaftliche Beschreibungen bzw. Theorien der Wirklichkeit finden ihren ihren Halt nicht mehr in einer 'Außen-

---

91 Möglich ist dabei auch, daß die erscheinende Umwelt als das System vorgeführt wird. System und Umwelt werden hier als operative Begriffe eingeführt, d.h. die Unterscheidung von System und Umwelt ist nicht 'ontologisch' als eine Unterscheidung von identischem System und nicht identifizierter Umwelt zu denken, sondern als eine Relation, die auf nichts anderes zurückgeführt werden kann als auf die Operation des Unterscheidens von System und Umwelt durch ein System.

welt', sondern als theoretische Entwürfe sind sie in nichts anderem begründet, als in der Theorie selbst. Wissenschaftliche Realitätsbeschreibungen sind 'Bilder ohne Original' (v. Glasersfeld), denn das 'Original' selbst, die 'letzte' Realität, kann nur als eine unbegreifliche Welt ohne Arten, ohne Ordnung, ohne Bewegung, ohne Ruhe und ohne Struktur und schließlich: ohne Irritationspotentiale angesehen werden, die die Aufmerksamkeit der Wissenschaft auf sich lenken könnte[92]. Wissenschaftliche Erkenntnisse erscheinen als Beobachtungen von Beobachtungen, als Beschreibungen von Beschreibungen, als Bilder von Bildern, als Texte von Texten. Damit verabschiedet der 'radikale' Konstruktivismus nicht nur alle Ansprüche auf einen direkten Zugang zur 'Wahrheit' - er negiert die Vorstellung der Erfaßbarkeit der 'reinen Wahrheit' überhaupt - und er scheut sich nicht, diese Position in aller Härte zu formulieren, mithin die "Gemütlichkeit in den Altbauten sozialwissenschaftlicher Theorie [und] die Formen der 'ehrwürdigen' Wissenschaft" (Bardmann 1991, 31, Anm.2) vehement zu stören[93]. Der Konstruktivismus attackiert die 'alten' Selbstgewißheiten der Wissenschaft, verunsichert sie, indem er erkennen läßt, daß wissenschaftliche Beobachter, in einer Umwelt operieren, die möglicherweise etwas beobachtet, das der Beobachter selbst nicht sieht. Der Konstruktivismus legt einen Beobachtungsstil nahe, der darauf beruht, daß der Beobachter Erkenntnisse nicht als Wahrheiten, sondern als unterscheidungsabhängige Beobachtungen vorführt, mithin sein Nicht-Sehen-Können mitbeobachtet. 'Härter' formuliert, richtet die konstruktivistische Denkweise die Forderung an die Wissenschaft, ihre fremdreferentielle Redeform in der Weise zu revidieren, daß der Beobachter der Wirklichkeit, der Wissenschaftler, bei seinem Bemühen, die Welt zu beobachten, mitbeobachtet wird. Der Konstruktivismus verlangt eine *strenge selbstreferentielle Redeform*, in der erkenntlich wird, daß Wissenschaftler (wie Alltagsmenschen auch) nicht eigentlich über die Wirklichkeit reden, sondern mit ihrem Reden *Wirklichkeit erst erzeugen*.

Aus dem Blickwinkel des Konstruktivismus erscheint Erkennen in einem konstruktiven Sinn als ein Beobachten von Beobachtungen, in dessen Verlauf Anschlußmöglichkeiten zur Selbstreproduktion wissenschaftlicher Diskurse eröffnet[94]

---

92 Vgl. auch die Ausführungen Luhmanns (1990c, 50f.) zum Realitätsverständnis des Konstruktivismus, die zu dem Resümee führen: "Wenn Erkennen Sinn erfordert so wie Sinn Unterscheidungen, muß die letzte Realität sinnlos gedacht werden" (ebd., 51). Jenseits einer Unterscheidung ist Realität im Sinne eines 'Zweitlosen' (vgl. Luhmann/Fuchs 1989) nicht denkbar.

93 Im 'radikalen' Konstruktivismus wird der Riß zur wissenschaftlichen Tradition mitthematisiert: Eine konstruktivistische Prämissen ernst nehmende Wissenschaft kann ihre Erkenntnisse nicht mehr unbedarft aus einer 'gegebenen' Wirklichkeit schöpfen, sie kann sich nicht mehr aus dem 'Gegenstandsbereich' den sie beschreibt, ausschließen. Der Anspruch der Wissenschaft die zentrale oder übergeordnete gesellschaftliche Instanz zu sein, von der aus sich die Welt 'besser' erkennen läßt als von einem anderen Standpunkt aus, wird aufgegeben. Als ein auf Wissenserzeugung ausgerichtetes, beobachtendes Kommunikationssystem erzeugt die Wissenschaft die Realität, auf die sie sich bezieht, selbst. Wissenschaftliche Erkenntnis kann nicht mehr mit einem mehr oder weniger intuitiven Erkennen der Welt gleichgesetzt werden, sondern muß als eine Konstruktionsleistung angesehen und mithin konsequent als Wissens-*produktion* ausgewiesen werden (vgl. Knorr-Cetina 1984).

94 Diese neue Gewichtung des Wahrheitskriteriums zugunsten von Brauchbarkeitsbegriffen kann als eine Art 'Freifahrtschein' zur Aufgabe des 'besseren' gegenüber dem 'erfolgreicheren' Argu-

werden. Dem Erkennen kann damit eine zentrale Rolle beim Aufbau von Beobachtungsverhältnissen zugeschrieben werden, unter denen die Brauchbarkeit wissenschaftlicher Erkenntnisse danach bemessen wird, wie stark sie eingefahrene Wirklichkeitsbilder aufzulösen, zu zersetzen und damit zugleich zu verdichten vermögen (vgl. Knorr-Cetina 1989).

Hiermit sollte deutlich gemacht sein, daß sich der Konstruktivismus als ein Angebot zur Eröffnung einer inkongruenten Perspektive versteht. Es geht nicht darum, die Möglichkeiten des Erkennens zu limitieren, auf die eine oder die andere Interpretation festzulegen, sondern darum, die festgefahrenen und gewohnten Redeformen über Wirklichkeit, speziell soziale Wirklichkeit, zu 'stören', sie mit der Vorstellung zu konfrontieren, daß theoretische Aussagen nicht durch die 'Gegenstände limitiert, sondern allenfalls irritiert werden, daß theoretische Aussagen immer nur als Beiträge, die *in* einem sich selbst limitierenden Aussagensystem verstrickt sind, gedacht werden. Es geht darum, kenntlich zu machen, "daß jede Form der Beschreibung ihren eigenen Entstehungsort und damit ihre eigene Relativität und begrenzte Gültigkeit" hat (Bardmann 1992, 105). Damit zielt die wissenschaftliche Beobachtung nicht mehr auf ein 'Mehr' an Wissen, auf 'Wahrheit', sondern auf die Eröffnung von Beobachtungsmöglichkeiten, auf die *"Erweiterung von Welt"* (Knorr-Cetina 1989, 94), dabei immer im Auge behaltend, daß sich jedes Beobachten 'im Blindflug' konstituiert.

---

ments kritisch aufgegriffen werden; es kann darauf hingewiesen werden, daß "allein diskursiv einlösbare Geltungsansprüche [...] instrumentalistischen und utilitaristischen Mißverständnissen zum Opfer [fallen könnten]" (Hinz 1993, 128). Doch zeigt diese Kritik zum einen, daß sie an normativen Orientierungen festhält, die in konstruktivistischer Perspektive ebenfalls als kontingente Konstruktionen begriffen werden müssen und zum anderen die Schwierigkeiten, des Umgangs mit der Selbstläufigkeit von Kommunikation.

IX. Literaturverzeichnis

Alheit, P. (1983): Alltagsleben. Zur Bedeutung eines gesellschaftlichen 'Restphänomens'. Frankfurt/New York

Allaire, I./Fisirotu, M. (1984): Theories of Organizational Culture. In: Organizational Studies, 5, S.193-226

Altmann, N./Bechtle, G. (1971): Betriebliche Herrschaftsstruktur und industrielle Gesellschaft. Ein Ansatz zur Analyse. München

Altmann, N./Binkelmann, P./Düll, K./Mendola, R./Stück, H. (1981): Bedingungen und Probleme betrieblich initiierter Humanisierungsmaßnahmen, 4 Bände. Karlsruhe

Altmann, N./Deiß, M./Döhl, K./Sauer, D. (1986): Ein 'Neuer Rationalisierungstyp' - neue Anforderungen an die Industriesoziologie. In: Soziale Welt, 37, S. 191-207

Altmann, N./Kammerer, G. (1970): Wandel der Berufsstruktur. München

Asdonk, J./Bredeweg, U./Kowol, U. (1994): Evolution in technikerzeugenden und technikverwendenden Sozialsystemen. In: Technik und Gesellschaft, Jb.7. Frankfurt a.M.

Bachmann, R./Möll, G. (1992): Alles neu ...? Rationalisierung von industriellen Innovationsprozessen. Eine Herausforderung für die industriesoziologische Analyse? In: Malsch, Th./Mill, U. (Hg.): ArBYTE. Modernisierung der Industriesoziologie? Berlin, S. 241-270

Baecker, D. (1994): Experiment Organisation. „Durch diesen schönen Fehler mit sich selbst bekannt ...". In: Lette International, Frühjahrsausgabe, S. 22-26

Baecker, D. (1992): 'Postheroisches Management'. Materialien zur sozialwissenschaftlichen Planungs- und Entscheidungsteorie, Nr. 18. Herausgegeben von Glagow, M./Rumianek, H./Willke, H., Fakultät für Soziologie der Universität Bielefeld. Bielefeld

Baethge, M./Oberbeck, H. (1986): Zukunft der Angestellten. Neue Technologien und berufliche Perspektiven in Büro und Verwaltung. Frankfurt/New York

Bahrdt, H.P. (1982): Die Industriesoziologie - Eine spezielle Soziologie? In: Schmidt, G./ Braczyk, H.-J./Knesebeck, J.v.d. (Hg.): Materialien zur Industriesoziologie. Kölner Zeitschrift für Soziologie und Sozialpsychologie. Sonderheft 24. Opladen, S. 11-15

Bahrdt, H.P. (1985): Schlüsselbegriffe der Soziologie. Eine Einführung mit Lehrbeispielen. München

Bardmann, Th. M. (1990): Organisationskultur statt Systemhygiene. Anmerkungen zu einer Abfallperspektive in der Organisationstheorie. In: Schweizerische Zeitschrift für Soziologie, 16, S. 47-78

Bardmann, Th. M. (1990a): Wenn aus Arbeit Abfall wird. Überlegungen zur Umorientierung der industriesoziologischen Sichtweise. In: Zeitschrift für Soziologie, 19, S. 179-194

Bardmann, Th. M. (1990b): Organisationskultur als sozialwissenschaftlicher Forschungsansatz. MS, Aachen

Bardmann, Th. M. (1991): Konstruktivismus - ein neuer Mythos für die Soziologie? MS, Aachen

Bardmann, Th.M. (1992): Wenn aus Arbeit Abfall wird. Aufbau und Abbau organisatorischer Realitäten. Habilitationsschrift. Aachen

Bardmann, Th. M. (1994): Wenn aus Arbeit Abfall wird. Aufbau und Abbau organisatorischer Realitäten. Frankfurt: Suhrkamp

Bardmann, Th. M./Dollhausen, K./Kleinwellfonder, B. (1992): Technik als Parasit sozialer Kommunikation. Zu einem konstruktivistischen Ansatz sozialwissenschaftlicher Technikforschung. In: Soziale Welt, 43, S. 201-216

Bardmann, Th. M./Dollhausen, K./Kleinwellfonder, B. (1993): Die unbegreifliche Technik begreifen. Ein theoriegeleiteter Bericht aus der Forschung. In: Wagner, I. (Hg.): Kooperative Medien. Informationstechnische Gestaltung moderner Organisationen. Frankfurt/ New York, S. 67-87

Bardmann, Th. M./Franzpötter, R. (1989): Unternehmenskultur als postmodernes Organisationskonzept. Wie aus der Not eine Tugend wird (Vortrag anläßlich des Workshops "Dienstleistung: Arbeit der Zukunft / Zukunft der Arbeit? Neue Organisationskonzepte von Dienstleistungsarbeit". Universität Bremen, 22. - 24. Juni 1989). MS, Aachen

Bardmann, Th. M./Franzpötter, R. (1990): Unternehmenskultur. Ein postmodernes Unternehmenskonzept. In: Soziale Welt, 41, S. 424-440

Bardmann, Th. M./Franzpötter, R. (1991): Unternehmenskultur - Neuer Wein in alten Schläuchen? In: Littek, W./Heisig, U./Gondek, H.D. (Hg.): Dienstleistungsarbeit. Strukturveränderungen, Beschäftigungsbedingungen und Interessenlagen. Berlin, S. 57-80

Bardmann, Th. M./Kersting, H.J./Vogel, H. Ch./Woltmann, B. (1991): Irritation als Plan. Konstruktivistische Einredungen. Aachen

Bauer, L./Matis, H. (1989): Vorwort der Herausgeber. In: Bauer, L./Matis, H.: Evolution - Organisation - Management. Zur Entwicklung und Selbststeuerung komplexer Systeme. Berlin

Bechtle, G. (1994): Systemische Rationalisierung als neues Paradigma industriesoziologischer Forschung? In: Beckenbach, N./Treeck, W. van (Hg.): Umbrüche gesellschaftlicher Arbeit. Soziale Welt, Sonderband 9. Göttingen, S. 45-64

Bechtle, G./Lutz, B. (1989): Die Unbestimmtheit post-tayloristischer Rationalisierungsstrategie und die ungewisse Zukunft industrieller Arbeit - Überlegungen zur Begründung eines Forschungsprogramms. In: Düll, K./Lutz, B. (Hg.): Technikentwicklung und Arbeitsteilung im internationalen Vergleich. Frankfurt/München, S. 9-91

Beckenbach, N. (1991): Industriesoziologie.Berlin/New York

Becker, A./Küpper, W./Ortmann, G. (1988): Revisionen der Rationalität. In: Küpper, W./Ortmann, G. (Hg.): Mikropolitik. Rationalität, Macht und Spiele in Organisationen. Opladen, S. 89-113

Becker-Schmidt, R. (1982): Lebenserfahrung und Fabrikarbeit: psychosoziale Bedeutungsdimension industrieller Tätigkeit. In: Schmidt, G./ Braczyk, H.-J./Knesebeck, J.v.d. (Hg.): Materialien zur Industriesoziologie. Kölner Zeitschrift für Soziologie und Sozialpsychologie. Sonderheft 24. Opladen, S. 297-312

Bell, D. (1985): Die nachindustrielle Gesellschaft. Frankfurt/New York

Bender, Ch./Graßl, H. (1991): Technik und Interaktion. Zur Theorie und Empirie der Technikforschung. Wiesbaden

Benz-Overhage, K./Brumlop, E./von Freyberg, Th./Papadimitriou, Z. (1982): Neue Technologien und alternative Arbeitsgestaltung. Auswirkungen des Computereinsatzes in der industriellen Produktion. Frankfurt/New York

Benz-Overhage, K./Brandt, G./Papadimitriou (1982a): Computertechnologien im industriellen Arbeitsprozeß. In: Schmidt, G./ Braczyk, H.-J./Knesebeck, J.v.d. (Hg.): Materialien zur Industriesoziologie. Kölner Zeitschrift für Soziologie und Sozialpsychologie. Sonderheft 24. Opladen, S. 84-104

Berger, J. (1987): Autopoiesis. Wie 'systemisch' ist die Theorie sozialer Systeme? In: Haferkamp, H./Schmidt, M. (Hg.): Sinn, Kommunikation und soziale Differenzierung. Beiträge zu Luhmanns Theorie sozialer Systeme. Frankfurt a.M.

Berger, J./Offe, C. (1982): Die Zukunft des Arbeitsmarktes. In: Schmidt, G./Braczyk, H.-J./Knesebeck, J. (Hg.): Materialien zur Industriesoziologie. Kölner Zeitschrift für Soziologie und Sozialpsychologie. Sonderheft 24. Opladen, S. 348-371

Berger, P. (1991):Gestaltete Technik. Die Genese der Informationstechnik als Basis einer politischen Gestaltungsstrategie. Frankfurt/New York

Berger, P.L./Berger, B./Kellner, H. (1987): Das Unbehagen in der Modernität. Frankfurt a.M.

Berger, P.L./Kellner, H. (1984): Für eine neue Soziologie. Ein Essay über Methode und Profession. Frankfurt a.M.

Berger, P.L./Luckmann, Th. (1966): The Social Construction of Reality. A Treatise in the Sociology of Knowledge. Garden City/New York

Berger, P.L./Luckmann, Th. (1970, 1982): Die gesellschaftliche Konstruktion der Wirklichkeit. Eine Theorie der Wissenssoziologie. Frankfurt a.M.

Berger, U. (1984): Wachstum und Rationalisierung der industriellen Dienstleistungsarbeit. Zur lückenhaften Rationalität der Industrieverwaltung. Frankfurt/New York

Berger, U. (1988): Rationalität, Macht und Mythen. In: Küpper, W./Ortmann, G. (Hg.): Mikropolitik. Rationalität, Macht und Spiele in Organisationen. Opladen, S. 115-130

Bergmann, J./Hirsch-Kreinsen, H./Springer, R./Wolt, H. (1986): Rationalisierung, Technisierung und Kontrolle des Arbeitsprozesses. Frankfurt/New York

Bergmann, J. (1987): Technik und Arbeit. In: Lutz, B. (Hg.): Technik und sozialer Wandel. Verhandlungen des 23. Deutschen Soziologentages in Hamburg 1986. Frankfurt/New York, S. 114-134

Bieber, D. (1992): Systemische Rationalisierung und Produktionsnetzwerke. In: Malsch, Th./Mill, U. (Hg.): ArBYTE. Modernisierung der Industriesoziologie? Berlin, S. 271-293

Biervert, B./Monse, K./Behrendt, E./Hilbig, M. (1991): Informatisierung von Dienstleistungen. Entwicklungskorridore und Technikfolgen für die privaten Haushalte. Opladen

Bijker, W.E. (1995): Of Bicycles, Bakelites, and Bulbs. Toward a Theory of Sociotechnical Change. Cambridge, Mass./ London

Bijker, W.E./Hughes, Th., P./Pinch, T.J. (Hg.) (1987): The Social Construction of Technological Systems. New Directions in the Sociology and History of Technology. Cambridge, Mass./ London

Bijker, W.E./Law, J. (Hg.) (1992): Shaping Technology/ Building Society. Studies in Sociotechnical Change. Cambridge, Mass./London

Blumer, H. (1973): Der methodologische Standpunkt des Symbolischen Interaktionismus. In Arbeitsgruppe Bielefelder Soziologen (Hg.): Interaktion und gesellschaftliche Wirklichkeit

Böhle, F./Milkau, B. (1988): Vom Handrad zum Bildschirm. Eine Untersuchung zur sinnlichen Erfahrung im Arbeitsprozeß. Frankfurt/New York

Böhle, F./Milkau, B. (1989): Neue Technologien - Neue Risiken. Neue Anforderungen an die Analyse von Arbeit. In: Zeitschrift für Soziologie, 18, S. 249-262

Böhm, W./Wehner, J. (1988): Computerbezogene Handlungs- und Orientierungsmuster - Zum Distinktionswert einer Technologie. In: Mitteilungen des Verbunds Sozialwissenschaftliche Technikforschung, Heft 4, S. 43-68

Böhm, W./Wehner, J. (1990): Der symbolische Gehalt einer Technologie. Zur soziokulturellen Rahmung des Computers. In: Rammert, W. (Hg.): Computerwelten - Alltagswelten. Wie verändert der Computer die soziale Wirklichkeit? Opladen, S. 105-129

Bolte, K.M./Hradil, S. (1988): Soziale Ungleichheit in der Bundesrepublik Deutschland. Opladen

Bourdieu, P. (1982): Die feinen Unterschiede. Kritik der gesellschaftlichen Urteilskraft. Frankfurt a.M.

Braczyk, J. (1989): Technik ersetzt Arbeitskräfte - auch Kommunikation? Die Paradoxien der Automatisierung von Kommunikation. Manuskript zum Vortrag. Rüschlikon/Zürich am 19.5.1989

Brandt, G. (1985): Vor einem Paradigmenwechsel?. In: Kölner Zeitschrift für Soziologie und Sozialpsychologie, 37, S. 568-575

Brandt, G. (1990): Zentrale Themen und gesellschaftliche Bedingungen der Industriesoziologie seit Mitte der 60er Jahre. In: Ders.: Arbeit, Technik und gesellschaftliche Entwicklung. Tranformationsprozesse des modernen Kapitalismus. Aufsätze 1971-1987. Frankfurt a.M., S. 52-65

Brandt, G. (1990a): Was trägt die industriesoziologische Forschung zur Entwicklung eines sozialwissenschaftlichen Technikbegriffs bei? (Zusammen mit Zissis Papadimitriou) In: Ders: Arbeit, Technik und gesellschaftliche Entwicklung. Tranformationsprozesse des modernen Kapitalismus. Aufsätze 1971-1987. Frankfurt a.M., S. 189-209

Braun, I. (1993): Technikspiralen. Berlin

Braverman, H. (1977): Die Arbeit im modernen Produktionsprozeß. Frankfurt a.M.

Bretz, H. (1988): Führung in der Postmoderne oder: wie Paradoxien zum Motor des Fortschritts werden können. In: gdi-impuls, Heft 4, S. 53-63

Brödner, P. (1985): Fabrik 2000. Alternative Entwicklungspfade in die Zukunft der Fabrik. Berlin

Brumlop, E. (1986): Arbeitsbewertung bei flexiblem Personaleinsatz. Das Beispiel Volkswagen AG. Frankfurt/New York

Bühner, R. (1986): Organisation in den 90er Jahren. In: Harvard Manager, Heft 4, S.7-11

Burawoy, M. (1985): The Politics of Production. Factory Regimes under Capitalism. London

Burell, G./Morgan, G. (1979) Sociological Paradigms and Organizational Analysis. London

Burisch, W. (1973): Industrie- und Betriebssoziologie. Stuttgart

Ceruti, M. (1991): Der Mythos der Allwissenheit und das Auge des Betrachters. In: Watzlawick, P./Krieg, P. (Hg.): Das Auge des Betrachters. Beiträge zum Konstruktivismus. Festschrift für Heinz von Foerster. München/Zürich, S. 31-60

Claessens, D./Claessens, K. (1979): Kapitalismus als Kultur. Entstehung und Grundlagen der bürgerlichen Gesellschaft. Frankfurt a.M.

Clegg, St./Dunkerley, D. (1987): Organization, Class and Control. London/New York

Croner, S. (1963): Die Angestellten in der modernen Gesellschaft. Frankfurt/Wien

Crozier, M. (1964): The Bureaucratic Phenomenon. Chicago

Crozier, M./Friedberg, E. (1979): Macht und Organisation. Die Zwänge kollektiven Handelns. Königstein,Ts.

Cyert, R.M./March, J.G. (1959): A Behavioral Theory of Organizational Objectives. In: Haire, S.76-90

Cyert, R.M./March, J.G. (1963): A Behavioral Theory of the Firm. New York

Deal, Th.E./Kennedy, A. (1982): Unternehmenserfolg durch Unternehmenskultur. Bonn-Bad Godesberg

Deiß, M./Döhl, V./Sauer, D. (1990): Technikherstellung und Technikanwendung im Werkzeugmaschinenbau. Automatisierte Werkstückhandhabung und ihre Folgen für die Arbeit. Frankfurt/New York

Deiß, M./Döhl, V. (Hg.) (1992): Vernetzte Produktion - Automobilzulieferer zwischen Kontrolle und Autonomie. Frankfurt/New York

Dill, P./Hügler, G. (1987): Unternehmenskultur und Führung betriebswirtschaftlicher Organisationen - Ansatzpunkte für ein kulturbezogenes Management. In: Heinen, E. (Hg.): Unternehmenskultur. Perspektiven für Wissenschaft und Praxis. München/Wien, S. 141-209

Dobbin, F.R., 1994: Cultural Models of Organization: The Social Construction of Rational Organizing Principles. In: Crane, D. (Hg.): The Sociology of Culture. Emerging Theoretical Perspectives. Oxford/ Cambridge,Mass., S.117-141

Dohse, K./Jürgens, U./Malsch, Th. (1985): Fertigungsnahe Selbstregulierung oder zentrale Kontrolle - Konzernstrategien im Restrukturierungsprozeß der Automobilindustrie. In: Naschold, F. (Hg.): Arbeit und Politik. Gesellschaftliche Regulierung der Arbeit und der sozialen Sicherung. Frankfurt/New York, S. 49-90

Dollhausen, K./Hörning, K.H. (1996): Die kulturelle Produktion der Technik. In: Zeitschrift für Soziologie, 25, S.37-57

Dörr, G. (1985): Schranken betrieblicher Transparenz, Schranken betrieblicher Rigidität - eine Problemskizze zum Umbruch der Arbeitsformen im Maschinenbau. In: Naschold, F. (Hg.): Arbeit und Politik. Gesellschaftliche Regulierung der Arbeit und der sozialen Sicherung. Frankfurt/New York, S. 125-150

Dörr, G. (1991): Die Lücken der Arbeitsorganisation. Neue Kontroll- und Kooperationsformen durch computergestützte Reorganisation im Maschinenbau. Berlin

Dörr, G./Naschold, F. (1982): Arbeitspolitische Entwicklungen in der Industriearbeit. Zum Zusammenhang von Belastung, Qualifikation und Kontrolle. In: Schmidt, G./Braczyk, H.-J./ Knesebeck, J.v.d. (Hg.): Materialien zur Industriesoziologie. Kölner Zeitschrift für Soziologie und Sozialpsychologie, Sonderband 24. Göttingen, S.433-456

Dülfer, E. (1988): Organisationskultur: Phänomen - Philosophie - Technologie. Eine Einführung in die Diskussion. In: Ders. (Hg.): Organisationskultur: Phänomen - Philosophie - Technologie. Stuttgart, S. 1-20

Ebers, M. (1988): Der Aufstieg des Themas 'Organisationskultur' in problem- und disziplingeschichtlicher Perspektive. In: Dülfer, E. (Hg.): Organisationskultur. Phänomen - Philosophie - Technologie. Stuttgart, S. 23-47

Eckert, M./Schubert, H. (1986): Kristalle, Elektronen, Transistoren. Von der Gelehrtenstube zur Industrieforschung. Reinbek

Eckert, R./Vogelgesang, W./Wetzstein, Th. A./Winter, R. (1991): Auf digitalen Pfaden. Die Kulturen von Hackern, Programmierern, Crackern und Spielern. Opladen

Engfer, U. (1984): Rationalisierungsstrategien im Einzelhandel. Widersprüche der Organisation von Dienstleistungsarbeit. Frankfurt/New York

Esposito, E. (1993): Der Computer als Medium und Maschine. In: Zeitschrift für Soziologie 22, S. 338-354

Evered, R./Louis, M.R. (1981): 'Inquiry from the inside' and 'Inquiry from the outside'. In: Academy of Management Review, 6, S. 385-396

Ewers, H.-J./Becker, C./Fritsch, M. (1990): Wirkungen des Einsatzes computergestützter Techniken in Industriebetrieben. Berlin/New York

Exner, A./Königswinter, R./Titscher, S. (1987): Unternehmensberatung - systemisch. Theoretische Annahmen und Interventionen im Vergleich zu anderen Ansätzen. In: Die Betriebswirtschaft, 47, S. 265-284

Fach, W./Weigel, U. (1986): Die Lücke als Leistung. Über das lautlose 'Ende der Arbeitsteilung'. In: Zeitschrift für Soziologie, 15, S.133-140

Faßler, M./Halbach, W.R. (Hg.) 1994: Cyberspace: Gemeinschaften, Virtuelle Kolonien, Öffentlichkeiten. München

Faßler, M./Halbach, W.R. (1994a): Vorwort. In: Dies. (Hg.): Cyberspace: Gemeinschaften, Virtuelle Kolonien, Öffentlichkeiten. München, S. 7-21

Fayol, H. (1929): General and Industrial Management. London

Feyerabend, P.K. (1975): Über einen neueren Versuch, die Vernunft zu retten. In: Stehr, N./König, R.: Wissenschaftssoziologie. Studien und Materialien. Kölner Zeitschrift für Soziologie und Sozialpsychologie, Sonderband 18. Opladen, S.479-514

Flecker, J. (1990): Sozialbeziehungen und Technikeinsatz im Betrieb. Wien

Flusser, V. (1991): Digitaler Schein. In: Rötzer, F. (Hg.):Digitaler Schein. Ästhetik der elektronischen Medien. Frankfurt a.M., S. 147-159

Foerster, H. v. (1985): Sicht und Einsicht. Versuche zu einer operativen Erkenntnistheorie. (Wissenschaftstheorie, Wissenschaft und Philosophie, 21). Braunschweig/Wiesbaden

Foerster, H. v. (1987): Erkenntnistheorien und Selbstorganisation. In: Schmidt, S.J. (1987): Der Diskurs des radikalen Konstruktivismus. Frankfurt a.M., S. 133-158

Foucault, M. (1977): Die Ordnung des Diskurses. München

Fricke, W. (Hg.) (1988): Arbeit und Technik. Ein Forschungs- und Entwicklungsprogramm (Sachverständigenkommission Arbeit und Technik). Bonn

Friedman, A. (1977): Industry and Labour. Class Struggle at Work and Monopoly Capitalism. London

Friedman, A. (1987): Managementstrategien und Technologie. Auf dem Weg zu einer komplexen Theorie des Arbeitsprozesses. In: Hildebrandt, E./Seltz, R. (Hg.) (1987): Managementstrategien und Kontrolle. Eine Einführung in die labour process debate. Berlin, S. 99-132

Frost, P.J./Moore, L.F./Louis, R.M./Lundberg C.C./Martin, J. (Hg.) (1985): Organizational Culture. Beverly Hills/London/New Delhi

Frost, P.J./Moore, L.F./Louis, R.M./Lundberg C.C./Martin, J. (Hg.) (1991): Reframing Organizational Culture. Newbury Park/London/New Delhi

Fuchs, P. (1991): Kommunikation mit Computern? Zu Korrektur einer Fragestellung. In: Sociologia Internationalis, 29, S. 1-30

Fürstenberg, F. (1964): Grundlagen der Betriebssoziologie. Köln/Opladen

Fürstenberg, F. (1974): Die betriebliche Sozialstruktur. In: Fürstenberg, F, (Hg.): Industriesoziologie II. Darmstadt/Neuwied

Garfinkel, H. (1980): Das Alltagswissen über soziale und innerhalb sozialer Strukturen. In: Arbeitsgruppe Bielefelder Soziologen (Hg.): Alltagswissen, Interaktion und soziale Wirklichkeit. Opladen, S. 189-262

Geertz, C. (1983): Dichte Beschreibung. Bemerkungen zu einer deutenden Theorie von Kultur. In: Geertz, C.: Dichte Beschreibung. Beiträge zum Verstehen kultureller Systeme. Frankfurt a.M., S. 7-43

Gehlen, A. (1957): Die Seele im technischen Zeitalter. Reinbek

Geser, H. (1989): Der PC als Interaktionspartner. In: Zeitschrift für Soziologie, 18, S. 230-243

Giesen, B./Schmid, M. (1977): Basale Soziologie. Wissenschaftstheorie. Opladen

Gilgenmann, K. (1994): Kommunikation mit neuen Medien. Der Medienumbruch als soziologisches Theorieproblem. In: Sociologia Internationalis, 32, S. 1-36

Glanville, R. (1988): Objekte. Berlin

Glasersfeld, E.v. (1981): An Epistomology for Cognitive Sciences. In: Roth, G./Schwegler, H. (Hg.): Self-organizing Systems. An Interdisciplinary Approach. Frankfurt a.M./New York, S. 121-131

Glasersfeld, E.v. (1987): Wissen, Sprache und Wirklichkeit. Arbeiten zum radikalen Konstruktivismus. Braunschweig

Glasersfeld, E.v. (1987a): Siegener Gespräche über Radikalen Konstruktivismus. In: Schmidt, S.J. (1987): Der Diskurs des radikalen Konstruktivismus. Frankfurt a.M., S. 401-440

Glasersfeld, E.v. (1991): Abschied von der Objektivität. In: Watzlawick, P./Krieg, P. (Hg.): Das Auge des Betrachters. Beiträge zum Konstruktivsimus. Festschrift für Heinz von Foerster. München/Zürich, S. 17-30

Goffman, E. (1972): Rahmenanalyse. Frankfurt a.M.

Goldthorpe, J.H./Lockwood, D./Bechhofer, F./Platt, J. (1968): The Affluent Worker: Political Attitudes and Behaviour. London

Goldthorpe, J.H./Lockwood, D./Bechhofer, F./Platt, J. (1969): The Affluent Worker in the Class Structure. London

Goodman, N./Sproull, L.S. (Hg.) (1990): Technology and Organizations. San Francisco/Oxford

Görres, H.-J./Marstedt, G./Mergner, U. (1983): Probleme restriktiver Arbeit - Entstehungsbedingungen - Auswirkungen auf die Betroffenen - Veränderungsbarrieren, 2 Bände. Karlsruhe

Gottschall, K./Mickler, O./Neubert, J. (1985): Computergestützte Verwaltung. Auswirkungen der Reorganisation von Routinearbeiten. Frankfurt/New York

Grathoff, R./Waldenfels, B. (Hg.) (1983): Sozialitä und Intersubjektivität. Übergänge, Bd.1. München

Grochla, E. (1978): Elemente der organisatorischen Gestaltung. Stuttgart

Grumbach, J./Tolksdorf, G. (1987): Sozialverträgliche Technikgestaltung und 'arbeitnehmerorientierte Wissenschaft'. In: WSI-Mitteilungen, Heft 1, S. 19-27

Gumin, H./Mohler, A. (Hg.) (1985): Einführung in den Konstruktivismus, München

Gussmann, B. (1988): Innovationsfördernde Unternehmenskultur. Die Steigerung der Innovationsbereitschaft als Aufgabe der Organisationsentwicklung. Berlin

Gussmann, B./Breit, C. (1987): Ansatzpunkte für eine Theorie der Unternehmenskultur. In: Heinen, E. (Hg.): Unternehmenskultur. Perspektiven für Wissenschaft und Praxis. München/Wien, S. 107-139

Habermas, J. (1968): Technik und Wissenschaft als Ideologie. Frankfurt a.M.

Habermas, J. (1981a,b): Theorie des kommunikativen Handelns. 2 Bde. Frankfurt a.M.

Habermas, J. (1985): Der philosophische Diskurs der Moderne. Frankfurt a.M.

Habermas, J. (1988): Nachmetaphysisches Denken. Frankfurt a.M.

Hack, L. (1987): Wie man die Wirklichkeit auf/um den Begriff bringt. Zur handlungstheoretischen Erzeugung ungeahnter Autonomiespielräume. In: Malsch, Th./Seltz, R. (Hg.): Die neuen Produktionskonzepte auf dem Prüfstand. Beiträge zur Entwicklung der Industriearbeit. Berlin

Hack, L./Hack, I. (1985): Die Wirklichkeit, die Wissen schafft. Frankfurt a.M.

Hackstein, R. (1987): Fortschritte und Hemmnisse beim Einsatz Neuer Technologien. In: Ders. (Hg.): Einsatz Neuer Technologien in arbeits- und betriebsorganisatorischer Sicht. Köln, S. 1-19

Haefner, K. (1982): Die neue Bildungskrise. Herausforderung der Informationstechnik an Bildung und Ausbildung. Basel

Haefner, K./Eichmann, E.H./Hinze, C. (1987): Denkzeuge. Was leistet der Computer? Was muß der Mensch selber tun? Basel

Halfmann, J. (1984): Die Entstehung der Mikroelektronik. Zur Produktion technischen Fortschritts. Frankfurt a.M.

Heeg, F.-J./Deserno G. (1987): Neue Technologien erfordern neue Ausbildungsformen. In: VDI-Zeitschrift, 129, S.6-12

Heinen, E. (1987a): Unternehmenskultur als Gegenstand der Betriebswirtschaftslehre. In: Heinen, E. (Hg.): Unternehmenskultur. Perspektiven für Wissenschaft und Praxis. München/Wien, S. 1-48

Heinen, E. (Hg.) (1987): Unternehmenskultur. Perspektiven für Wissenschaft und Praxis. München

Heijl, P.M. (1980): The Problem of Scientific Description of Society. In: Benseler, F./Heijl, P.M./Köck, W.K. (Hg.): Autopoiesis, Communication, and Society. The Theory of Autopietic Systems in the Social Sciences. Frankfurt a.M./New York, S. 147-163

HEijl, P.M. (1980): The Problem of Scientific Description of Society. In: Benseler, F./Heijl, P.M./Köck, W.K. (Hg.): Autopoiesis, Communication, and Society. The Theory of Autopietic Systems in the Social Sciences. Frankfurt a.M./New York, S. 147-163

Heijl, P.M. (1981): The Definition of System and the Problem of the Observer. The Example of the Theory of Society. In: Roth, G./Schwegler, H. (Hg.): Self-organizing Systems. An Interdisciplinary Approach. Frankfurt a.M./New York, S. 171-185

Heijl, P.M. (1987): Konstruktion der sozialen Konstruktion. Grundlinien einer konstruktivistischen Sozialtheorie. In: Schmidt, S.J. (1987): Der Diskurs des radikalen Konstruktivismus. Frankfurt a.M., S. 303-339

Henning, K./Ochterbeck,B. (1988): Dualer Entwurf von Mensch-Maschine-Systemen. In: Henning, K. (Hg.): Arbeit und Technik. Vorlesungsmanuskript zur Ringvorlesung 'Arbeit und Technik', WS 1987/88 an der RWTH Aachen, Aachen, S.A-0 - A-21

Herkommer, S./Bierbaum, H. (1979): Industriesoziologie. Bestandsaufnahme, Kritik, Weiterentwicklung. Stuttgart

Hildebrandt, E./Seltz, R. (Hg.) (1987): Managementstrategien und Kontrolle. Eine Einführung in die labour process debate. Berlin

Hirsch-Kreinsen, H./Schulz-Wild, R./Köhler, Ch./Behr, M. v. (1990): Einstieg in die rechnerintegrierte Produktion. Alternative Entwicklungspfade der Industriearbeit im Maschinenbau. Frankfurt/New York

Hirsch-Kreinsen, H./Wolf, H. (1987): Neue Produktionstechniken und Arbeitsorganisation - Interessen und Strategien betrieblicher Akteure. In: Soziale Welt, 38, S. 181-196

Hirschheim, R.A. (1986): The Effect of Automation. A View on the Social Implications of Computing: The Case of Office Automation. In: ACM Computing Surveys, 18, S. 165-195

Hirschhorn, L.(1986): Beyond Mechanization: Work And Technology in a Postindustrial Age. Cambridge

Hirschman, A.O. (1967): Developments Projects Observed. Washington

Hoffmann, R.W. (1987): Wissenschaft und Arbeitskraft. Zur Geschichte der Arbeitsforschung in Deutschland. Frankfurt a.M.

Hofstadter, D.R. (1979): Gödel, Escher, Bach: An Eternal Golden Braid. Sussex

Hohl, E./Knicker, Th. (1987): Die Führungskraft als Spielmacher. Personalentwicklung bei BMW: Systematisches Einbeziehen von Macht in die Managamentfortbildung. In Havard Manager, Heft Nr.3, S.83-90

Höhler, G. (1989): Offener Horizont. Junge Strategien verändern die Welt. Düsseldorf/Wien/New York

Holleis, W. (1987): Unternehmenskultur und moderne Psyche. Frankfurt/New York

Hopf, C. (1979): Soziologie und qualitative Sozialforschung. In: Hopf, C./Weingarten, E. (Hg.): Qualitative Sozialforschung. Stuttgart, S.11-40

Horkheimer, M. (1967): Zur Kritik der instrumentellen Vernunft. Aus den Vorträgen und Aufzeichnungen seit Kriegsende. Herausgegeben von Alfred Schmidt. Frankfurt a.M.

Hörning, K.H. (1985): Wie die Technik in den Alltag kommt und was die Soziologie dazu zu sagen hat. In: Rammert, W./Bechmann, G./Nowotny, H. (Hg.): Technik und Gesellschaft. Jahrbuch 3. Frankfurt/New York, S. 13-35

Hörning, K.H. (1988): Technik im Alltag und die Widersprüche des Alltäglichen. In: Joerges, B. (Hg.): Technik im Alltag. Frankfurt a.M., S. 51-94

Hörning, K.H. (1989): Vom Umgang mit den Dingen - Eine techniksoziologische Zuspitzung. In: Weingart, P. (Hg.): Technik als sozialer Prozeß. Frankfurt a.M., S. 90-127

Hörning, K.H. (Hg.) (1971): Der 'neue Arbeiter' Zum Wandel sozialer Schichtstrukturen. Frankfurt a.M.

Hörning, K.H. (1995): Technik und Kultur. Ein verwickeltes Spiel der Praxis. In: Halfmann, J./Bechmann, G./Rammert, W. (Hg.): Technik und Gesellschaft, Jahrbuch 8: Theoriebausteine der Techniksoziologie. Frankfurt/ New York, S.131-151

Hörning, K.H./Dollhausen, K./Kleinwellfonder, B. (1995): Neue Informationstechniken und soziale Kommunikation im organisatorischen Kontext, Abschlußbericht. Aachen

Hörning, K.H./Ahrens, D./Gerhard, A. (1994): Lebensstile in der Auseinandersetzung mit Technik, Zeit und Kommunikation, Abschlußbericht. Aachen

Hörning, K.H./Bücker-Gärtner, H. (1982): Angestellte im Großbetrieb. Stuttgart

Hradil, S. (1990): Vom Mangel an Mitteln zum Zweifel an den Zielen. Die 'Postmoderne' zwischen Modernisierungserfolg und Modernitätskritik. In: Scheuringer, B. (Hg.) (1990): Wertorientierung und Zweckrationalität. Soziologische Gegenwartsbestimmungen. Friedrich Fürstenberg zum 60. Geburtstag. Opladen, S. 253-266

Hume, D. (1982): Eine Untersuchung über den menschlichen Verstand (origin. 1744). Stuttgart

Joerges, B. (1988): Technik und Alltag. Annäherungen an ein schwieriges Thema. In: Joerges, B. (Hg.): Technik und Alltag. Frankfurt a.M., S. 7-19

Joerges, B. (1989): Soziologie und Maschinerie - Vorschläge zu einer 'realistischen' Techniksoziologie. In: Weingart, P. (Hg.): Technik als sozialer Prozeß. Frankfurt a.M., S. 44-89

Joerges, B. (1989a): Computer als Schmetterling und Fledermaus. Über Technikbilder von Techniksoziologen. In: Soziale Welt, 40, S. 1988-204

Joerges, B. (1995): Prosopopoietische Systeme. Probleme konstruktivistischer Technik. In: Halfmann, J./Bechmann, G./Rammert, W. (Hg.): Technik und Gesellschaft, Jahrbuch 8: Theoriebausteine der Techniksoziologie. Frankfurt/New York, S.31-48

Jürgens, U./Naschold, F. (Hg.) (1984): Arbeitspolitik. Materialien zum Zusammenhang von politischer Macht, Kontrolle und betrieblicher Organisation der Arbeit. Leviathan Sonderheft 5. Opladen

Kadritzke, U.(1975): Angestellte - die geduldigen Arbeiter. Zur Soziologie und sozialen Bewegung der Angestellten. Frankfurt a.M.

Kamper, D. (1994): Das Mediale - das Virtuelle - das Telematische. Der Geist auf dem Rückweg zu eine transzendentalen Körperlichkeit, In: Faßler, M./Halbach, W.R. (Hg.): Cyberspace: Gemeinschaften, virtuelle Kolonien, Öffentlichkeiten. München, S. 229-238

Kant, I. (1966): Kritik der reinen Vernunft (origin. 1787). Stuttgart

Kasper, H. (1987): Organisationskultur. Über den Stand der Forschung. Wien

Kennedy, P. (1995): Robotics, Automation and a New Industrial Revolution. In: Heap, N./Thomas, R./Einon, G./Mason, R./Mackay, H. (Hg.): Information Technology and Society. London/Thousand Oaks, Cal./New Delhi, S.103-113

Kern, H./Schumann, M. (1970): Industriearbeit und Arbeiterbewußtsein. Eine empirische Untersuchung über den Einfluß der aktuellen technischen Entwicklung auf die industrielle Arbeit und das Arbeiterbewußtsein. Frankfurt a.M.

Kern, H./Schumann, M. (1977): Industriearbeit und Arbeiterbewußtsein. Studienausgabe. Frankfurt a.M.

Kern, H./Schumann, M.(1984): Das Ende der Arbeitsteilung? Rationalisierung in der industriellen Produktion: Bestandsaufnahme, Trendbestimmung. München

Kieser, A./Kubicek, H. (1976): Organisation. Berlin/New York

Kieser, A./Kubicek, H. (1978): Organisationstheorien II. Analysen neuerer sozialwissenschaftlicher Ansätze. Stuttgart

Kieser, A. (1984): Innovation und Organisationskultur. In: gdi-impuls, Heft 4, S. 3-11

Kilmann, R.H. (1985): Corporate Culture. Managing the Intangible Style of Corporate Life May Be the Key to Avoiding Stagnation. In: Psychology Today, April-Heft, S. 62-68

Kilmann, R.H./Saxton, M.J./Serpa, R. u.a. (1985): Gaining Control of the Corporate Culture. San Francisco/London

Knorr-Cetina, K. (1984): Die Fabrikation von Erkenntnis. Zur Anthropologie der Naturwissenschaft. Frankfurt a.M.

Knorr-Cetina, K. (1989): Spielarten des Konstruktivismus. Einige Notizen und Anmerkungen. In: Soziale Welt, 40, S.86-96

Knorr-Cetina, K./Mulkay, M. (1983): Science Observed. Perspectives on the Social Study of Science. London/Beverly Hills

Köhl, E./Förster, H.-U./Esser, U./Kemmner, A. (1989): CIM zwischen Anspruch und Wirklichkeit. Erfahrungen, Trends, Perspektiven. Köln

Köhler, W. (1958): Dynamische Zusammenhänge in der Psychologie (origin. 1929). Bern/Stuttgart

Krohn, W. (1989): Die Verschiedenheit der Technik und die Einheit der Techniksoziologie. In: Weingart, P. (Hg.): Technik als sozialer Prozeß. Frankfurt a.M., S. 15-43

Krohn, W./Küppers, G. (1989): Die Selbstorganisation der Wissenschaft. Frankfurt a.M.

Krohn, W./Rammert, W. (1985): Technologieentwicklung: Autonomer Prozeß und industrielle Strategie. In: Lutz, B. (Hg.): Soziologie und gesellschaftliche Entwicklung. Frankfurt a.M.

Krücken, G. (1990): Gesellschaft/Technik/Risiko. Analytische Perspektiven und rationale Strategien unter Ungewißheit. Bielefeld

Kubicek, H./Seeger, P. (Hg.) (1993): Perspektive Techniksteuerung. Verbund sozialwissenschaftliche Technikforschung. Bremen

Kuhlmann, S. (1985): Computer als Mythos. In: Rammert, W./Bechmann, G./Nowotny, H. (Hg.): Technik und Gesellschaft. Jahrbuch 3. Frankfurt/New York, S. 91-106

Kühn, H. (1985): Sozialpolitik mit dem Computer. Arbeitsteilung und Leistungsqualität in sozialstaatlichen Institutionen im Zeichen der Computertechnologie. In: Naschold, F. (Hg.): Arbeit und Politik. Gesellschaftliche Regulierung der Arbeit und der sozialen Sicherung. Frankfurt/New York, S. 151-178

Küpper, W./Ortmann, G. (1988): Vorwort: Mikropolitik. Das Handeln der Akteure und die Zwänge der Systeme. In: Küpper, W./Ortmann, G. (Hg.): Mikropolitik. Rationalität, Macht und Spiele in Organisationen. Opladen, S.7-9

Küpper, W./Ortmann, G. (1988): Vorwort: Mikropolitik. Das Handeln der Akteure und die Zwänge der Systeme. In: Küpper, W./Ortmann, G. (Hg.): Mikropolitik. Rationalität, Macht und Spiele in Organisationen. Opladen, S.7-9

Langenegger, D. (1990): Gesamtdeutungen moderner Technik, Moscovice, Ropohl, Ellul, Heidegger. Eine interdiskursive Problemsicht. Würzburg

Laswell, H.D. (1948): The Structure and Function of Communication in Society. In: Bryson, L. (Hg.): The Communications of Ideas. New York, S. 37-51

Latour, B. (1987): Science in Action: How to Follow Scientists and Engineers Through Society. Cambridge,Mass.

Lattmann, Ch. (Hg.)(1988): Ethik und Unternehmensführung. Heidelberg

Littek, W./Rammert, W./Wchtler, G. (Hg.)(1982): Einführung in die Arbeits- und Industriesoziologie. Frankfurt a.M./New York

Lucke, D. (1990): Max Weber Revisited. Eine Einleitung. In: Scheuringer, B. (Hg.) (1990): Wertorientierung und Zweckrationalität. Soziologische Gegenwartsbestimmungen. Friedrich Fürstenberg zum 60. Geburtstag. Opladen, S. 11-22

Lüdtke, A. (1986): Betriebe als Kampffeld: Kontrolle, Notwendigkeits-Kooperation und 'Eigensinn'. Beispiele aus dem Maschinenbau, 1890-1940. In: Seltz, R./Mill U./Hildebrandt, E. (Hg.): Organisation als soziales System. Kontrolle und Kommunikationstechnologie in Arbeitsorganisationen. Berlin, S. 103-142

Luhmann, N. (1986): Intersubjektivität oder Kommunikation. Unterschiedliche Ausgangspunkte soziologischer Theoriebildung. In: Archivio di Filosofia, 54, S. 41-60

Luhmann, N. (1968): Zweckbegriff und Systemrationalität. Über die Funktion von Zwecken in sozialen Systemen. Tübingen

Luhmann, N. (1976): Einfache Sozialsysteme. In: Auwärter, M./Kirsch, E./Schröter, K. (Hg.): Seminar: Kommunikation, Interaktion, Identität. Frankfurt a.M., S. 3-34

Luhmann, N. (1980): Die Ausdifferenzierung von Erkenntnisgewinn: Zur Genese von Wissenschaft. In: Stehr, N./Meja, V. (Hg.): Wissenssoziologie. Sonderheft 22 der Kölner Zeitschrift für Soziologie und Sozialpsychologie. Opladen, S. 102-139

Luhmann, N. (1981): Die Unwahrscheinlichkeit der Kommunikation. In: Luhmann, N.: Soziologische Aufklärung 3. Soziales System, Gesellschaft, Organisation. Opladen, S. 25-34

Luhmann, N. (1984): Soziale Systeme. Grundriß einer allgemeinen Theorie. Frankfurt a.M.

Luhmann, N. (1984a): Soziologische Aufklärung. Aufsätze zur Theorie sozialer Systeme, Band 1 (zuerst 1970). Opladen

Luhmann, N. (1984b): Funktion und Kausalität. In: Luhmann, N.: Soziologische Aufklärung, Band 1. Opladen, S. 9-30

Luhmann, N. (1984c): Wahrheit und Ideologie. In: Luhmann, N.: Soziologische Aufklärung. Aufsätze zur Theorie sozialer Systeme. Band 1. Opladen, S. 54-65

Luhmann, N. (1987): Zum wissenschaftlichen Kontext des Begriffs Kommunikation. Manuskript zum Vortrag. Madrid am 24.3.1987

Luhmann, N. (1988): Die Wirtschaft der Gesellschaft. Frankfurt a.M.

Luhmann, N. (1988a): Organisation. In: Küpper, W./Ortmann, G. (Hg.): Mikropolitik. Rationalität, Macht und Spiele in Organisationen. Opladen, S. 165-185

Luhmann, N. (1988b): Erkenntnis als Konstruktion (Vortrag im Kunstmuseum Bern 23. Oktober 1988 um 9). Bern

Luhmann, N. (1989): Kommunikationsweisen und Gesellschaft. In: Rammert, W./Bechmann, G. (Hg.): Technik und Gesellschaft. Jahrbuch 5. Frankfurt/New York, S. 11-18

Luhmann, N. (1990): Die Wissenschaft der Gesellschaft. Frankfurt a.M.

Luhmann, N (1990a): Soziologische Aufklärung 5. Konstruktivistische Perspektiven. Opladen

Luhmann, N. (1990b): Identität - was oder wie? In: Soziologische Aufklärung 5. Konstruktivistische Perspektiven. Opladen, S. 14-30

Luhmann, N. (1990c): Das Erkenntnisprogramm des Konstruktivismus und die unbekannt bleibende Realität. In: Luhmann, N.: Soziologische Aufklärung 5. Konstruktivistische Perspektiven. Opladen, S. 31-58

Luhmann, N. (1990d): Haltlose Komplexität. In: Luhmann, N.: Soziologische Aufklärung 5. Konstruktivistische Perspektiven. Opladen, S. 59-76

Luhmann, N. (1990e): Anfang und Ende: Probleme einer Unterscheidung. In: Luhmann, N./Schorr, K.E. (Hg.): Zwischen Anfang und Ende: Fragen an die Pädagogik, Frankfurt a.M., S.11-23

Luhmann, N. (1991): Soziologie des Risikos. Berlin/New York

Luhmann, N. (1991a): Die Form Person. In: Soziale Welt, 42, S. 166- 175

Luhmann, N./Fuchs, P. (1989): Reden und Schweigen. Frankfurt a.M.

Lüke, H.D. (1988): Auswirkungen neuer Kommunikationsnetze auf die menschliche Arbeit. In: Henning, K. (Hg.): Arbeit und Technik. Vorlesungsmanuskript zur Ringvorlesung 'Arbeit und Technik', WS 1987/88 an der RWTH Aachen. Aachen, S. E-0 - E-15

Lullies, V./Bollinger, H./Weltz, F. (1990): Konfliktfeld Informationstechnik. Innovation als Managementproblem. Frankfurt/New York

Lutz, B. (1969): Produktionsprozeß und Berufsqualifikation. In: Adorno, Th. W. (Hg.): Spätkapitalimus oder Industriegesellschaft? Verhandlungen des 16. Deutschen Soziologentages. Stuttgart, S. 227-250

Lutz, B. (1984): Der kurze Traum immerwährender Prosperität. Eine Neuinterpretation der industriell-kapitalistischen Entwicklung im Europa des 20. Jahrhunderts. Frankfurt/New York

Lutz, B. (1986): Wie neu sind die neuen 'Produktionskonzepte'. In: Soziologische Revue, 9, S.237-243

Lutz, B. (1987): Das Ende des Technikdeterminismus und die Folgen - soziologische Technikforschung vor neuen Aufgaben und neuen Problemen. In: Lutz, B. (Hg.): Technik und sozialer Wandel: Verhandlungen des 23. Deutschen Soziologentages in Hamburg 1986. Frankfurt/New York, S. 34-52

Lutz, B. (1987a): Wie neu sind die 'neuen Produktionskonzepte'? In: Malsch, Th./Seltz, R. (Hg.): Die neuen Produktionskonzepte auf dem Prüfstand. Beiträge zur Entwicklung der Industriearbeit. Berlin, S.195-208

Lutz, B./Schmidt, G. (1977): Industriesoziologie. In: König, R. (Hg.): Handbuch der empirischen Sozialforschung, Band 8. Stuttgart, S. 101-262

Lutz, Ch.(1986): Visionen einer Kommunikationskultur. In: gdi-impuls, Heft 4, S. 23-31

MacKenzie, D./Wajcman, J. (Hg.) (1985): The Social Shaping of Technology. Milton Keynes

Malsch, Th. (1986): Neue Produktionskonzepte zwischen Rationalität und Rationalisierung - Mit Kern und Schumann auf Paradigmensuche. In: Malsch, Th./Seltz, R. (Hg.): Die neuen Produktionskonzepte auf dem Prüfstand. Beiträge zur Entwicklung der Industriearbeit. Berlin, S. 53-80

Malsch, Th. (1987): Arbeit und Kommunikation im informatisierten Produktionsprozeß. Thesen zum Podium I des 23. Deutschen Soziologentages in Hamburg, Okt. '86. Veröffentlichungsreihe des internationalen Instituts für vergleichende Gesellschaftsforschung (IIVG)/Arbeitspolitik des Wissenschaftszentrums Berlin. Berlin

Malsch, Th. (1987a): Arbeit und Kommunikation im Informatisierten Produktionsprozeß. In: Lutz, B. (Hg.): Technik und sozialer Wandel: Verhandlungen des 23. Deutschen Soziologentages in Hamburg 1986. Frankfurt/New York, S. 164-175

Malsch, Th./Seltz, R. (1987): Zur Einführung: Die aktuelle Diskussion über die Entwicklung neuer Produktions- und Rationalisierungsmodelle. In: Malsch, Th./Seltz (Hg.): Die neuen Produktionskonzepte auf dem Prüfstand. Beiträge zur Entwicklung der Industriearbeit. Berlin, S. 11-34

Malsch, Th./Mill, U. (Hg.) (1992): ArBYTE. Modernisierung der Industriesoziologie? Berlin

Manske, F. (1991): Kontrolle, Rationalisierung und Arbeit. Kontinuität durch Wandel: Die Ersetzbarkeit des Taylorismus durch moderne Kontrolltechniken. Berlin

Manske, F./Mickler, O./Wolf, H. (1994): Computerisierung technisch-geistiger Arbeit. Ein Beitrag zur Debatte um Formen und Folgen gegenwärtiger Rationalisierung. In: Beckenbach, N./Treeck, W. van (Hrsg.): Umbrüche gesellschaftlicher Arbeit. Soziale Welt, Sonderband 9. Göttingen, S. 161-182

Manz, Th. (1993): Schöne neue Kleinbetriebswelt? Perspektiven kleiner und mittlerer Betriebe im industriellen Wandel. Berlin

March, J.G. (Hg.) (1990): Entscheidung und Organisation: Kritische und konstruktive Beiträge, Entwicklungen und Perspektiven. Wiesbaden

March, J.G./Simon, H.A. (1976): Organisation und Individuum. Menschliches Verhalten in Organisationen. Wiesbaden

Marcuse, H. (1967): Der eindimensionale Mensch. Neuwied

Marx, K. (1969): Die deutsche Ideologie. In: MEW Band 3. Berlin (DDR)

Matenaar, D. (1983): Organisationskultur und organisatorische Gestaltung. Berlin

Mathias, P. (1975): Wer entfesselte Prometheus? Naturwissenschaft und technischer Wandel von 1600 bis 1800. In: Hausen, K./Rürup, R. (Hg.): Moderne Technikgeschichte. Köln, S. 73-95

Maturana, H. (1980): Man and Society. In: Benseler, F./Hejl, P.M./Köck, W.K. (Hg.): Autopoiesis, Communication, and Society. The Theory of Autopietic Systems in the Social Sciences. Frankfurt a.M./New York, S. 11-31

Maturana, H. (1982): Erkennen. Die Organisation und Verkörperung von Wirklichkeit. Ausgewählte Arbeiten zur biologischen Epistemologie. Braunschweig/Wiesbaden

Maturana, H. (1988): Elemente einer Ontologie des Beobachtens. In Gumbrecht, H.U./Pfeiffer, K.L.(Hg.): Materialität der Kommunikation. Frankfurt a.M., S. 830-845

Maturana, H./Varela, F. (1987): Der Baum der Erkenntnis. Die biologischen Wurzeln des menschlichen Erkennens. Bern/München/Wien

Maturana, H. (1987): Kognition. In: Schmidt, S.J. (1987): Der Diskurs des radikalen Konstruktivismus. Frankfurt a.M., S. 89-118

Mayntz, R. (1991): Technikentwicklung zwischen Sachzwang, Markt und Politik. In: MPG.Spiegel 3, S.28-32

Mayr, O. (1987): Uhrwerk und Waage. Autorität, Freiheit und technische Systeme in der frühen Neuzeit. München

McKenny, J.L./Zack, M.H./Doherty, V.S. (1992): Complementary Communication Media: A Comparison of Electronic Mail and Face-to-Face Communication in a Programming Team. In: Nohria, N./Eccles, R.G. (Hrsg.): Networks and Organizations. Boston, Mass., S. 240-261

Mead, G.H. (1973): Geist, Identität und Gesellschaft. Frankfurt a.M.

Mense, H. (1987): Der Mensch in der Fabrik der Zukunft. Chancen und Hemmnisse für die Arbeit in der rechnerintegrierten Fabrik. In: Fortschrittliche Betriebsführung und Industrial Engineering, 36, S. 24-30

Merten, K. (1977): Kommunikation. Eine Begriffs- und Prozessanalyse. Opladen

Merton, R.K. (1968): Social Theory and Social Structure. New York

Mettler-Meibom, B. (1987): Soziale Kosten der Informationsgesellschaft. Überlegungen zu einer Kommunikationsökologie. Frankfurt a.M.

Metzger, W. (1953): Gesetze des Sehens. Frankfurt a.M.

Meulemann, H. (1987): Bildung, Generation und die Konjunktur des Werts Leistung. In: Zeitschrift für Soziologie, 16, S. 272-287

Meyer, J.W./Rowan, B. (1991): Institutionalized Organizations: Formal Stucture as Myth and Ceremony. In: Powell, W.W./DiMaggio, P.J. (Hg.): The New Institutionalism in Organizational Analysis. Chicago/ London, S.41-62

Mill, U. (1986): Organisation als Sozialsystem. Ein Kommentar. In: Seltz, R./Mill U./Hildebrandt, E. (Hg.): Organisation als soziales System. Kontrolle und Kommunikationstechnologie in Arbeitsorganisationen. Berlin, S. 199-218

Mill, U./Weißbach H.J. (1992): Vernetzungswirtschaft. Ursachen, Funktionsprinzipien, Funktionsprobleme. In: Malsch, Th./Mill, U. (Hg.): ArBYTE. Modernisierung der Industriesoziologie? Berlin, S.315-342

Minssen, H. (1992): Die Rationalität der Rationalisierung. Betrieblicher Wandel und die Industriesoziologie. Stuttgart

Möller, R. (1990): Der Weg zum "User". Probleme von EDV-Novizen bei der Aneignung des Phänomens Computer. In: Rammert, W. (Hg.): Computerwelten - Alltagswelten. Wie verändert der Computer die soziale Wirklichkeit. Opladen, S. 144-161

Morgan, G. (1980): Paradigms, metaphors an puzzle-solving in organization theory. In: Administrative Science Quarterly, 25, S. 605-622

Morgan, G. (1986): Images of Organization. Beverly Hills/Newbury Park/London/New Delhi

Müller-Jentsch, W. (1986): Soziologie der industriellen Beziehungen. Frankfurt/New York

Müller-Jentsch, W. (1989): Management und Industriekultur. In: Gewerkschaftliche Monatshefte, 40, S. 223-234

Mumford, L. (1977): Mythos der Maschine. Kultur, Technik und Macht. Frankfurt a.M.

Münch, R. (1995): Dynamik der Kommunikationsgesellschaft. Frankfurt a.M.

Naschold, F. (1985): Zum Zusammenhang von Arbeit, sozialer Sicherung und Politik. Einführende Anmerkungen zur Arbeitspolitik. In: Naschold, F. (Hg.): Arbeit und Politik. Gesellschaftliche Regulierung der Arbeit und der sozialen Sicherung. Frankfurt/New York, S. 9-46

Neuberger, O./Kompa, A. (1986): Serie Firmenkultur (I-IV). In: Psychologie heute, Heft Nr. 6, S. 61-69; Heft Nr. 7, S. 58-65; Heft Nr. 8, S. 62-68

Neuberger, O./Kompa, A. (1987): Wir die Firma. Der Kult um die Unternehmenskultur. Weinheim

Neuendorff, H. (1980): Der Deutungsmusteransatz zur Rekonstruktion der Strukturen des Arbeiterbewußtseins. In: Braun, K.-H./Holzkamp-Osterland, U./Werner, H./Wilhelmer, B. (Hg.): Kapitalistische Krise, Arbeiterbewußtsein, Persönlichkeitsentwicklung. Köln, S. 27-36 (inkl. Diskussion, S. 27-52)

Neuendorff, H./Sabel, Ch. (1977): Zur relativen Autonomie der Deutungsmuster. In: Bolte, K.M. (Hg.): Materialien aus der soziologischen Forschung. Verhandlungen des 18. Deutschen Soziologentages 1976 in Bielefeld. Darmstadt, S. 842-863

Neundörfer, L. (1961): Die Angestellten. Neuer Versuch einer Standortbestimmung. Stuttgart

Nietzsche, F. (1982): Fröhliche Wissenschaft (origin. 1886). Frankfurt a.M.

Nunner-Winkler, G. (1985): Identität und Individualität. In: Soziale Welt, 36, S. 466-482

Offe, C. (1983): Arbeit als soziologische Schlüsselkategorie. In: Matthes, J. (Hg.) Lebenswelt und soziale Probleme. Verhandlungen des 20. Deutschen Soziologentages in Bremen 1980. Frankfurt/New York, S. 38-65

Offe, C. (1984): Arbeitsgesellschaft. Strukturprobleme und Zukunftsperspektiven. Frankfurt a.M.

Ortmann, G. (1994): Dark Stars - Institutionelles Vergessen in der Industriesoziologie. In: Bekkenbach, N./Treeck, W. van (Hg.): Umbrüche gesellschaftlicher Arbeit. Soziale Welt, Sonderband 9. Göttingen, S.85-118

Ortmann, G./Windeler, A./Becker, A./Schulz, H.-J. (1990): Computer und Macht in Organisationen. Mikropolitische Analysen. Opladen

Otto, P./Sonntag, Ph. (1985): Wege in die Informationsgesellschaft. Steuerungsprobleme in Wirtschaft und Politik. München

Pacey, A. (1983): The Culture of Technology. Oxford

Pentzlin, K. (Hg.) (1965): Meister der Rationalisierung. Düsseldorf/Wien

Perrow, C. (1987): Normale Katastrophen. Die unvermeidlichen Risiken der Großtechnik. Frankfurt/New York

Peter, L. (1993): "Jeder irgendwie für sich allein?" Probleme und Chancen sozialer Interaktion am Arbeitsplatz. In: Zeitschrift für Soziologie, 22, S. 416-432

Petermann, Th. (1985): Technik und menschliche Zivilisation. Zur Wirklichkeit, Theorie und Kritik der Technik. Reihe Grundwissen: Technik und Gesellschaft, Band 2. Köln

Peters, T.J./Waterman, R.H (1983): Auf der Suche nach Spitzenleistungen. Was man von den bestgeführten US-Unternehmen lernen kann. Landsberg am Lech

Pfeiffer, D.K. (1976): Organisationssoziologie. Eine Einführung. Stuttgart/Berlin/Köln/Mainz

Piaget, J. (1975): Gesammelte Werke - Studienausgabe. Stuttgart

Piore, M./Sabel, Ch. (1985): Das Ende der Massenproduktion. Studie über die Requalifizierung der Arbeit und die Rückkehr der Ökonomie in die Gesellschaft. Berlin

Pirker, Th./Braun, S./Lutz, B./Hammelrath, F. (1955): Arbeiter, Management, Mitbestimmung. Stuttgart/Düsseldorf

Plessner, H. (1982): Zur deutschen Ausgabe. In: Berger, P.L./Luckmann, Th.: Die gesellschaftliche Konstruktion der Wirklichkeit. Eine Theorie der Wissenssoziologie. Frankfurt a.M., S. IX-XVI

Pollock, F. (1956): Autmation. Frankfurt a.M.

Popitz, H./Bahrdt, H.-P./Jüres, E.A./Kersting, H. (1957): Das Gesellschaftsbild des Arbeiters. Tübingen

Probst, G.J.B (1987): Selbst-Organisation. Ordnungsprozesse in sozialen Systemen aus ganzheitlicher Sicht. Berlin/Hamburg

Rammert, W. (1983): Soziale Dynamik der technischen Entwicklung. Beiträge zur sozialwissenschaftlichen Forschung 41. Opladen

Rammert, W. (1988): Technisierung im Alltag. Theoriestücke für eine spezielle soziologische Perspektive. In: Joerges, B. (Hg.): Technik im Alltag. Frankfurt a.M., S. 165-197

Rammert, W. (1989): Technisierung und Medien in Sozialsystemen. Annäherungen an eine soziologische Theorie der Technik. In: Weingart, P. (Hg.): Technik als sozialer Prozeß. Frankfurt a.M., S. 128-173

Rammert, W. (1990): Computerwelten - Alltagswelten. Von der Kontrastierung zur Variation eines Themas. In: Rammert, W. (Hg.): Computerwelten - Alltagswelten. Wie verändert der Computer die soziale Wirklichkeit? Opladen

Rammert, W. (1990a): Paradoxien der Informatisierung. Bedroht die Computertechnik die Kommunikation im Alltagsleben? In: Weingarten, R. (Hg.): Die Loslösung der Sprache vom Sprecher, Frankfurt a.M., S.18-41

Rammert, W. (1993): Konturen der Techniksoziologie. Begriffe, Entwicklungen und Forschungsfelder einer neuen Teildisziplin. In: Ders.: Technik aus soziologischer Perspektive. Opladen, S.9-28

Rammert, W. (1993a): Materiell - Immateriell - Medial. Die verschlungenen Bande zwischen Technik und Alltagsleben. In: Ders.: Technik aus soziologischer Perspektive. Opladen, S.291-308

Rammert, W. (1992a): Neue Technologien - neue Begriffe? Lassen sich die Technologien der Informatik mit den traditionellen Konzepten der Arbeits- und Industriesoziologie noch angemessen erfassen? In: Malsch, Th./Mill, U. (Hg.): ArBYTE. Modernisierung der Industriesoziologie? Berlin, S.29-51

Rammert, W. (1992b): Wer oder was steuert den technischen Fortschritt? In: Soziale Welt, 43, S. 7-25

Rammert, W. (1994): Techniksoziologie. In: Kerber, H./Schmiederer, A. (Hg.): Spezielle Soziologien. Problemfelder, Forschungsbereiche, Anwendungsorientierungen. Reinbek

Rammert, W./Böhm, W./Olscha, C./Wehner, J. (1991): Vom Umgang mit Computern im Alltag. Fallstudien zur Kultivierung einer neuen Technik. Opladen

Raulet, G. (1988): Leben wir im Jahrzehnt der Simulation? Neue Informationstechnologien und sozialer Wandel. In: Kemper, D. (Hg.): 'Postmoderne' oder: Der Kampf um die Zukunft. Die Kontroverse in Wissenschaft, Kunst und Gesellschaft. Frankfurt a.M., S. 165-188

Refa (1985): Methodenlehre des Arbeitsstudiums. Teil 3: Kostenrechnung, Arbeitsgestaltung. München

Reuband, K.-H. (1985): Arbeit und Wertwandel. Mythos oder Realität? In: Kölner Zeitschrift für Soziologie und Sozialpsychologie, 37, S. 723-746

Rheingold, H. (1992): Virtuelle Gemeinschaft: soziale Beziehungen im Zeitalter des Computers. Bonn

Ropohl, G. (1988): Zum gesellschaftstheoretischen Verständnis soziotechnischen Handelns im privaten Bereich. In: Joerges, B. (Hg.): Technik im Alltag. Frankfurt a.M., S. 120-144

Rosenstiel, L. v. (1986): Führungskräfte nach dem Wertewandel: Zielkonflikte und Identifikationskrisen? In: Zeitschrift Führung und Organisation, Heft 2, S. 86-96

Roth, G. (1987): Erkenntnis und Realität. Das reale Gehirn und seine Wirklichkeit. In: Schmidt, S.J. (Hg.): Der Diskurs des radikalen Konstruktivismus. Frankfurt a.M., S. 229-255

Roth, S./Kohl, H. (Hg.) (1988): Perspektive: Gruppenarbeit. Köln

Rötzer, F. (Hg.) (1991): Digitaler Schein. Ästhetik der elektronischen Medien. Frankfurt a.M.

Rusch, G. (1987): Erkenntnis, Wissenschaft, Geschichte: Von einem konstruktivistischen Standpunkt. Frankfurt a.M.

Rüttinger, R. (1986): Unternehmenskultur. Erfolge durch Vision und Wandel, Düsseldorf/Wien

Sackmann, S. (1983): Organisationskultur. Die unsichtbare Einflußgröße. In: Gruppendynamik, 14, S. 393-406

Sandner, K. (1982): Zur Reduktion von Management auf Kybernetik. Eine Duplik zu Gilbert Probst, Thomas Dyllik und Fredmund Malik. In: Die Unternehmung, 36, S. 113-122

Sandner, K. (1988): Strukturen der Führung von Mitarbeitern. Steuerung und Kontrolle beruflicher Arbeit. In: Hofmann, M./Rosenstiel, L.v. (Hg.) Funktionale Managementlehre. Berlin/Heidelberg/New York/London/Paris/Tokio, S. 38-58

Sauer, D. (1987): Widersprüche im Rationalisierungsprozeß und industriesoziologische Prognosen. In: Lutz, B. (Hg.): Technik und sozialer Wandel. Verhandlungen des 23. Deutschen Soziologentages in Hamburg 1986. Frankfurt/New York, S. 146-153

Sauer, D./Döhl, V. (1994): Arbeit an der Kette. Systemische Rationalisierung unternehmensübergreifender Produktion. In: Soziale Welt, 45, S. 197-215

Schabedoth, H.-J./Weckenmann, R. (1988): Vom technischen Fortschreiten zum sozialen Fortschritt. In: Dies.: Strategien für die Zukunft. Neue Technologien zwischen Fortschrittserwartung und Gestaltungsauftrag. Marburg, S.7-14

Schein, E.H. (1985): Organizational Culture and Leadership. A Dynamic View. San Francisco/London

Schelsky (1965): Auf der Suche nach Wirklichkeit. Gesammelte Aufsätze. Düsseldorf/Köln 1965

Schelsky (1957): Die sozialen Folgen der Automation. Düsseldorf/Köln

Scheuringer, B. (Hg.) (1990): Wertorientierung und Zweckrationalität. Soziologische Gegenwartsbestimmungen. Friedrich Fürstenberg zum 60. Geburtstag. Opladen

Schienstock, G. (1990): Konsens - Legitimation - Solidarität. Auf dem Weg zu einem neuen arbeitsorganisatorischen Paradigma? In: Scheuringer, B. (Hg.): Wertorientierung und Zweckrationalität. Soziologische Gegenwartsbestimmungen. Friedrich Fürstenberg zum 60. Geburtstag. Opladen, S. 179-194

Schimank, U. (1986): Technik, Subjektivität und Kontrolle in formalen Organisationen. Eine Theorieperspektive. In: Seltz, R./Mill, U./Hildebrandt, E. (Hg.): Organisation als soziales System. Kontrolle und Kommunikationstechnologie in Arbeitsorganisationen. Berlin, S. 71-91

Schimank, U. (1992) Erwartungssicherheit und Zielverfolgung. Sozialität zwischen Prisoner's Dilemma und Battle of Sexes. In: Soziale Welt, 43, S. 182-200

Schmidt, G. (1974): Gesellschaftliche Entwicklung und Industriesoziologie in den USA. Frankfurt/Köln

Schmidt, G. (1984): Rationalisierung und Politik. Forschungsberichte des Forschungsschwerpunkts 'Zukunft der Arbeit'. Bielefeld

Schmidt, G. (1986): Einverständnishandeln. Ein Konzept zur 'handlungsnahen' Untersuchung betrieblicher Entscheidungsprozesse. In: Seltz, R./Mill, U./Hildebrandt, E. (Hg.): Organisation als soziales System: Kontrolle und Kommunikationstechnologie in Arbeitsorganisationen. Berlin, S. 57-70

Schmidt, S.J. (Hg.) (1987): Der Diskurs des radikalen Konstruktivismus. Frankfurt a.M.

Schneider, W.L. (1991): Objektives Verstehen. Opladen

Schnyder, A.B. (1988): Unternehmenskultur - Die Entwicklung eines Unternehmnskultur-Modells unter Berücksichtigung ethnographischer Erkenntnisse und dessen Anwendung auf die Innovations-Thematik. Dissertation, Freiburg

Schultz-Wild, R./Nuber, Ch./Rehberg, F./Schmierl, K. (1989): An der Schwelle zu CIM. Strategien, Verbreitung, Auswirkungen. Eschborn/Köln

Schumann, M. (1988): Der hochqualifizierte Arbeiter braucht die Konkurrenz der Ingenieure nicht zu fürchten. In: VDI-Nachrichten, Nr.41, S.8

Schumann, M./Baethge-Kinsky, V./Kuhlmann, M./ Kurz, C./Neumann, U. (1994): Der Wandel der Produktionsarbeit im Zugriff neuer Produktionskonzepte. In: Beckenbach, N./Treeck, W. van (Hrsg.), Umbrüche gesellschaftlicher Arbeit. Soziale Welt, Sonderband 9. Göttingen, S.11-43

Schumm-Garling, U. (1983): Soziologie des Industriebetriebes. Stuttgart/Berlin/Köln/Mainz

Schütz, A. (1974): Der sinnhafte Aufbau der sozialen Welt. Frankfurt a.M.

Scott, W.R. (1986): Grundlagen der Organisationstheorie. Frankfurt/New York

Seltz, R. (1986): Re-Organisation von Kontrolle im Industriebetrieb. In: Seltz, R./Mill, U./Hildebrandt, E. (Hg.): Organisation als soziales System. Kontrolle und Kommunikationstechnologie in Arbeitsorganisationen. Berlin, S. 13-32

Seltz, R./Hildebrandt, E. (1985): Produktion, Politik und Kontrolle - arbeitspolitische Varianten am Beispiel der Einführung von Produktionsplanungs- und Steuerungssystemen im Maschinenbau. In: Naschold, F. (Hg.): Arbeit und Politik. Gesellschaftliche Regulierung der Arbeit und der sozialen Sicherung. Frankfurt/New York, S. 91-124

Senghaas-Knobloch, E. (1985): Menschen und Maschinen. Der nicht zu kleine Unterschied. In: Rammert, W./Bechmann, G./Nowotny, H. (Hg.): Technik und Gesellschaft. Jahrbuch 3. Frankfurt/New York, S. 232-242

Senghaas-Knobloch, E. (1993): Computergestützte Arbeit und eigensinnige Kooperation. Zur Bedeutung der betrieblichen Lebenswelt bei der Systemgestaltung. In: Wagner, I. (Hg.): Kooperative Medien. Informationstechnische Gestaltung moderner Organisationen. Frankfurt/New York, S.88-110

Serres, M. (1984): Der Parasit. Frankfurt a.M.

Shannon, C.E./Weaver, W. (1949): The Mathematical Theory of Communication. Illinois

Simmel, G. (1958): Soziologie (origin. 1908). Berlin

Simmel, G. (1966): Über sociale Differenzierung (origin. 1890). Amsterdam

Simon, H.A. (1976): Administrative Behaviour. New York/London

Smircich, L. (1983): Concepts of Culture and Organizational Analysis. In: Administrative Science Quarterly, 28, S. 339-358

Sobchak, V. (1988): The Scene of the Screen. In: Gumbrecht, H.U./Pfeiffer, K.L.(Hg.): Materialität der Kommunikation. Frankfurt a.M., S. 427-449

Soeffner, G. (1989): Anmerkungen zu gemeinsamen Standards standardisierter und nichtstandardisierter Verfahren in der Sozialforschung. In: Ders.: Auslegung des Alltags - Der Alltag der Auslegung. Zu wissenschaftlichen Konzeption einer sozialwissenschaftlichen Hermeneutik. Frankfurt a.M., S.51-65

Sorge, A. (1985): Informationstechnik und Arbeit im sozialen Prozeß. Arbeitsorganisation, Qualifikation und Produktivkraftentwicklung. Frankfurt/New York

Springer, R. (1986): Sozialwissenschaftliche Technikforschung. Ein neuer Forschungsschwerpunkt. In: VDI-Zeitung, Nr.23/24

Sproull, L./Kiesler, S. (1992): Connections. New Ways of Working in the Networked Organization. Cambridge,Mass./London

Srubar, I. (1983): Diskursive und dialektische Vernunft. Das Konzept der gesellschaftlichen Rationalisierung bei Marx und Weber. In: Zeitschrift für Soziologie, 12, S.7-23

Stabenau, H. (1984): Logistik - Standortbestimmung '84. In: Deutscher Logistik-Kongreß '84. Berichtsband I, S. 9-16

Stenger, H./Geißlinger, H. (1991): Die Transformation sozialer Realität. Ein Beitrag zur empirischen Wissenssoziologie. In: Kölner Zeitschrift für Soziologie und Sozialpsychologie, 43, S. 247-270

Taylor, F.W. (1919): Die Grundsätze wissenschaftlicher Betriebsführung. Berlin

Teschner, E./Herrmann, K. (1981): Zur Tylorisierung technisch-geistiger Arbeit. In: Institut für Sozialforschung (Hg.): Gesellschaftliche Arbeit und Rationalisierung, Leviathan-Sonderheft 4. Opladen, S.118-135

Tholen, Ch. (1994): Platzverweis. Unmögliche Zwischenspiele von Mensch und Mashcine. In: Bolz, N./Kittler, F./Tholen, Ch. (Hg.): Computer als Medium. München, S.111-138

Thomssen, W. (1980): Deutungsmuster - eine Kategorie der Analyse von gesellschaftlichem Bewußtsein. In: Weymann, A. (Hg.): Handbuch für Soziologie der Weiterbildung. Darmstadt/Neuwied, S. 358-373

Treuling, W. (1988): Auswirkungen unterschiedlicher Integrationspfade des EDV-Einsatzes auf die Zielerreichungsgrade von betrieblichen Nutzengrößen. Schlußbericht, Aachen

Turkle, S. (1984): Die Wunschmaschine. Vom Entstehen der Computerkultur. Reinbek

Ullrich, O. (1977): Technik und Herrschaft. Vom Hand-werk zur verdinglichten Blockstruktur industrieller Produktion. Frankfurt a.M.

Ulrich, P. (1984): Systemsteuerung und Kulturentwicklung. Auf der Suche nach einem ganzheitlichen Paradigma der Managementlehre. In: Die Unternehmung, 38, S. 303-325

Ulrich, P. (1988): Unternehmensethik. Diesseits oder jenseits der betriebswirtschaftlichen Vernunft? In: Lattmann, Ch. (Hg.): Ethik und Unternehmensführung. Heidelberg, S. 96-119

Ulrich, P. (1989): Der ökologische Pionier macht das Geschäft. In: Psychologie heute, Heft 10, S. 38-45

Ulrich, P./Probst, G.J.B. (1988): Anleitung zum ganzheitlichen Denken. Ein Brevier für Führungskräfte. Bern/Stuttgart

Varela, F.J. (1981): Autonomie ans Autopoiesis. In: Roth, G./Schwegler, H. (Hg.): Self-organizing Systems. An Interdisciplinary Approach. Frankfurt a.M./New York, S. 14-23

Varela, F.J. (1987): Autonomie und Autopoiese. In: Schmidt, S.J. (1987): Der Diskurs des radikalen Konstruktivismus. Frankfurt a.M., S. 119-132

Varela, F.J. (1988): Erkenntnis und Leben. In: F.B. Simon (Hg.) Lebende Systeme: Wirklichkeitskonstruktionen in der systemischen Therapie. Bern

Vilmar, F./Kißler, L. (1982): Arbeitswelt: Grundriß einer kritischen Soziologie der Arbeit. Opladen

Vogelgesang, W. (1991): Jugendliche Video-Cliquen. Action- und Horrorvideos als Kristallisationspunkte einer neuen Fankultur. Opladen

Volmerg, U. (1978): Identität und Arbeitserfahrung. Eine theoretische Konzeption zu einer Sozialpsychologie der Arbeit. Frankfurt a.M.

Volmerg, U./Senghaas-Knobloch, E./Leithäuser, T. (1986): Erlebnisperspektiven und Humanisierungsbarrieren im Industriebetrieb. Schriftenreihe HdA Bd.63. Frankfurt/New York

Volmerg, B./Senghaas-Knobloch, E. (1990): Technischer Fortschritt und Verantwortungsbewußtsein. Opladen

Volpert, W. (1974): Die 'Humanisierung der Arbeit' und die Arbeitswissenschaft. In: Blätter für deutsche und internationale Politik, 19, S. 602-619, 709-719

Wagner, G. (1994): Vertrauen in Technik. In: Zeitschrift für Soziologie, 23, S.145-157

Wagner, I. (1991): Mediatisierte Kultur. Organisations- und berufskulturelle Wirungen informationstechnischer Systeme. Manuskript. Wien

Watzlawick, P. (Hg.) (1981): Die erfundene Wirklichkeit. München

Weber, M. (1973): Die protestantische Ethik, Band 1. Hamburg

Weber, M. (1976): Wirtschaft und Gesellschaft. Studienausgabe. Tübingen

Wehrsig, Ch, (1986): Komplexe Organisationen, Information und Entscheidung. In: Seltz, R./Mill U./Hildebrandt, E. (Hg.): Organisation als soziales System. Kontrolle und Kommunikationstechnologie in Arbeitsorganisationen. Berlin, S. 93-102

Wehrsig, Ch./Tacke, V. (1992): Funktionen und Folgen informatisierter Organisationen. In: Malsch, Th./Mill, U. (Hg.): ArBYTE. Modernisierung der Industriesoziologie? Berlin, S. 219-239

Weick, K. (1985): Der Prozeß des Organisierens. Frankfurt a.M.

Weick, K. (1990): New Technologies as Equivoque. In: Goodman, P.S./Sproull, L.S. (Hg.): Technology and Organizations. The Jossey-Bass Management Series. San Francisco/Oxford, S. 1-44

Weick, K.E. (1995): Sensemaking in Organizations. London

Weingart, P. (1989): Einleitung. In: Weingart, P. (Hg.): Technik als sozialer Prozeß. Frankfurt a.M., S. 8-14

Weingarten, R. (Hg.)(1990): Information ohne Kommunikation? Die Loslösung der Sprache vom Sprecher. Frankfurt a.M.

Weißbach, H.-J. (1987): Auf der Suche nach einem Antiparadigma. In: Malsch, Th./Seltz, R. (Hg.): Die neuen Produktionskonzepte auf dem Prüfstand. Beiträge zur Entwicklung der Industriearbeit. Berlin, S.209-230

Weizenbaum, J.(1977): Die Macht der Computer und die Ohnmacht der Vernunft. Frankfurt a.M.

Welsch, W. (1987): Unsere postmoderne Moderne. Weinheim

Wetzstein, Th.A./Dahm,H./Steinmetz, L./Lentes, A./Schampaul, St./Eckert, R. (1995): Datenreisende. Die Kultur der Computenetze, Opladen

Wever, U.A. (1989): Unternehmenskultur in der Praxis. Erfahrungen eines Insidern bei zwei Spitzenunternehmen. Frankfurt/New York

Wilkins, A.L./Ouchi, W.G. (1983): Efficient Cultures: Exploring the Relationship between Culture and Organizational Performance. In: Administrative Science Quarterly, 28, S. 468-481

Wingert, B./Riehm, U. (1985): Computer als Werkzeug. Anmerkungen zu einem verbreiteten Mißverständnis. In: Rammert, W./Bechmann, G./Nowotny, H. (Hg.): Technik und Gesellschaft. Jahrbuch 3. Frankfurt/New York, S. 107-131

Winograd, T./Flores, F. (1989): Erkenntnis Maschinen Verstehen. Zur Neugestaltung von Computersystemen. Berlin

Winter, R./Eckert, R. (1990): Mediengeschichte und kulturelle Differenzierung. Opladen/Senghaas-Knobloch, E./Leithäuser, T. (1983): Erlebnisperspektiven und Humanisierungsbarrieren im Betrieb.

Wittemann, K.P./Wittke, V. (1987): Rationalisierungsstrategien im Umbruch? Zu den Auswirkungen von CIM und Just-In-Time auf industrielle Produktionsprozesse. In: Sofi-Mitteilungen, Nr. 14, S. 47-86

Wollnik, M. (1988): Das Verhältnis von Organisationsstruktur und Organisationskultur. In: Dülfer, E. (Hg.): Organisationskultur. Phänomen - Philosophie - Technologie. Stuttgart, S. 49-76

Wotschack, W. (1985): Neue Konzepte der Arbeitsgestaltung. Dispositionsspielräume und Arbeitsbelastung. In: Naschold, F. (Hg.): Arbeit und Politik. Gesellschaftliche Regulierung der Arbeit und der sozialen Sicherung. Frankfurt/New York, S. 241-266

Wotschack, W. (1987): Vom Taylorismus zur kontrollierten Autonomie. Über Personaleinsatzkonzepte und Arbeitsanforderungen bei neuen Technologien. Veröffentlichungsreihe des internationalen Instituts für vergleichende Gesellschaftsforschung (IIVG)/Arbeitspolitik des Wissenschaftszentrums Berlin. Berlin

Wuntsch, M.v. (1988): Determinanten und Spielräume der Industriearbeit. Die industriesoziologische Diskussion des Verhältnisses von Technik, Ökonomie und Arbeitsorganisation seit 1945. Frankfurt/New York

Zec, P. (1988): Informationsdesign. Die organisierte Kommunikation. Zürich/Osnabrück

Zündorf, L. (1986): 'Macht, Einfluß, Vertrauen und Verständigung'. Zum Problem der Handlungskoordinierung in Arbeitsorganisationen. In: Seltz, R./Mill, U./Hildebrandt, E. (Hg.): Organisation als soziales System. Kontrolle und Kommunikationstechnologien in Arbeitsorganisationen. Berlin, S. 33-56

MIX
Papier aus verantwortungsvollen Quellen
Paper from responsible sources
FSC® C105338

If you have any concerns about our products,
you can contact us on
ProductSafety@springernature.com

In case Publisher is established outside the EU,
the EU authorized representative is:
**Springer Nature Customer Service Center GmbH
Europaplatz 3, 69115 Heidelberg, Germany**

Printed by Libri Plureos GmbH
in Hamburg, Germany